학습자의
가능 세계 구성과
문학 교육

한국초등국어교육연구소 미래엔 연구총서 ㉙
학습자의 가능 세계 구성과 문학 교육

초판 1쇄 발행 | 2022년 12월 15일

지은이 | 김정은
펴낸이 | 신광수
펴낸 곳 | (주)미래엔
등록 | 1950년 11월 1일(제16-67호)
주소 | 06532 서울특별시 서초구 신반포로 321
전화 | 02.3475.4092(영업) 02.3475.4056(편집)
팩스 | 02.541.8179
홈페이지 | www.mirae-n.com

ISBN 979-11-6841-200-2
※ 잘못된 책은 구입처에서 바꾸어 드립니다.

한국초등국어교육연구소
미래엔 연구총서 29

학습자의
가능 세계 구성과
문학 교육

김정은

이 책은 독자가 텍스트 세계와 자기 세계의 관계를 만들어 나가는 과정을 '가능 세계 구성'이라는 키워드를 중심으로 설명하고, 그에 대한 문학 교육의 이론과 방법을 탐구한 책이다. 나는 문학에는 우리의 현실이 미처 다 보여 주지 못하는 진실과 아름다움이 있다고 믿어 왔다. 아이들에게 문학을 가르치고 문학 교육을 공부하게 되면서, 문학의 소용이나 역할에 있어 문학에 대한 나의 믿음이 타당한 것인지 되묻게 되었다. 그 과정에서 우리의 삶과 등을 맞대고 있는 문학적 허구의 문제가 문학의 진실과 그에 대한 독자의 해석 과정에 복합적으로 작용하고 있다는 것을 느끼게 되었고, 학습자들이 허구의 텍스트 세계와 자기 세계를 연관 짓는 국면에 대한 문학 교육의 문제에 나름대로 답하고 싶었다.

문학 교육에서 허구와 현실의 관계 또는 텍스트와 독자의 관계라는 화두가 새로운 것은 아니다. 다만 이 책에서는 허구라는 속성이 텍스트와 독자라는 두 세계의 만남에 있어 본질적인 것이며, 문학 교육에서 조금 더 다양하고 새롭게 접근될 수 있는 것임을 보여 주고자 하였다. 나아가 두 세계의 경계를 맞닥뜨린 학습자들이 겪는 당혹감이나 이질감을 교육적으로 활용함으로써 텍스트 세계에 대한 이해를 통해 자기 세계에 대한 이해로 나아갈 수 있도록 그 과정을 체계적으로 구조화하고, 교육의 내용과 방법의 층위에서 소통될 수 있도록 상세화하고자 하였다.

이 과정에서 독자와 텍스트의 상호 작용의 국면에서 '가능 세계 관점'을 전세하고, '가능 세계 구성'이 독자가 텍스트의 세계와 자기 세계의 심층적인 관계를 형성하기 위한 구체적인 수행임을 하고자 하였다. 또,

문학 교육에서 '가능 세계 구성'의 실현 가능성을 확장시키기 위해 필요한 교육 내용과 방법을 제안하고자 하였다. 이러한 목적에 따라 이 책에서 해명할 문제를 다음과 같이 요약할 수 있다. 첫째, 문학 교육에서 '가능 세계 구성'의 입론을 위한 이론적 기초를 마련한다. 둘째, '가능 세계 구성'의 수행 구조를 규명한다. 셋째, '가능 세계 구성' 문학 교육의 내용과 방법을 제시한다.

그리하여 1부에서는 텍스트 세계와 독자 세계의 관계에 대한 문학 교육의 현상과 논의에 대해 살펴본다. 2부에서는 '가능 세계'의 개념을 기반으로 텍스트 세계와 현실 세계의 의미 작용을 살펴 문학 소통에서 두 세계의 관계를 설정하고, 서사학과 해석학에 기대어 '가능 세계 구성'의 의미를 밝혀 '가능 세계 구성'의 수행 구조의 토대가 될 소통 구도를 고찰한다. 3부에서는 '가능 세계 구성'의 수행 구조를 구안하고 독자들의 수행 양상을 분석하여 이론으로 도출된 수행 구조를 보완하거나 해석 행위의 맥락을 살핀다. 4부에서는 국어 교육학과 문학 교육학의 논의들에 기대어 3부의 내용들을 교육의 국면으로 변용, 구체화함으로써 '가능 세계 구성' 문학 교육의 내용과 방법을 제시한다.

지나온 시간을 돌아보니 감사한 분들로 빼곡하다. 이 책이 나오기까지도 많은 분의 도움이 있었다. 가장 먼저, 박사 과정 지도 교수님이신 김상한 교수님, 석사 과정 지도 교수님이신 이경화 교수님께 깊이 감사드린다. 초등 국어 교육 연구자로서 첫발을 뗄 수 있도록 부족한 나를 제자로 받아 주시고 새로운 눈으로 사유할 수 있도록 가르쳐 주셨다. 공부를 시작하게 된 날부터 오늘에 이르기까지 두 분의 가르침과 이해가 없었더라면 지금의 마침표도 없었을 것이다. 늘 아낌없이 격려해 주시고 이끌어 주시는 신헌재 교수님, 박혜림 교수님께도 진심으로 감사드린다. 부족한 논의를 발전시켜 주신 권혁준 교수님, 양정실 박사님, 오윤선 교수님, 이지영 교수님, 귀한 조언과 값진 질문을 주신 한국교원대학교 초등 국어 교육 전공 대학원 선배, 동료, 후배 선생님들께 고개 숙여 감사드린다. 나의 모든 순간에 동행해 주었던 사랑하는 가족들과 소중한 벗들에게도 미안함과 감사를 전한다. 끝으로 이 책이 나올 수 있도록 도움을 주신 (주)미래엔과 다 쓰지 못한 소중한 인연들께 감사드린다.

2022년
김정은

차례

1부 문학 교육에서 허구와 현실의 해석과 가능 세계

1장 두 세계와 학습자: 작품 속 세계와 자기 세계의 경계에서 ·· 10

2장 문학 교육과 가능 세계 ·· 22

3장 가능 세계 구성 문학 교육의 설계 방법 ················· 29

2부 문학 소통에서 가능 세계 구성의 의미

1장 가능 세계의 의미: 가능 세계 이론과 서사학적 접근 ········ 37
   1. 다중 세계 관점의 도입과 가능 세계의 개념 ············ 37
   2. 가능 세계의 문학적 함의 ···································· 46

2장 가능 세계 구성의 문학 소통 ·································· 53
   1. 가능 세계 구성의 의미 ······································· 53
   2. 가능 세계 구성의 소통 대상과 작용 ······················ 60
   3. 가능 세계 구성의 소통 구도 ································ 74

3장 가능 세계 구성의 문학 교육적 의의 ······················ 82

3부 가능 세계 구성의 수행 구조

1장 텍스트에서 세계 체계의 대상적 지각 ········ 96
1. 인물 현실 세계에 대한 단서 탐색 ········ 98
2. 인물 가능 세계의 재현적 인식 ········ 106

2장 텍스트 세계 체계의 다면적 구현 ········ 113
1. 생산적 상상을 통한 인물 현실 세계의 구축 ········ 115
2. 인물 가능 세계의 맥락화를 통한 정서 체험 ········ 125

3장 서사적 재편을 통한 독자 세계 체계의 재인식 ········ 139
1. 독자 현실 세계에 대한 새로운 감각 인식 ········ 139
2. 독자 가능 세계의 전환적 탐구 ········ 143

4장 관계적 성찰을 통한 독자 세계 체계의 확장 ········ 147
1. 독자 현실 세계의 경유를 통한 주제적 의미 구성 ········ 148
2. 이질적 세계의 이해를 통한 가능 세계 전망 ········ 151

4부 가능 세계 구성 문학 교육의 내용과 방법

1장 가능 세계 구성 교육의 설계 방향 ········ 162

2장 가능 세계 구성 문학 교육의 내용 ········ 167
  1. 텍스트 세계의 구성 ········ 168
  2. 독자 세계의 구성 ········ 176

3장 가능 세계 구성 문학 교육의 방법 ········ 184
  1. 가능 세계 구성 문학 교육의 교수·학습 원리 ········ 184
  2. 가능 세계 구성 문학 교육의 방법 ········ 197

참고 문헌 ········ 243

문학 교육에서 허구와 현실의 해석과 가능 세계

1장 두 세계와 학습자: 작품 속 세계와 자기 세계의 경계에서
2장 문학 교육과 가능 세계
3장 가능 세계 구성 문학 교육의 설계 방법

1장 | 두 세계와 학습자: 작품 속 세계와 자기 세계의 경계에서

문학 작품에는 하나의 세계가 담겨 있다. 이 세계는 독자가 살고 있는 현실의 세계가 아니라는 점에서 허구의 세계이다. 텍스트를 읽기 시작하면 독자는 현실 세계와 작품 속 허구 세계를 넘나든다. 문제는 이 두 세계의 관계이다. 초등학교 교실에서는 이야기에 한참 몰입하던 어린 학습자들이 문득 깨어나, 진지하게 또는 황당하다는 듯이 "선생님, 개가 어떻게 말을 해요?", "밭에서 어떻게 보석이 나와요?"와 같은 의문을 제기한다.

이처럼 학습자들이 가지는 허구의 의미에 대한 의문과 혼란스러움은 자연스러운 것이다. 여기서 말하고자 하는 혼란은 아이들이 작품 세계와 현실 세계를 구별하지 못한다는 의미가 아니다. 오히려 자신의 현실에 비추어 보았을 때, 사실일 수가 없는 이야기를 자신이 어떻게 받아들여야 하는지에 대한 혼란으로 볼 수 있다. 그럼에도 불구하고 문학 교육의 이론과 실제에서 학습자들이 겪는 이러한 혼란과 의문들을 생산적으로 활용하기 위해서 어떤 방향으로 교육이 이루어져야 하는지에 대한 논의가 많지 않았다. 이 책은 바로 그 질문에 답하기 위한 나름의 시도라고 할 수 있다.

오랜 시간 동안 문학 교육은 삶에 대한 총체적 이해를 추구하며, 학습자들의 문학 능력을 신장시키기 위해 노력했다. 여기에는 문학과 현실이 맺고 있는 복합적인 관계와 더불어 문학이 우리 삶에 대한 이해 지평을 확장하고 심화시켜 주는 계기가 된다는 인식이 전제되어 있다. 더욱이 최근 문학 교육에서 서사 교육이 정립되면서 '텍스트에 대한 교육'에서 '텍스트를 통한 삶의 해석'으로의 전환(신헌재, 2013: 262)은 점차 그 중요성을 더해가고 있다. 그러나 교육 내용과 방법에 가져올 수 있는 기제나 요소에 대한 문제 등으로 문학 교육 연구 및 교육 현장에 아직 하나의 담론으로 정립되지는 못하였다.

문제는 "텍스트라는 언어 기호와 우리의 삶이라는 서로 다른 두 층위가 어떻게 매개될 수 있는가?"이다. 과학적 언어가 현실을 기술하는 것과 달리, 문학적 언어는 허구를 통해 현실을 새롭게 기술한다(정기철, 2002: 91). 이를 통해 문학은 우리 현실과 깊은 관계를 맺으며, 현실을 새롭게 인식하게 되는 계기를 제공한다. 그동안 문학 교육 연구에서는 이를 해석이나 정서, 상상력의 문제를 중심으로 논의했다. 그러나 문학 교육 이론 및 실천에서 문학 또는 허구의 현실 관련성에 대한 논의는 충분히 진전되지 못한 것이 사실이다. 문학의 현실 관련성에 관하여 그간의 문학 교육에서는 문학의 현실 반영적 측면이나 그를 분석하는 능력, 텍스트 이해의 배경지식으로서 현실을 상대적으로 강조했다. 그에 반해, 텍스트를 해석하는 과정에서 학습자가 허구의 이야기를 통해 자신의 현실을 새롭게 이해하는 계기나 방법을 제공하는 데는 소홀하였다.

물론 기존 문학 교육에서도 작품 속 세계는 현실 세계와의 관계 속에서 이해되도록 시도되었지만, 두 세계를 관계 짓는 것이 학습자들이 실제 자신의 현실에서 문학 작품을 수용하는 과정으로 이행되기에는 아직 교육 내용 및 방법이 정교화되지 못하였다. 이는 학습자의 현실과 문학 작품의 현실이 다를 뿐만 아니라 학습자가 작품에 형상화된 허구의 세계를 자기 현실의 무엇과 어떻게 관련지어야 하는지 막연하다는 것에서 그 원인을 찾을 수 있다. 구체적인 방법론이 마련되지 않은 상태에서 문학이 허구를 통해 드러내고자 하는 삶의 진실을 이해하는 것도, 이를 통해 자기 현실에 대한 인식을 넓혀나가는 것도 모호한 이상향에 머무를 가능성이 크다.

익히 알려진 바와 같이 문학의 허구는 현실과 대립되는 개념이 아니라 문학과 현실이 맺고 있는 역동적 관계의 본질이다. 문학은 상상을 통해 우리 삶의 모습을 형상화한 것으로, 이때 형상이라는 것은 일상적 현실에서는 드러나기 어려운 삶의 보편적인 진실을 드러내기 위한 현실의 변형과 상상이다(김대행 외, 2000: 50-54). 허구는 문학이 삶의 진실을 추구하기 위한 형상이라는 점에서 가치가 있으며, 독자에게는 우리의 현실이 미처 다 보여 주지 못하는 삶의 진실과 아름다움을 열어 준다는 점에서 유의미하다.

이처럼 문학은 허구를 통해 일상적인 감정이나 현실에서는 억압되거나 묻혀 있던 삶의 진실을 보여 준다. 문학에서 현실 속의 행위나 언어는 변형된 모습의 형상으로 존재하는 경우가 많다. 그렇다면 문학을 감상한 독자의 이해는 이것이 무엇에 대한 형상인가와 같은 표층의 의미에 그칠 것이 아니라 그 형상이 추구하는 진실로서 심층의 의미를 이해하고, 이를 통해 자신의 현실을 깊이 있게 이해하는 데까지 도달할 필요가 있다.

현재 학습자 중심 문학 교육에서 독자가 이해해야 하는 의미(meaning)는 텍스트와 독자 공동의 행위로 여겨진다. 텍스트와 작가로만 설명되던 의미가 개방되면서 독자가 의미 구성의 주체가 된 것이다. 이러한 경향은 로젠블렛(Rosenblatt)의 독자 반응 이론에 기반한 것으로, 텍스트와 독자의 상호 작용을 통한 의미 형성을 강조한다. 의미를 결정짓는 변인으로 일방적인 독자 우위를 강조하지 않고, 텍스트와 독자 사이의 심미적 거래(transaction)를 통한 의미 형성 과정을 중시한다. 그런데 독자 반응 이론이 독자의 위상을 제고하고 독자의 능동성과 자율성을 강조해 온 것에 비해, 독자가 의미 구성의 주체로서 텍스트의 무엇과 상호 작용하는가에 대해서는 답변하지 못하고 있다.

다시 말해, 독자 반응 이론은 텍스트와 독자의 대화를 마련하기는 하지만 텍스트의 무엇이 독자와 만나는가는 설명하지 못했다. 이러한 의미 형성 과정의 대상과 방법의 모호함은 문학 교육에까지 영향을 미쳤다.[1] 즉 현재 문학 교육은 다양한 반응에 대한 허용과 정당화에까지 이르기는 했지만, 학습자가 허구의 진실을 주체적으로 의미화하고 그것을 자신의 현실 세계로 확장하도록 하기 위한 구체적인 방법론을 마련

---

[1] 문학 교육 연구에서는 학습자의 자율성과 능동성을 강조하는 것에 비해 텍스트에 대한 해석을 어떻게 해야 하는지에 대한 방법의 문제가 약하다는 문제점이 지속적으로 제기되고 있다(권혁준, 1997; 고정희, 2013b; 우신영, 2015). 또, 현재 문학 교육이 "독자에 따른 해석의 다양성을 인정하거나 현상적으로 드러난 다양한 해석을 확인하기만 할 뿐, 다양한 해석 능력 신장을 위한 문학 교육적 방법론을 제시하지 못하고 있음."(최미숙, 2012;134)이 지적되었다.

하지 못하고 있다. 다음 해석 텍스트[2]에서는 이러한 현상이 더욱 가시적으로 드러난다. 6학년 학습자가 『몽실 언니』를 읽고 쓴 글이다.

> 솔직히 나는 ① 실제로 전쟁을 겪어 본 적은 없어서 그 느낌이 어떨지 잘 예측되지 않는다. (중략) 만약 내가 그때 시대에 태어났었더라면 정말 무슨 일을 해야 할지도 모른 채 전쟁고아가 되어 길바닥에서 울고 있었을 것이다. 게다가 나는 밥을 어떻게 하는지도, 아기를 어떻게 달래고 재우는지도 잘 알지 못한다. 음……, ② 아마도 나는 몽실 언니처럼 악착같이 버텨 내지 못하고 수많은 사상자 중 한 명이 되었을 것이다. ③ 마치 오뚝이 같은 몽실 언니의 삶을 보니, 그동안 나는 얼마나 편안하고 행복하게 살았는지 새삼 깨달을 수 있었다. 왜냐하면 나는 몽실 언니처럼 밥을 구걸하지 않아도 되고, 따뜻한 집도 있고, 아빠 엄마도 정상적이시고, 하루에 세 끼 따뜻한 밥을 먹기 때문이다.[3]
>
> (밑줄, 필자)

위 학습자는 작품 속 세계와 자신의 현실 세계를 비교하고, 자신의 현실과는 다른 텍스트의 세계를 이해하기 위하여 '만약 내가 그때 태어났더라면'이라는 가정과 상상을 통해 반응을 형성하고 있다. 현재 문학 교육에서 감상을 가르쳐 온 방식에 매우 충실한 해석 텍스트라고 볼 수 있

---

2   양정실(2006)은 "독자가 문학을 읽고 쓴 텍스트는 지금, 여기 존재하는 학습 독자의 해석 능력을 보여 주는 자료로 읽기 과정과 분리된 부가적인 활동이 아니며, 문학 교실에서 의사소통의 대상으로서 주목될 필요가 있다."라고 보았다.
3   『창비어린이 독서 감상문 대회 수상작』, 창비, 2012년 11월 01일 수정, 2021년 12월 29일 접속, https://www.changbi.com/archives/45743?cat=3139.

다.[4] 독자가 몽실 언니 속 사건을 사실적으로 이해하고 인과 관계를 파악하고 있다는 것은 분명해 보인다. 그러나 이 학습자가 작품을 통해서 형성한 의미가 몽실 언니의 불행과 대비되는 나의 행복(③)이라면, 문학 작품을 통해 독자가 이를 수 있는 의미의 차원이나 인식의 지평에 도달했다고 보기 어려울 것이다.

이 학습자가 텍스트를 자신의 현실과 연관 짓고 있는 방식은 자신의 경험을 투영하는 방식이다. 문학 텍스트 속의 세계를 자기 삶의 세계와 연관시키기 위해 자신의 현실에서 텍스트와 직·간접적으로 유사한 경험을 떠올려 보는 것은 해석 과정에서 보편적인 현상이다. 양정실(2007: 327)은 자신의 경험에 기반한 인식이 문학 텍스트와 현실 세계의 연관을 매개하고 그 연관의 질을 결정하는 데 중요한 역할을 한다는 점에 주목한 바 있다.

문제는 위 해석 텍스트의 ①과 같이, 문학 텍스트 속의 세계가 자신의 세계와 시간적, 공간적, 심리적으로 동떨어져 있는 세계일 때 발생한다. 왜냐하면 학습자가 투영할 수 있는 경험에는 한계가 있을 수밖에 없기 때문이다. 학습자는 전쟁이라는 시대적 배경 속에서 몽실 언니가 견지해 온 삶의 태도에 주목한다. 그런데 전쟁 속에서도 몽실 언니가 간직했던 따뜻한 마음과 그것이 지니는 의미를 탐구하지는 못한 채, 자신은 몽실 언니처럼 하기는 어려울 것(②)이며, 생활의 편안함(③)을 고백하는 것에 그치고 있다. 이처럼 텍스트 세계에서 벌어진 일을 이해는 하지만

---

4   2015 초등학교 국어과 교육과정에서는 5~6학년군의 "작품 속 세계와 현실 세계를 비교하며 작품을 감상한다."라는 성취 기준이 설정되어 있다(교육부, 2015: 39).

그를 자기 세계와의 관계로 심화시키지 못하는 것은 학습자가 자신이 전쟁을 겪어 본 경험이 없다는 점(①)을 해석 과정에 연계하고 있기 때문이다. 자신의 경험을 텍스트 이해에 단편적으로 반영하는 방식은 문학 텍스트 속의 세계를 자기 삶의 세계와 연관시키는 데 제한을 가져온다.

학습자들은 삶의 생활 경험이나 해석 경험이 충분하지 않다. 그러므로 학습자의 경험 속에는 몽실이가 견지해 온 삶의 태도나 정신들을 자기 세계의 문제들과 연관시키기에 충분한 자원이 없다. 단순히 자신의 경험에 텍스트의 세계를 견주어 보는 방식에 의존해서는 삶의 진실로서 문학의 심층적 의미를 이해하기에도, 문학 텍스트를 읽고 자신의 현실이나 자신을 새롭게 이해하는 경험에 이르기에도 역부족이다.

기존의 문학 교육에서 작품 속 세계를 자기 현실과 연관 짓는 문제는 텍스트 속 인물이나 사건, 배경을 현실 세계와 비교하는 방식을 중심으로 실천되었다. 예를 들어, 2015 초등학교 국어과 교육과정에서 5~6학년군의 "작품 속 세계와 현실 세계를 비교하며 작품을 감상한다."라는 성취 기준에는 "작품 속의 인물·정서·상황·배경·분위기 등이 현실 세계를 반영한 것이지만, 작품 속 세계는 허구적 세계여서 현실 세계와는 구별된다는 점을 인식하며 문학 활동을 하는 능력을 기르기 위해 설정하였다."와 "문학 작품 속의 세계가 현실에 바탕을 두면서도 현실 세계를 있는 그대로 묘사한 것이 아니라 허구적으로 구성된 것이라는 점에 초점을 맞추어 문학적 상상력을 동원하여 감상하도록 하는 데 중점을 둔다."라고 명시되어 있다(교육부, 2015: 39).

그럼에도 불구하고 이 성취 기준에서 학습자들이 허구적으로 구성된 세계를 현실과 구별하게 하려는 목적이 무엇이며, 두 세계를 구별하는 것이 문학적 상상력을 동원하는 것을 어떻게 추동하고 그것이 문학 능력의 신장과 어떤 관련을 가지는가는 명확하지 않다(김정은·김상한, 2022: 249).[5] 이러한 문제에 대한 성취 기준의 의도가 명확하지 않은 상태에서 두 세계를 비교하도록 하는 방식은 단순히 자신의 생활 경험을 텍스트에 단선적으로 투영시켜 보는 차원에 학습자의 해석을 고착시킬 우려가 있으며, 두 세계의 공통점과 차이점들을 의미 있게 수용하는 문제는 학습자의 몫으로 남을 가능성이 크다. 또, 앞에서 언급했던 생활 경험이나 해석 경험이 충분하지 않은 학습자들이 문학 텍스트와 자신의 현실과의 관계를 형성하며 맞닥뜨리게 되는 문제들을 보완할만한 방안을 제안하고 있지도 못하다. 이러한 감상은 하나의 해석을 강요받는 경험은 아니지만, 학습자가 해석의 주체가 되는 경험이라고도 말하기 어렵다.

그렇다면 "텍스트를 자신의 세계에서 의미 있게 수용하기 위해 독자는 무엇과 어떻게 상호 작용해야 하는가?"라는 질문을 던지게 된다. 지금까지의 문학 교육에서는 텍스트와 학습자의 상호 작용에 대해 괄목할만한 성과를 누적했지만, 학습자가 텍스트 세계와 독자 세계를 형성하는 문제를 중심으로 규명해야 할 내용을 구체화하면 다음과 같이 세

---

[5] 제6차 교육과정부터 2015 개정 교육과정까지 초등 문학 영역의 교육과정에서 허구의 의미를 작품 속 세계와 현실 세계와의 관계 속에서 모색해 온 양상에 대해서는 김정은·김상한(2022)를 참고하기 바란다.

가지로 쟁점화해 볼 수 있다.

첫째, 문학 교육은 텍스트와 독자의 상호 작용 과정에서 텍스트 세계와 독자 세계의 관계에 대한 고려가 부족하였다. 실제로 독자들은 독서 과정에서 문득 허구에 대해 질문한다. 아무 설명 없이도 이야기의 세계에 몰입하던 아이들이 문득 깨어나 자신의 현실 세계를 연동하는 순간, 도대체 개가 어떻게 말을 하고, 이것이 사실인지, 그 자체로는 사실이 아닌 이야기의 의미에 대한 근본적인 질문을 던지는 것이다. 문학을 읽는 경험을 자기 문제를 떠난 도피 정도로 여기는 것이 아니라면, 이 두 세계의 관계를 이해하고 연결 짓는 것은 독자의 감상 경험에 있어 핵심적인 문제이다. 왜냐하면 자신의 삶과 유리되는 텍스트 속 세계를 액면 그대로 수용하는 것은 가능하지 않기 때문이다. 더군다나 서사 장르에서 리얼리즘 소설, 판타지 소설, 팩션(faction) 서사와 같이 사실과 허구의 관계나 거리가 다양화되고 있어 학습자 스스로가 이 문제에 대한 답변을 찾기는 쉽지 않다. 이러한 문제는 텍스트와 독자의 상호 작용이라는 주체와 대상으로 단면화된 구도에서 드러나기 어렵다. 그러므로 주체로서의 독자가 텍스트 세계와 독자 세계가 맺고 있는 복합적인 관계 속에서 각 세계와 작용하는 원리에 입각한 수행 구도가 마련되어야 한다.

둘째, 문학 교육은 독자가 텍스트를 형상화하는 방법과 의미의 문제에 소홀하였다. 독자는 텍스트의 형상을 통해 혼자서는 알지 못했던 낯선 세계를 경험한다. 그리고 텍스트의 미결정된 영역을 자신의 세계에 비추어 이해하면서 텍스트의 형상을 다시 형상화하는 과정을 거친다.

독서는 소위 '재형상화'의 과정으로서 독자가 의미를 생성하는 과정이며, 심미적 읽기란 작품의 의미를 이해하는 것에 그치는 것이 아니라 끊임없는 소통과 해석을 통해 상상적인 것으로 나아가는 것이다(차봉희, 1985: 80). 그러므로 독자의 형상은 텍스트의 형상과 일치하는 것은 아니다. 문학 교육은 독자의 형상이 독자가 텍스트를 읽으면 비의도적으로 자동화되는 결과물이라는 관점에서 벗어나, 독자의 주체적인 형상이 구축되도록 구체적으로 조력할 필요가 있다. 따라서 독자가 텍스트를 통해 하나의 세계를 구축함으로써 자신이 인식하지 못했던 경험의 여러 차원을 발견하고 상상함으로써 자신의 세계를 늘려갈 수 있도록 독자의 해석에 대한 인지 문체론과 해석학의 논의들을 검토하고 문학 교육의 구체적인 방법론으로 변용할 필요가 있다.

셋째, 현실화된 대상과의 표층적 상호 작용의 문제이다. 독자가 상호 작용하는 텍스트의 인물, 사건, 배경은 텍스트의 현실 세계에 속한다. 좀 더 직관적으로 말하자면, 이것은 몽실 언니의 현실 세계라고 볼 수 있는데, 이때 몽실 언니의 현실 세계를 보다 구체화해 보면 홀로 난남이를 키우는 삶이었고 그것은 전쟁과 전쟁 이후의 삶들이라고 말할 수 있다. 앞서 살펴보았던 해석 텍스트는 이러한 몽실 언니의 현실 세계 속 인물, 사건, 배경들에 대한 반응이다. 그런데 소설이나 동화로 대표되는 허구 서사에는 텍스트 내에서 현실로 여겨지는 세계만이 그려지는 것이 아니라 현실화되지 않았지만 가능한 것들이 복합적으로 드러난다. 여기서 가능한 것들이란 텍스트의 현실 세계에 사는 인물, 즉 몽실 언니의 어떤 정신 작용에 의해 창조한 세계들이다. 자신의 현실에서 이루어지지 못했지만 간절히 원했던 것들이나 속박된 현실을 변형한 가능성의 세계들이다.

기존 문학 교육에서는 텍스트 내에서 현실화된 행위나 인물의 말, 행동을 중심으로 상호 작용하였기 때문에 이러한 가능성에 대한 탐색은 큰 의미를 지니지 않았다. 그러나 텍스트의 줄거리는 하나의 단선적인 상황이 아니다. 텍스트는 텍스트의 현실 세계 그리고 인물이 창조한 가능성의 세계들이 서로 변화하고 영향을 미치면서 추동된다. 이러한 관계는 다시 텍스트에서 실제로 일어나는 일련의 사건들이 변화하는 상황들로 이어진다. 예를 들면, 어떤 인물이 지니고 있는 희망은 아직 어떤 사건이나 행위의 사실로 가시화되지 않은 것이지만, 언제든지 서사적 변화를 일으킬 수 있는 잠재성을 지니고 있다. 따라서 학습자들이 텍스트에 잠재된 의미들을 학습자들이 충분히 실현시킬 수 있도록 텍스트의 현실 세계에만 국한된 상호 작용을 가능성의 세계들로 확장하고, 인물의 상상이나 소망 등 텍스트에서 현실화되지 않은 세계를 독자가 포착하고 이해할 수 있는 방법이 해명될 필요가 있다.

이 책에서는 지금까지 살펴본 문제들을 해결하기 위해서 문학과 삶 사이의 연관을 허구와 현실의 관계로 논의하고, 이를 문학 교육의 실천으로 구현하기 위한 이론적인 기반을 마련하고자 한다. 특히, 그동안 문학 교육에서 허구적 현실 세계가 가지고 있는 풍부한 의미를 해석할 수 있는 능력을 신장하기 위한 방법이 충분히 모색되지 못했다는 문제에 착안하여, 텍스트와 독자, 허구와 현실의 관계 속에서 이루어지는 문학 소통을 '가능 세계'의 관점으로 설명하고, 독자의 상호 작용에서 텍스트와 현실과의 관계와 문학 소통의 구도에 의미 있는 지점들을 제안할 것이다. 나아가, 학습자의 가능 세계 구성을 문학 교육의 지향이자 교육 내용으로 제안하고 이를 실천하기 위한 교육 방법을 제시할 것이다.

2장 | 문학 교육과 가능 세계

　여기에서는 이 책에서 말하고자 하는 이야기의 줄기를 밝히고, 이 책에 앞서 이루어져 온 문학 교육의 논의들을 소개하고자 한다. 앞 절에서 살펴본 문제와 관련하여, 이 책은 문학 교육에 가능 세계 개념을 도입함으로써 작품 속 세계를 통해 현실과 자신에 대한 이해를 심화, 확장하는 교육을 설계하는 데 목적이 있다. 이는 학습자가 허구 및 현실의 세계와 맺는 관계를 통해 이루어지는 문학 경험으로서, 문학 교육의 목표를 텍스트 이해로 보는 작품 중심의 관점에서 나아가 학습자의 자기 이해와 성장이라는 해석학적 작업을 포괄하려는 것이라고 말할 수 있다. 따라서 해석의 관점에서 접근된 일련의 연구들이 곧 본 논문의 선행 담론에 해당하며, 그 안에서 독자의 허구 인식 및 수용과 관련된 일련의 논의를 살펴보도록 한다.
　1990년대 국내 문학 교육 연구에서 독자 위상의 제고가 본격화된 이후, 문학 교육 연구에서는 학습자들의 능동성을 뒷받침할만한 구체적인 내용과 방법을 구안하기 위한 논의들이 현재까지도 지속되었다. 이는 학습자의 자율성과 능동성을 강조하는 것에 비해 텍스트의 무엇과 어떻게 상호 작용해야 하는지에 대한 방법의 문제가 약하다는 지속적

인 문제 제기에 대한 적극적 모색으로 보인다.[6]

이후 문학 교육에서는 학습자의 능동적인 의미 생산에 대한 구체적인 활동이 강조되면서 '해석'의 문제를 중심으로 문학 교육의 내용과 방법을 체계화하는 데 일정한 성과를 보이고 있다.[7]

이러한 가운데 문학이 현실과 맺고 있는 관계의 핵심이라 할 수 있는 '허구' 역시 문학 작품 차원의 논의에서 그치지 않고, 독자의 능동적인 의미 생산과 해석에 작용하는 통로로서 그 가치와 역할이 강조되었다.

---

[6] 문학 교육의 이론적이고 거시적인 측면의 연구는 로젠블랫의 독자 반응 비평에 기반하여 반응 중심 문학 교육의 방법을 구안한 경규진(1993)의 연구와 밀접한 관련이 있다. 이론적이고 거시적인 차원에서 문학 교육의 방향을 모색한 초기 연구들은 수용 이론 및 독자 반응 이론의 문학 교육적 적용을 검토하고, 텍스트 요인과 독자 요인의 균형을 뒷받침할 수 있는 방법론을 모색하는 흐름으로 이어졌다. 대표적인 연구는 다음과 같다.
- 류덕제(1995), 「소설 텍스트의 문학 교육 방법 연구: 수용 이론의 적용을 중심으로」, 경북대학교 박사 학위 논문.
- 권혁준(1997), 「문학 비평 이론의 시 교육적 적용에 관한 연구: 신비평과 독자 반응 이론을 중심으로」, 한국교원대학교 박사 학위 논문.
- 한명숙(2003), 「독자가 구성하는 이야기 구조 교육에 관한 연구」, 한국교원대학교 박사 학위 논문.
- 고정희(2013), 「텍스트 중심 문학 교육의 이론적 기반과 읽기 방법」, 『문학교육학』 40, pp.57-88.
- 최미숙(2012), 「기호, 해석, 독자의 문제와 문학 교육학」, 『문학교육학』 38, pp.125-154.

[7]
- 양정실(2006), 「해석 텍스트 쓰기의 서사 교육 방법 연구」, 서울대학교 박사 학위 논문.
- 이인화(2013), 「소설 교육에서 해석 소통의 구조와 실천에 대한 연구」, 서울대학교 박사 학위 논문.
- 우신영(2015), 「현대 소설 해석 교육 연구: 독자군별 해석 텍스트의 분석을 중심으로」, 서울대학교 박사 학위 논문.

문학 교육 연구에서도 소설을 중심으로 소설의 허구성을 논의한 연구(김혜영, 2004), 허구를 독자와의 관계 속에서 논의하고 허구적 인식 능력을 문학 교육적 의의를 논의한 연구(우한용, 2004)가 있었다. 이 논의들을 통해 소설 장르에서 허구 개념이 현실과의 대립이 아니라 텍스트 외부의 현실 세계 또는 독자의 삶과 문학이 맺는 관계로서 '허구의 인식적 가치'가 논의되었다.

또, 해석의 관점에서도 문학 교육은 허구의 현실 관련성에 주목했음을 살펴볼 수 있다. 양정실(2007)은 독자에 초점을 두고, 학습자가 허구 세계에 대한 해석에 자신의 현실을 어떻게 관여시키는지를 학습자의 해석 텍스트 분석을 통해 구체적으로 논의하였다. 허구가 현실과 맺고 있는 복합적인 관계에 기반하여 학습자들은 실제 현실에 대한 인식을 허구 세계의 해석에 반영하며, 허구 세계에 대한 인식이 실제 현실 세계에 대한 인식에 영향을 준다는 점을 시사하였다. 이후 정진석(2016)은 리쾨르의 논의를 기반으로 허구를 통한 서사적 정체성을 논의한 바 있다. 이처럼 허구는 문학이 현실과 맺고 있는 역동적인 관계의 본질로서, 학습자가 문학을 통해 자기 삶에서 변화나 성장, 자기 이해로 나아가기 위한 통로로서의 가능성을 보여 주고 있다.

문학에서 허구의 비현실성의 문제를 현실과의 관계 속에서 구도화하기 위한 논의는 가능 세계 이론 연구와 관련 있다. 초기의 논의는 문학 이론에 철학적 가능 세계 이론을 적용하기 위한 차원에서 이루어졌으며, 허구성 이론, 장르 이론으로서 서사 세계의 유형에 대한 연구, 서사 의미론 등 다양한 영역으로 전개되었다. 최근에는 인지 서사학 및 인지 문체론의 분야에서 텍스트와 독자의 해석 사이의 관계를 설명하기 위한 이론으로 모색되고 있다.

초기 연구에서 파벨(Pavel, 1986), 돌레젤(Doleze, 1988; 1998)은 가능 세계 이론이 허구 서사에 적용 가능한 이유와 적용 방법 등을 제시하였다. 그러나 이들 논의는 허구적 텍스트는 가능 세계를, 비허구적 텍스트는 실제 현실 세계를 표상한다는 피상적이고 정밀하지 않은 일반론에 머물러 있었다. 로넨(Ronen, 1994), 라이언(Ryan, 1991; 1992; 1998)은 가능 세계 이론을 서사학으로 폭넓게 전이시키기 위한 본격적인 논의를 전개하였다. 특히, 라이언은 플롯, 인물 묘사, 다중 시각 등 서사 이론과 다양한 허구 세계를 분류하는 세계들의 유형학을 제시하였으며, 드라마, 연극, 게임 등 현대의 다양한 서사 장르를 설명하고 허구에 대한 독자의 이해를 모형화하였다.

라이언(Ryan, 1991)은 허구 세계의 내적 구조를 규명하면서 텍스트에서의 현실 세계와 그 안에서 현실로 실현되지 않을 가능성들의 복잡한 관계를 '가능 세계'의 개념으로 설명하였다. 이는 인지 시학의 관점에서 독자가 텍스트의 무엇과 어떻게 인지적으로 상호 작용하고, 독자가 세계를 구축하는 방식에 어떤 영향을 주는가의 문제를 설명하는 이론적 기반을 제공하였다. 특히, 텍스트를 허구적 현실 세계로 규정하는 것은 작중 인물들이 실제로 거주하는 세계로서 실재감을 가지도록 할 뿐만 아니라, 독자가 인물과 함께 허구 세계에서 실현되지 않을 가능성을 탐색하고 그것을 자신의 실제 세계와 연관 짓는 방식에 관한 연구와 긴밀하게 연계될 수 있음을 시사한다.

이후 개빈스·레이히(Gavins & Lahey, 2016)는 라이언의 영향을 받아 텍스트를 통해 독자가 자신의 마음속에 세계를 구축함으로써 텍스트를 이해한다는 점에서 파생된 이론들을 인지 문체론의 성과들로 보고, '세계 기반 접근(world-based approach)'으로 명명하였다.[8] 휘틀리(Whiteley, 2011)는 개빈스(Gavins, 2007)의 논의를 기반으로 텍스트를 읽고 독자가 정신적 표상을 구성하는 과정을 세계 구축으로 보고, 이때 실제 독자의 감정적 반응의 양상과 역할에 주목한다. 독자가 세계를 구성할 때, 단순히 문장을 읽고 그것이 지시하는 정신적 표상을 생성하는 것이 아니라, 자신의 지식, 경험, 동기, 신념, 소망과 같은 정신적 자원을 맥락으로 활용한다는 점을 주장하였다. 이는 곧 독자가 구성하는 세계나 그를 구성하는 경험의 질에 영향을 미치며, 독자가 자신의 현실뿐만 아니라 소망과 같은 가능성들에 대한 인식이 가능 세계 구성 및 텍스트 해석에 관여한다는 점을 시사한다.

국내 연구는 라이언의 연구를 허구성과 장르 등에서 구체화하는 방향으로 이루어졌다. 오혜정(2001)은 문학적 허구에 라이언의 가능 세계 이론이 적용 가능한지를 논증하고, 그 의의를 밝혔다. 가능 세계 이

---

[8] 텍스트에 대한 해석을 '문학 텍스트의 언어에 대한 인지 구조 및 인지 과정'으로 파악하는 개빈스·레이히(Gavins, J.& Lahey, E., 2016)는 문체론, 서사학, 인지 시학 연구들의 성과들을 "언어(language)가 본질적으로 세계를 구축한다(world-building)."라는 관점에서 설명한다. 텍스트는 언어적 단서에 의존하여 언어 사용자가 마음속에 구성하는 정신적 표상(mental representation) 또는 '세계'를 통해 이해된다고 주장한다. 라이언(Ryan, 1991)은 '세계 기반 접근(world-based approach)'의 초석이 되는 연구로 독자에게 상상력을 위한 청사진, 자신의 현실과 그 대안에 대한 풍부한 모델을 구축할 수 있는 자원을 모색하였다.

론이 허구에 대한 논리적 접근뿐만 아니라 허구 이해에서 중요한 상상적 접근까지 포용하도록 고안된 이론이며, 문학의 비현실적 상황과 현실 세계의 관계에 대한 정당한 설명을 제공하는 데 의의가 있음을 주장한 바 있다. 다양한 장르의 서사에 대한 분석에 대한 연구(오세정, 2010; 나병철, 2014; 김현진, 2016; 양혜림, 2019)에서는 신화 그리고 판타지, 팩션, 메타픽션, 웹툰이라는 장르를 가능 세계 이론에 기반하여 설명하였다. 이처럼 가능 세계 이론은 다양한 서사 장르를 분석하고 유형화하는 연구에 폭넓게 활용되고 있다.

반면, 가능 세계 이론에 기반한 문학 교육 연구는 그리 많지 않다. 대체로 가능 세계의 개념은 학습자들이 감상하거나 창작하는 대상인 허구에 대한 은유적 표현으로나 서사의 다기성을 실험할 수 있는 서사적 실험실의 개념으로서 등장한다. 그러나 최인자(2007)는 가능 세계를 은유적 개념으로 활용하는 것에서 벗어나 가능 세계 이론에 기반한 텍스트의 다층적 구조를 기반으로 한 서사적 추론을 논의한 바 있다. 이는 텍스트의 플롯 이해가 단편적인 인과 관계를 중심으로 하는 것에서 텍스트의 총체적인 의미를 이해하기 위한 역동적 과정으로 확장될 필요가 있음을 밝히고, 텍스트의 대안적 가능 세계가 텍스트 현실 세계에서 서사적 변화를 일으킨다는 점에서 주목할 필요가 있음을 논의하였다.

또, 정진석(2013)은 독자가 허구 세계에서 윤리적 가치 갈등을 체험하고, 인물들과 더불어 허구 세계에서 실현되지 않는 가능 세계를 탐색하는 데 라이언(Ryan, 1991)의 이론에 주목하였다. 최근 남지현(2019)은 서사 교육의 빅 아이디어로서 허구성을 논의하면서 가능 세계 이론의 화용론적 의의를 모색한 바 있다.

이상의 연구 성과들을 종합해 볼 때, 문학 교육에서 학습자의 허구 인식 및 수용에 관한 연구는 해석학적 의미에 대한 고찰에서부터 구체적인 방법 차원의 연구에 이르기까지 폭넓은 층위에서 이루어져야 한다는 점을 확인할 수 있다. 근본적으로 문학이 현실과 맺고 있는 관계와 허구에 대한 다양한 관점을 검토하면서 학습자의 관점에서 그 자체로는 사실이 아닌 문학을 읽는 경험의 유의미성을 논의하고, 학습자가 문학 작품을 자신이 실제 살고 있는 세계와의 연관 속에서 의미화할 수 있는 능력을 신장시키기 위한 교육의 가능역과 방법론이 더욱 구체화되어야 할 필요성을 확인하게 된다.

문학 교육에서 가능 세계에 대한 논의는 허구성 자체에 대한 논의나 창작 교육, 추론 교육의 차원에서 제한적으로 논의되었기 때문에 학습자가 텍스트와 자기 세계의 관계를 형성하는 과정의 내부를 들여다보는 데는 소홀했음을 알 수 있다. 그러므로 이 책에서는 문학 소통에서 텍스트의 세계와 독자 세계의 관계를 형성하기 위한 독자의 수행에 초점을 두고, 가능 세계의 관점을 문학 교육에 도입하여 독자가 가능 세계를 구성하는 해석 과정에서 텍스트 세계와 자기 세계를 연관 짓기 위한 다층적인 과정을 규명하고, 그에 대한 독자의 인식이 가능 세계 구성이라는 일련의 해석 과정에 관여하는 양상에 주목할 것이다.

3장 | 가능 세계 구성 문학 교육의 설계 방법

　학습자들에게 텍스트가 지시하는 허구의 세계를 자기 세계와 관련짓기 위한 해석의 방법론을 제공하기 위해서는 두 세계를 바라보는 일정한 관점에 기반해야 할 필요가 있다. 문학에서 허구 세계가 현실은 아니지만 독자가 현실을 새롭게 인식할 수 있도록 한다는 점에 주목한다면, 허구가 현실과의 관계 속에서 해석되기 위한 개념적 틀이 필요하다. 아울러 텍스트가 현실을 형상화함으로써 현실과 맺고 있는 관계를 규명하기 위한 것이 아니라, 학습자가 텍스트가 자기 현실과 맺고 있는 관계를 형성하기 위한 과정이 중요하므로 문학 소통의 관점에서 이를 논의할 필요가 있다.

　가능 세계 이론은 텍스트 밖의 현실 세계와 텍스트 세계의 관계를 대립적 관점이 아니라 관계적 양상으로 구도화하기 위한 이론적 기반을 제공한다. 이 관점하에서 허구는 거짓과 구분될 수 있으며, 하나의 가능한 양상이자 가능한 현실 세계로 전환된다. 중요한 것은 텍스트 세계가 독자 세계와 어떻게 관계될 수 있느냐이다. 문학 텍스트 속의 현실 세계가 학습자의 세계와 동떨어져 있다면, 학습자들은 이를 자기 현실과 연관 짓고 이를 의미 있게 수용하기 어렵다. 텍스트가 지시하는 세계는 실재하지 않는 세계이지만, 독자는 그 세계 속에서 현실을 발견하고 또 그를 통해 자기 현실을 새롭게 인식할 수 있어야 한다. 독자가 활용할 수 있는 해석의 자원들을 텍스트와 현실의 층위에서 상세화하고, 이것을 활용할 수 있는 방식을 제시할 수 있어야 한다.

이를 위해서 텍스트 세계를 가능한 현실 세계로 보고, 그 안에서 현실화되지 않은 가능성들을 모색하는 것은 의미 있다. 왜냐하면 텍스트 '세계'란 텍스트가 언급하는 여러 종류의 사태, 사건, 관계를 의미하기 때문이다. 인지적 표상이란 단순히 텍스트 세계에서 '일어나는' 일련의 사건을 인식하는 능력뿐만 아니라 독자가 자신의 세계에 비추어 다른 사건을 상상, 소망하거나 추측하는 등의 예측하고 이해하는 능력을 포함하는 것이다(Steen, G. & Gavins, J., 2003; 양병호 외 역, 2014). 실제로 허구 서사가 가지고 있는 가치 중의 하나는 이야기에서 '실제'라고 간주되는 것과 이야기 세계에서 현실화되지는 않았지만 가능할 수 있음을 드러내는 대체 가능한 방식 사이의 관계가 복잡하게 설정되어 있다는 점이다.

이러한 동형 구조는 학습자들이 인물과 함께 대상이 되는 허구적 현실을 이해하기 위하여 대안적 세계를 모색하고, 이를 통해 자신의 현실을 갱신할 수 있는 계기를 마련하는 데 활용될 수 있는 개념적 틀의 형성에 도움을 준다. 이를 통해 텍스트 세계와 독자 세계 사이의 이질성을 약화시키고, 텍스트 세계와 독자 자신의 세계와의 관계를 강화시킬 수 있는지 분석해 봐야 할 것이다.

이 같은 텍스트 세계와 독자 세계의 교차는 리쾨르(Ricoeur)의 미메시스 개념과도 긴밀하게 연결된다(Ricoeur, 1983; 김한식·이경래 역,

1999). 왜냐하면 세계의 의미를 텍스트를 매개로 이해하고자 하는 이론이기 때문이다. 미메시스 1, 2, 3은 실제 현실 세계와 텍스트 세계의 전환과 단절, 순환의 관계이며, 이 중 미메시스 3에서의 독자는 독서를 통해 이야기된 삶을 재형상화하면서 자신의 세계를 이해하게 되는 것이다. 형상화된 텍스트는 허구라는 점에서 현실 세계와 단절되지만 텍스트는 닫힌 체계가 아니며, 우리가 살고 있는 세계와 다른 방식으로 존재하는 어떤 허구적 세계를 투사한다는 것이다.

독서를 통해 텍스트의 '것'이라 할 수 있는 허구 세계를 다시 자기 것으로 삼는다는 것은 작중 인물과 그들의 행동, 이야기된 사건들을 둘러싼 세계를 허구적으로 경험하는 것이며, 그러한 '허구적 경험'은 문학 작품이 스스로를 넘어서는 힘에 의해 투사하는 방식이고 이 세계를 사는 잠재적인 방식이다. 이러한 경험은 독자의 것이지만 허구적이기 때문에 텍스트 세계에 속한 경험이다. 그런데 독자가 '텍스트가 여는 세계'를 받아들이면 허구적 경험과 독자의 살아 있는 경험은 서로 만나게 되며, 텍스트 세계와 독자 세계가 교차하는 바로 그 지점에서 이야기는 온전한 의미를 획득하게 된다(김한식, 2019: 282). 이처럼 삼중의 미메시스는 이야기를 역사적 시간을 가로질러 상상의 세계에 머물게 함으로써 숨겨져 있던 삶의 가능성을 열어 준다는 점에서 가능 세계 이론과 접점을 가질 수 있다.

따라서 이 책에서는 해석자가 텍스트와 자기 세계와 역동적으로 상호 작용하면서 구성하는 세계의 본질과 수행을 밝히기 위하여 가능 세계 이론과 리쾨르의 논의에 기반하여 허구에 대한 가능 세계 관점의 접근과 그 의미를 살피고, 가능 세계 구성의 본질과 소통 구도를 고찰할 것이다. 이를 통해 문학 교육에서 가능 세계 구성의 효용을 확인하고, 문학 텍스트와 해석 텍스트에 대한 분석과 이론적 개념들을 기반으로 가능 세계 구성의 수행 구조를 살펴볼 것이다. 마지막으로 가능 세계 구성이 문학 교육의 차원에서 구동될 수 있도록 기존 문학 교육과의 접점 속에서 교육 내용과 방법을 제시할 것이다. 또 교육 내용을 교실 상황에 적용하고, 그 결과를 통해 교육적 실천으로의 가능성을 점검할 것이다. 이 책의 자세한 진행은 다음과 같다.

먼저 2부에서는 가능 세계의 관점 및 개념에 대한 철학 분야의 논의와 문학으로 전용된 가능 세계의 논의를 살펴, 문학 소통의 차원에서 가능 세계 구성을 설정하기 위해 필요한 이론적 기반들을 마련하고 문학 교육에서의 의의를 확인하고자 한다. 또, 해석자가 텍스트와 자기 세계와 역동적으로 상호 작용하면서 구성하는 세계의 본질과 수행을 밝히기 위하여, 가능 세계 이론과 리쾨르의 논의에 기반한 가능 세계 구성의 본질적 의미와 소통 구도를 고찰할 것이다.

3부에서는 앞의 이론적 기반에 근거하되, 텍스트의 세계 체계와 독자의 세계 체계가 관여되는 양상을 통해 가능 세계 구성의 수행 구조를 규명하고자 한다. 문학 텍스트와 해석 텍스트에 대한 분석과 이론적 개념들을 기반으로 가능 세계 구성의 수행 구조의 맥락과 과정을 상보적으로 살펴볼 것이다.

가능 세계 구성의 수행과 관련하여 이론적 개념들은 독자의 수행을 설명하기 위한 구조나 양상을 분석할 수 있는 틀을 연역적으로 마련하는 데 기여할 수 있다. 그러나 문학 소통으로서 가능 세계 구성의 수행이 구체화되기 위해서는 문학 텍스트와 그에 대한 해석 텍스트와의 관계 속에서 실질적인 양상으로 뒷받침될 필요가 있다. 이론적 논의의 추상성이 구체성을 가지기 위한 분석 대상과 방법은 다음과 같다. 먼저, 가능 세계 구성의 수행 구조에서 분석의 대상이 되는 텍스트는 김중미의 『조커와 나』, 「제후의 선택」, 『허구의 삶』을 선정하였다. 해석 텍스트는 대학생 독자들의 해석 텍스트를 분석한다.[9]

  4부에서는 가능 세계 구성을 문학 교육으로 설계하기 위한 논의를 전개한다. 가능 세계 구성이 문학 교육의 차원에서 구동될 수 있도록 기존 문학 교육과의 접점 속에서 교육 내용과 방법을 제시할 것이다. 이를 위하여 기존 문학 교육 연구의 범주 중 해석 교육의 범위 내에서 목표와 내용, 방법을 마련하고자 한다. 즉, 학습자의 가능 세계 구성이 문학 교육의 목표에서 구체화하고자 하는 국면에 근거하고, 교육 목표를 3부와 관계 속에서 교육 내용으로 상세화하며, 이것을 지도하기 위한 지도 원리를 마련하여 이를 반영한 실천적 지침을 제시하고자 한다. 또, 교육 내용을 교실 상황에 적용하고 그 결과를 통해 교육적 실천으로의 가능성을 점검할 것이다.

---

9 분석 대상을 이처럼 선정한 이유는 3부에서 상술한다.

2부
문학 소통에서 가능 세계 구성의 의미

1장 가능 세계의 의미: 가능 세계 이론과 서사학적 접근
2장 가능 세계 구성의 문학 소통
3장 가능 세계 구성의 문학 교육적 의의

2부에서는 다음 세 가지 문제를 중심으로 논의를 진행한다. 이를 통해 가능 세계 구성의 개념이 문학 소통 현상에서 기여할 수 있는 국면을 포착하고, 교육적으로 변환되어야 할 부분을 예각화하고자 한다.

첫째, 가능 세계란 무엇인가이다. 특히, 문학에서 가능 세계 관점의 도입이 문학 소통에 가져올 수 있는 변화가 무엇인가를 분명하게 밝힐 필요가 있다. 이를 논의하기 위하여 1장에서는 가능 세계 개념을 살펴보고, 문학에서의 논의에 기초하여 가능 세계 이론의 함의를 고찰할 것이다.

둘째, 가능 세계 구성의 의미는 무엇이고, 독자는 가능 세계를 어떻게 구성하는가이다. 2장에서는 문학 소통 과정에서 독자의 수행을 초점화하기 위하여 가능 세계 구성의 개념을 설정하고, 가능 세계 구성의 구도를 문학 소통의 관점에서 논구할 것이다.

마지막으로 3장에서는 문학 교육에서 '가능 세계 구성'이 가져올 수 있는 효용에 대해 살펴본다. 여기에서의 고찰은 독자 반응 이론이 남겨둔 상호 작용의 대상과 방법의 문제를 허구에 대한 리쾨르(Ricoeur)의 통찰과 라이언(Ryan)의 가능 세계 이론(possible world theory)을 통해 설명하고자 하는 시도이다.

1장 | 가능 세계의 의미: 가능 세계 이론과 서사학적 접근

문학 소통에서 가능 세계 구성의 본질을 논의하기 위한 이론적 기반을 마련하기 위하여 1장에서는 '가능 세계(possible-worlds)'의 의미를 살펴보고자 한다. 가능 세계는 본래 분석 철학에서 허구의 지칭이나 진리값에 대한 문제를 해결하기 위해 도입된 개념으로, 문학 이론에 접목됨으로써 실제 현실 세계와 허구 세계의 관계를 비롯한 다양한 논의를 발전시키고 있다. 여기에서는 분석 철학에서의 가능 세계 개념 및 논의가 문학 이론에 어떻게 적용되었는지를 검토하고, 문학 이론에서 가능 세계 개념이 가져올 수 있는 변화를 확인하고자 한다. 이를 위하여 철학과 문학에서 가능 세계 논의가 본격화된 배경과 가능 세계의 개념을 살펴본다. 그런 다음 가능 세계의 주요 개념 및 이론이 문학 이론에 적용되었을 때의 함의를 고찰한다. 이를 통해 문학 소통에서 '가능 세계 구성'의 개념을 설정해야 할 필요성을 구체화할 것이다.

1 다중 세계 관점의 도입과 가능 세계의 개념

허구는 일반적으로 우리가 실재 세계(real world)라고 부르는 세계를 기준으로 보았을 때 불가능한 세계를 의미한다. 그런데 허구의 대상이 실제로 존재하거나 허구적 서술이 사실인 것은 아니지만, 독자나 감상자들은 이를 즐기고 감동하며, 자신의 삶을 재구성하는 계기를 발견하기도 한다. 언어 철학, 논리 철학, 미학과 문학 연구에서는 이러한 허구의 가치에 주목하며, 허구를 거짓이나 환상과 개념적으로 구분 짓기 위하여 노력했다.

그렇다면 허구는 거짓이나 환상 등과 어떻게 구별될 수 있는가? 플라톤(Plato)[10] 이후 버트런드 러셀(Bertrand Russell)에 이르기까지 철학에서 허구적 발화는 거짓과 다르지 않아 참된 지식과 상관없는 것으로 평가되었다(三浦俊彦, 1995; 박철은 역, 2013; 156-165). 이러한 관점들이 제기하는 주요한 문제는 허구적 발화가 현실에 대상 지시를 가지지 않는다는 점이다. 예를 들면, '유니콘'이라는 언어에는 날개 달린 말이라는 의미는 있지만, 실재의 지시체가 없다(Frege, G., 1892)는 점에서 거짓과 다르지 않다.

허구적 발화의 대상 지시가 단어나 문장 수준에 국한된 문제는 아니다. 문학 작품과 같은 담화 수준에서도 허구적 텍스트가 무엇을 가리키는가의 문제는 지속되며, 문학 작품이 거짓이 아니라 의미를 가진 담화가 되기 위해서 텍스트의 지시 문제를 해결하는 것은 중요하다. 이런 점에서 리쾨르(Ricoeur, 1983; 김한식·이경래 역, 1999: 171-179)는 텍스트의 지시 문제에 대한 논의를 단어(word)나 문장(phrase) 수준을 넘

---

10 플라톤(Plato)은 『국가』(박종현 역, 1997)에서 "예술가는 이데아가 아닌 현실을 모방함으로써 이데아의 진리를 왜곡하며 저급하게 만든다."라고 보았다. 이때 허구는 진리값을 가지지 못하는 허상의 영역으로 간주된다.

어 문학 작품과 같은 텍스트의 담화(discourse) 수준으로 확장하고, 특히 문학 작품과 같은 허구적 텍스트의 지시 문제가 해석학적 차원에서 설명되어야 함을 주장한 바 있다.[11]

여기서 해석학적 차원은 텍스트의 대상 지시를 이해할 때 주체의 독서와 해석 작업이 반드시 개입되어야 한다는 것을 의미한다(Ricoeur, 1985; 김한식 역, 2004: 9, 352-353). 리쾨르(Ricoeur)는 담론 수준의 문학적 언어의 지시를 일차적 지시와 이차적 지시로 설명하는데, 일차적 지시는 문자적 지시이며 이차적 지시는 은유적 지시이다. 문자적 지시는 해석이 필요하지 않을 수 있으나 은유적 지시는 해석을 필요로 한다(정기철, 2002: 90).

『시간과 이야기』(Ricoeur, 1983; 1984; 1985)에서 미메시스 3은 텍스트를 매개로 하는 의사소통의 과정에서 핵심이 되는 지점이다. 이 과정에서 일어나는 재형상화(re-figuration)는 텍스트 세계와 독자 세계의 만남으로, 독자가 독서 행위를 통해 텍스트를 다시 그리는 행위를 뜻한다. 말 그대로 '다시' 그리는 것이기 때문에 다시 그릴 대상이 있어야 하며, 독자가 다시 그릴 대상은 텍스트가 지시하는 것이다. 그런데 문학적 언어는 현실에 실재하는 대상을 설명하기 위한 언어가 아니라 허구를 통해 현실을 새롭게 보게 만드는 언어이다. 따라서 리쾨르(Ricoeur)는

---

11 리쾨르(Ricoeur)는 『살아있는 은유(La metaphore vive)』 『시간과 이야기(Le temp et recit)』 등 자신의 여러 저서에서 텍스트와 독자가 만나는 재형상화 과정에서 제기되는 텍스트의 지시 문제와 그것의 역할을 이론적으로 설명하고자 하였다. 텍스트 의사소통으로서 미메시스 1, 2, 3에서 텍스트의 지시가 수행하는 역할에 대한 자세한 리쾨르의 논의에 대해서는 김휘택(2011a)을 참조하기 바란다.

문학에서 텍스트가 지시하는 불가능한 현실을 독자가 어떻게, 무엇으로 그리는가의 문제에 주목하며, 텍스트의 대상 지시를 단순히 현실에 실재하는 대상을 지시하는 문제로 이해하는 것에 반대하고 허구가 제시하는 새로운 현실로 해석해야 함을 주장하였다(김휘택, 2011b: 53-57).

이처럼 "허구적 발화가 현실에 대상 지시를 가지지 않는다."라는 문제를 해소하는 것은 허구를 개념적으로 거짓이나 환상과 구분 짓고, 현실의 범위를 벗어난 명제나 문학을 진리값을 가진 대상으로 해석하기 위해 필요한 논의였다. 또, 지금까지 살펴본 논의들은 곧 허구가 거짓이 아니라 가능한 새로운 현실로 이해하는 관점에 대한 요청이기도 하다. 독자가 실재하지 않는 대상에 대한 해석으로 나아가기 위해서는 텍스트의 대상 지시 문제를 비실재성이 아니라 현실화되지는 않았지만 가능할 수도 있는 세계에 대한 대상 지시로 이해할 수 있는 관점이 필요하다.

"허구가 현실에 대상 지시를 가지지 않는다."라는 주장들은 우리에게 단 하나의 세계, 우리가 살고 있는 현실밖에 없다는 공통된 전제에서 비롯된다. 단일 세계 관점(one-world perspective)하에서는 실제 세계만을 기준으로 참 또는 거짓이 결정된다. 단일 세계의 관점은 곧 허구를 현실이 아닌 것으로서 비현실의 영역으로 간주하는 근거가 되며, 허구는 실재하지 않는 환상이나 거짓과 의미론적으로 차이를 가지지 못하게 된다.

이에 분석 철학에서는 라이프니츠(Leibniz)[12]가 제안한 '가능 세계' 개념을 차용하여 우리가 살아가고 있는 현실 세계는 무한한 가능 세계 중 하나라는 다중 세계 관점(multiple-world perspective)을 가정함으로써 허구의 대상 지시나 진리값과 관련된 문제들을 해결하고자 하였다. 왜냐하면 실제 세계의 제약을 넘어서는 허구적 명제들을 단순히 거짓으로 판단하기보다는 그것의 진리값을 결정할 수 있는 틀(frame work)을 제공함으로써 허구적 담화에 합당한 개념적 지위를 제공할 수 있다는 점 때문이다.[13]

다중 세계 관점에서 실재는 유일의 현실 세계를 의미하는 것이 아니므로, 허구 또한 비현실 또는 비실재를 의미하는 것이 아니다. 실재는 가능 세계들의 집합이며, 현실 세계도, 허구도 모두 하나의 가능 세계이

---

12   가능 세계(possible worlds)의 개념은 라이프니츠(Leibniz)가 신정론(Theodicee)에서 신의 창조 행위를 변호하기 위해 처음 제안한 것이다. 신이 세상을 창조할 때 가능한 모든 세계를 고려했고, 실제 세계는 그 중 최상의 것으로 선택된 것이라는 생각이다. 크립키(Kripke), 루이스(Lewis), 힌티카(Hintikka) 등의 분석 철학자들이 이러한 라이프니츠를 지지한 것은 아니지만, 다중 세계 관점과 가능 세계에 대한 라이프니츠의 직관을 발전시켰다(Semino, 1997: 58).

13   분석 철학자들에게 가능 세계의 개념은 실제 세계의 제약을 넘어서는 명제의 진실 가치를 결정할 수 있고, 특히 가능성과 필연성의 개념을 정의할 수 있는 틀을 제공한다(Dolezel 1979:194)는 점에서 유용하다. 예를 들면, 다음의 문장을 살펴보자.
  (1) 1950년 6월 25일, 한반도에 전쟁이 발발했다.
  (2) 1949년 6월 25일, 한반도에 전쟁이 발발했다.
  (3) 1950년 6월 25일에 한반도에 전쟁이 발발했거나 1950년 6월 25일에 한반도에 전쟁이 발발하지 않았다.
  (4) 1950년 6월 25일에 한반도에 전쟁이 발발했고, 1950년 6월 25일에 한반도에 전쟁이 발발하지 않았다.

다. 이제 허구가 지시하는 대상의 문제는 현실 세계에 대한 지시 작용만을 전제하는 것이 아니라, 무수히 다른 방식으로 존재할 수 있는 복수의 세계를 가정함으로써 고유한 지시체를 가지게 된다.

직관적으로 말하자면, '가능 세계'는 실제 현실은 아니지만 가능한 모든 양상을 의미한다. 철학에서의 이 개념은 현실의 틀이나 존재 양식에서 벗어난 생각들, 즉 현실과 다른 '무엇이든 가능하다.'라는 정신이 과학, 문학 등에서 실체화되는 데 중핵적인 이론적 기반을 제공했다(三浦俊彦, 2011:8-9).

이러한 이론의 핵심에는 크립키(Kripke)의 양상 모델(Modal Structure 또는 Modal Model)이 있다. 우리가 살고 있는 현실 세계만이 존재한다고 보는 단일 세계 모델과 달리, 우리의 현실 세계가 무한히 많은 가능 세계로 둘러싸여 있다고 가정한 것이다. 크립키의 모델은 요소들의 집합인 K, K에 속하는 세계인 G나 H, G나 H와 같은 세계들 사이의 관계 R로 정의된다(Pavel, 1986:44).[14] 이를 도식화하면 다음과 같다.

---

(1)과 (2)의 명제는 실제 세계와 관련하여 각각 참과 거짓으로 분류될 수 있다. 그러나 (3)과 (4)의 진실과 거짓의 속성은 실제 세계에서 일어나는 일에 의해 결정되지 않는다. 우리의 직관과 논리 법칙에 따라 (3)은 반드시 참이고 (4)는 반드시 거짓으로 결정된다. 이처럼 실제 현실은 아니지만 가능하고 필연적인 진실과 가능하고 필연적인 허위를 구별하기 위해 우리는 실제 세계뿐만 아니라 실제 세계에 대한 일련의 가상적 대안 세계를 참조해야 한다. 논리학자들은 이러한 대체 상태의 집합(sets)을 '가능 세계'라고 부른다(Elena Semino, 1997: 58). 즉, 실제 세계의 사실을 기준으로 참과 거짓이 판별되는 것이 아니라 실제 세계에 대한 대안적 가능 세계 내부의 논리를 통해 참과 거짓이 결정된다.

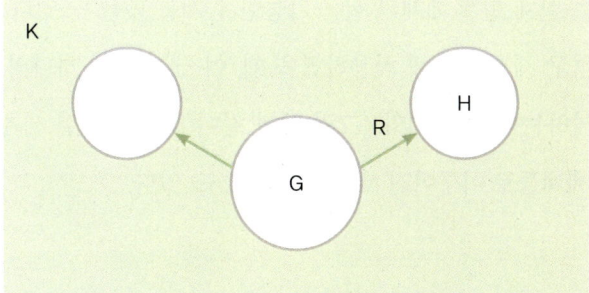

[그림 1] **양상 모델**

K는 현실 세계와 실재화되지 않은 가능 세계들의 집합으로 구성된 체계이며, 현실 세계 G에서 접근 가능한 관계인 가능 세계 H가 G 주변을 맴돌고 있다. 예를 들면, 〈그림 1〉에서 G는 실제 현실 세계로서 풀밭이 초록색인 세계이다. 이것은 풀밭이 빨간색인 세계, 보라색인 세계 등 무수한 가능 세계 중의 하나이다. 풀밭이 초록색인 세계 G, 빨간색인 세계 H 모두 가능 세계이며, 그중에서 우리가 실제로 살고 있는 것이 현실 세계 G인 것이다.

이러한 세계의 복수성을 가정하는 양상 모델을 전제할 때, 현실 세계도, 허구 세계도 〈그림 2〉와 같이 모두 하나의 가능 세계이며, 실재하는 '세계'는 하나의 현실 세계만을 의미하는 것이 아니라 하나의 현실 세계를 중심으로 한 복수적 가능 세계의 총합으로 구성된 체계이다. 이때 가

---

14 집합 K는 가능 세계들의 집합으로, 원소 G는 현실 세계, 관계 R은 K 체계에 속한 다양한 세계들 사이에 규정된 관계, 즉 접근 가능성이다. 접근 가능성 관계는 개별자들의 목록을 비롯하여 다양하다. 가령 세계 H의 개별자들이 세계 I의 개별자들과 동일할 때 세계 H는 세계 I의 가능한 대안 세계이다. 세계들 간의 관계로서 접근 가능성에 대한 자세한 논의는 2부 2장 나항에서 살펴본다.

능 세계는 실제 현실 세계와 접근 가능한 관계를 맺을 수 있다. 또 양상 모델을 허구 세계 자체에 적용하였을 때, 이 세계 역시 하나의 대안 세계를 의미하는 것이 아니라 〈그림 3〉과 같이 허구적 현실 세계와 관련된 가능 세계들로 이루어진 세계 체계로 볼 수 있다.

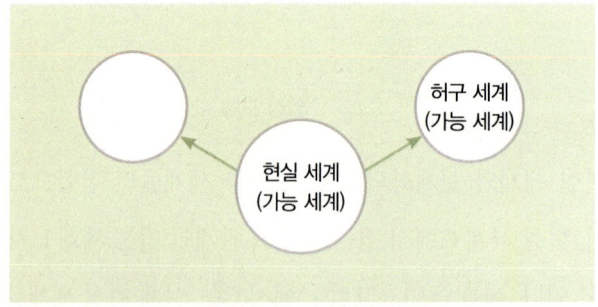

[그림 2] 현실 세계와 허구 세계의 관계

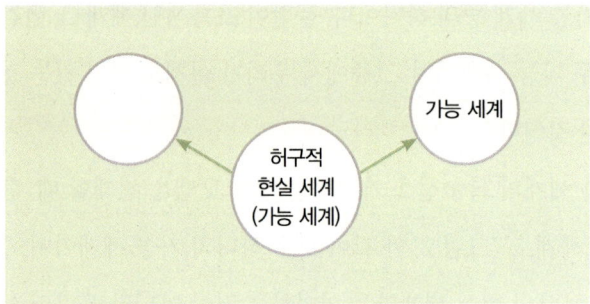

[그림 3] 허구 세계 내부 세계들의 관계

허구를 진리값을 결여하거나 거짓인 담화로 보는 문제는 문학에서도 간과할 수 없는 문제이다. 왜냐하면 독자가 허구 세계나 허구적 존재를 이해하는 방식은 감상의 경험 자체에 반영되기 때문이다(Walton, 2011; 32). 우리가 상상하는 것이 불가능한 것이 되는 것은 우리가 실제 현실 세계라고 부르는 세계가 기준일 때다. 이와 같이 허구 세계와 현실 세계에 경직된 경계를 세우고 이분법적으로 구분 짓는 것은 허구가 우리 현실에 대한 통찰력을 제공하는 것을 막고 문학의 가치와 역할을 박탈한다(Bell·Ryan, 2019: 9).

앞서 언급했듯이, 리쾨르(P. Ricoeur)는 문학 텍스트의 해석에서 허구의 대상 지시 문제에 주목한 바 있다. 텍스트가 지시하는 바를 독자 나름대로 해석하는 게 중요한데, 텍스트의 대상 지시를 현실에서 존재하는 대상을 지시하는 문제로 보아서는 허구란 실재하지 않는 것에 국한되며, 텍스트가 지시하는 바를 자기 세계와 연결 지을 수 없으므로 재형상화를 추동하기 어렵다고 본 것이다. 현실과 허구가 교차되는 이 대상 지시의 문제에서 리쾨르(P. Ricoeur)는 형상화된 텍스트는 허구라는 점에서 현실 세계와 단절되지만, 텍스트는 닫힌 체계가 아니며 우리가 살고 있는 세계와 다른 방식으로 존재하는 어떤 허구적 세계를 투사한다는 점을 강조한다(김한식, 2019: 281). 이는 곧 허구가 비현실이나 비실재가 아니라 현실과 다른 방식으로 존재 가능한 세계라는 다중 세계의 관점 안에서 더 자연스럽게 설명될 수 있다.

이상의 논의를 정리하면, 철학에서 정의하는 가능 세계란 실현되지 않았지만 현실 세계일 수도 있는 모든 방식이다. 말이 하늘을 날 수 있다거나 말이 하늘을 달리는 것이 가능하다고 한다면, 말이 하늘을 달리는 세계가 바로 가능 세계가 된다. 문학 텍스트는 이와 같은 특정한 세계를 구현하고 있다. 이러한 세계는 단순히 현실 세계와 대비되거나 현실 세계에 종속된 세계가 아니라 현실 세계와 독립된 나름의 세계를 구성하고 있다. 이 가능 세계는 현실 세계와 관련해서 기호 작용을 하는 것이 아니라 가능 세계 속에서 고유의 지시 기능을 가진다(오세정, 2009: 2).

우리의 상상은 현실화되지 않은 가능성이며, 현실화되지는 않았지만 그럴 수도 있는 대안을 고려하는 인간의 일반적인 정신 활동이다. 문학 텍스트에 등장하는 허구적 인물이 실제로 존재하지 않는다고 생각하기보다는 다른 사태에서라면 그러했을 것이라고 말하는 것이 더 자연스럽다. 따라서 다중 세계의 관점은 작품 속 허구 세계를 허구적 인물들이 실제 거주하는 세계, 실제 현실은 아니지만, 가능한 세계로 설명하여 문학 작품의 대상 지시가 실재하지 않는 대상이 아니라 어떤 가능 세계 안의 실재가 될 수 있도록 한다는 점에서 가능 세계의 개념이 문학 이론에서도 의미를 가지게 되었다. 다음에서는 가능 세계의 개념이 문학 이론에서 어떻게 본격적으로 전개되었는지를 살펴보고, 그 함의를 논하고자 한다.

2   가능 세계의 문학적 함의

허구가 실제 현실에 지시 대상을 가지지 않는다는 의미론적 문제를 해결하기 위해 철학과 논리학에서 고안된 가능 세계의 개념은 문학 및 서사학에까지 적용되었다. 왜냐하면 문학은 현실의 존재 양식에 갇히지 않은 세계를 통해 현실을 새롭게 보게 하기 때문이다. 앞에서 살펴보았듯이 허구 세계에 의미론적으로 정당한 지위를 부여하는 일은 독자가 허구 세계나 허구적 존재를 해석하는 방식에 영향을 미칠 수 있다는 점에서 중요하다.

그러나 가능 세계의 철학적 개념은 기계적으로 문학에 적용될 수 없다. 왜냐하면 문학에서의 가능 세계는 철학적·논리적 가능 세계와 연계성은 있지만, 철학과는 다른 함의를 가지기 때문이다. 철학에서의 가능 세계는 허구의 대상이나 사태의 진리값을 규명하고 양상 논리하의 문제를 설명하기 위한 도구이지만, 문학은 가능 세계의 관점을 통해 허구를 이해하고 설명하는 데 초점이 있다.

문학 이론이 철학적 가능 세계 이론에서 가장 핵심적으로 주목한 논의는 크립키의 양상 모델이다. 이는 실제 현실 세계와 허구적 현실 세계 사이의 관계를 묘사하는 데 사용될 뿐만 아니라 텍스트 자체의 내부 세계 구조를 설명하는 데 적용되기 때문이다. 즉, 문학에서는 철학의 가능 세계의 개념을 수용함으로써 현실과 허구의 관계뿐만 아니라 허구 내부의 구조를 설명할 수 있게 되었다.

라이언은 우리의 현실이 앞서 크립키(Kripke)가 주장한 양상 구조를 갖는다는 전제, 즉 현실로 간주되는 세계와 무한한 가능 세계로 구성된다는 것에서 시작한다. 또, 이를 텍스트에 적용하여 문학적 허구 세계란 인물의 실제 현실로 간주되는 영역을 소원, 꿈, 환상 등과 같은 비현실의 다양한 영역이 둘러싸고 있는 실재적 양상 시스템으로 간주한다.

여기서 중요한 점은 허구적 텍스트 세계는 단지 하나의 가능 세계를 기술하는 것이 아니라 가능 세계를 현실 세계로 하는, 새로운 현실 세계와 가능 세계들로 이루어진 세계 체계를 지칭한다(Eco,1984;

Ryan,1991: 553-557)는 점이다. 이를 도식으로 나타내면 다음과 같다.

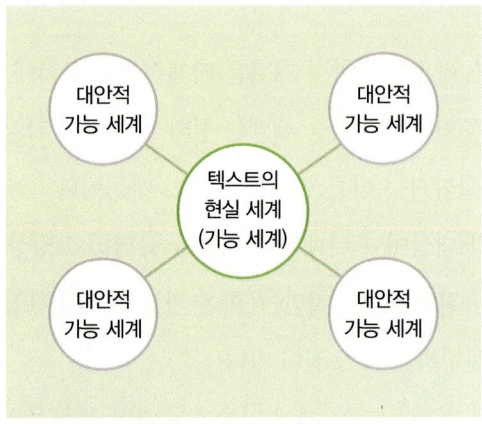

[그림 4] 실재적 양상 시스템으로서의 텍스트 세계

문학에서 가능 세계의 개념이 현실과 다른 대안적 세계를 의미하는 은유가 아니라 이론적 가치를 지니는 것은 텍스트 속 세계를 상이한 영역들로 분할할 수 있는 근거를 마련하기 때문이다. 지금까지 텍스트 '세계'라고 불렸던 것은 텍스트에서 현실로 간주되는 중심 영역(Textual Actual World, 이하 TAW)과 함께 비실제로 간주되는 다양한 가능 세계(Textual Alternative Possible World, 이하 TAPW)를 가진 '텍스트의 세계 체계(Textual Universe)'[15]라고 일컬어진다. 소설의 경우, 줄거리 차원에서 실제로 일어나는 사건들은 텍스트의 현실 세계(TAW)에 속하게 되고, 인물들이 자기 현실에 대해 가지고 있는 생각이나 소망, 정신적

---

15 국내에서는 연구자나 번역자에 따라 텍스트의 세계 체계(오혜정, 2001), 텍스트 세계 체계(Steen& Gavins, 2003; 양병호 외 역, 2014), 서사적 우주(Eco, 1979; 김운찬 역, 2009) 등으로 번역되어 사용된다.

행위를 통해 존재하는 범주들은 실현되지 않았지만 현실 세계일 수도 있는 모든 방식인 가능 세계의 영역(TAPW)에 속하게 된다.

텍스트 세계에 대한 이러한 구분이 소설에서 특히 중요한 이유는 다음과 같다. 텍스트의 줄거리는 하나의 단선적인 상황이 아니다. 텍스트는 텍스트의 현실 세계, 그리고 인물이 창조한 가능성의 세계들이 서로 변화하고 영향을 미치면서 추동된다. 이러한 관계는 다시 텍스트에서 실제로 일어나는 일련의 사건들이 변화하는 상황들로 이어진다. 예를 들면, 어떤 인물이 가지고 있는 희망은 아직 어떤 사건이나 행위의 사실로 가시화되지 않은 것이지만 언제든지 서사적 변화를 일으킬 수 있는 잠재성을 지니고 있기 때문에 독자가 텍스트의 현실 세계를 추론하고 해석하는 데 영향을 미치게 된다.

허구 서사에는 텍스트 내에서 현실로 여겨지는 세계만이 그려지는 것이 아니라 현실화되지 않았지만 인물들이 상상하고, 소망한 사건들이 복합적으로 드러난다. 여기서 상상하고 소망한 사건들이란 텍스트의 현실 세계에 사는 인물이 정신적으로 창조한 세계들로, 자신의 현실에서 이루지 못했지만 간절히 원했던 것들이나 속박된 현실을 변형한 가능 세계들이다. 예를 들면, 「문제아」(박기범, 1999)에서 창수가 싸움을 하고 문제아가 된 것은 실제의 영역에서 일어난 사건이다. 반면에 예전처럼 보통 아이로 지내고 싶은 소망은 실현되지 않는 가능 세계의 일부이다. 다른 예로, 『마당을 나온 암탉』에서 잎싹이 닭장에서 마당으로 나오는 것은 실제의 영역에서 일어난 사건이다. 반면에 알을 낳고 싶은 소망은 잎싹이 실현할 수 없는 가능 세계의 일부이다.

독자가 사건의 의미를 이해하고 판단하기 위해서는 사건을 둘러싼 맥락을 참조해야 한다. 다음은 「문제아」(박기범, 1999)의 한 장면이다.

> "네가 그렇게 유명한 하창수냐? 5학년 때는 여자 선생님이라서 네 멋대로였지만, 나한테는 어림없다. 어려운 문제 있으면 선생님한테 찾아와라. 하지만 사고만 쳐 봐. 용서 없는 줄 알아."
> 나는 화가 났다. 곧 속에서 웃음이 나는 것도 같았다. 아마 나에 대해서는 5학년 때 선생님이 자세히도 설명해 줬나 보다. 6학년 선생님한테도 이미 나는 문제아가 된 거다. <u>나한테 제일 어려운 문제는 나를 문제아로 바라본다는 거다.</u> 그런데 어려운 문제가 있으면 찾아오라고 말을 하다니. 나는 웃음이 나왔다.
>
> — 박기범, 1999: 89. 밑줄: 필자

운동 경기에서 진 아쉬움은 단지 패배했다는 사실로 표현되기 어렵다. 얼마나 아슬아슬하게 졌는지, 몇 번을 엎치락뒤치락했는지, 얼마나 운이 나빴는지와 같은 맥락이 있을 때 패배의 맥락이나 의미가 풍부하게 드러난다. 이처럼 5학년의 창수가 소망하고 있었던 세계들은 창수의 현실 세계와 충돌하고 양립하며, 현실의 맥락이나 의미를 풍부하게 드러낸다는 점에서 중요하다. 또, 이들 두 세계는 서로 영향을 주고받으면서 창수의 행위에 영향을 미쳐 서사를 역동적으로 추동하게 된다. 독자가 위 인용에서 밑줄 친 "나한테 제일 어려운 문제는 나를 문제아로 바라본다는 거다."는 텍스트의 현실 세계에 속하는 것이지만, 독자가 그것의 의미를 풍부하고 생생하게 이해하기 위해서는 텍스트의 세계 체계 안에서 현실화되지 않은 영역을 풍부하게 고려할 필요가 있다.

지금까지의 논의를 정리하면, 텍스트 세계 체계란 현실 세계가 중심에 위치하고, 등장인물의 꿈이나 소망 등 허구 안에서 현실화되지 않은 세계들이 허구의 가능 세계로서 허구의 현실 세계 주위를 둘러싸고 있는 실재 체계(Reality system)이다(Ryan, 1991). 문학에서 가능 세계란 단순히 문학을 상상의 세계나 가능성의 세계로 비유하기 위한 은유적 개념에 국한되지 않는다. 이를 통해 문학 텍스트를 단일 세계의 재현으로 이해한 기존의 '허구 세계' 개념은 가능 세계를 현실 세계로 하는, 새로운 현실 세계와 가능 세계들로 이루어진 '텍스트 세계 체계'로서 재개념화 되며, 현실과 가능 세계가 맺고 있는 역동적 관계를 두 범주를 통해 설명할 수 있게 한다.[16]

문학은 가능 세계 이론을 통해 소설에서 일어난 일들이 우리에게 말하고자 하는 것이 무엇이고, 그것을 통해 현실을 살아가고 있는 독자에게 일어난 일에 관심을 가진다(Eco, 1979; 김운찬 역, 2009). 독자는 허구와 현실을 넘나들며 텍스트 세계와 자기 세계를 교차시킨다(Ricoeur, 1983; 김한식·이경래 역, 1999). 그러므로 본고의 문제의식에 따라 '가능 세계'에 관한 논의는 허구와 현실의 두 세계를 넘나드는 독자의 해석 행위를 구체화하기 위한 논의로 구체화될 필요가 있다. 특히, 문학이 고정된 구조물이나 불변의 실체가 아니라 독자와 텍스트 사이의 소통 관계로서 독자의 협력을 전제한다는 점에서 문학 소통의 국면에서 독자가

---

16 허구 작품들의 의미론적 영역은 그저 단수의 가능 세계를 의미하는 것이 아니라 허구 작품 자신의 현실 세계를 둘러싸고 있는 양상 시스템, 텍스트적 우주를 의미한다(Ryan, 1992: 535).

가능 세계를 구성한다는 것의 의미를 논할 필요가 있다. 다음에서는 문학 소통[17]의 차원에서 가능 세계 구성의 의미를 검토하여 독자가 문학 텍스트와 자신의 세계와의 관계를 형성하는 데 초점을 두고 논의하고자 한다.

---

17 김성진(2004)은 일반적으로 정보의 교환이나 중개와 관련된 모든 상호 행동을 '소통'이라고 정의한다. 여기서 정보를 좁은 의미가 아니라 정서적, 인식적 가치를 담고 있는 넓은 의미의 '메시지'로 이해한다면, 문학 역시 소통의 특수한 한 양식으로 보아도 무방하다고 보았다. 다만, 문학의 소통에서 중요한 것은 정보로서의 객관적 메시지가 아니라, 그 메시지를 기초로 하여 수신자마다 다양한 방식으로 실현하는 의미의 복합체로 본다.

2장 가능 세계 구성의 문학 소통

문학 교육에서 학습자가 문학 텍스트를 자기 세계에서 유의미하게 수용하기 위해서는 허구와 현실의 관계를 형성하는 주체가 되어야 한다. 이런 점에서 문학 교육이 가능 세계 관점 및 이론에서 도움을 받기 위해서는 문학 소통의 역동적인 구도 속에서 이루어지는 독자의 수행에 초점을 둘 필요할 필요가 있다. 이를 위하여 2장에서는 독자에 초점을 둔 '가능 세계 구성'이라는 개념을 설정하고 이를 문학 소통의 관점에서 논의하고자 한다.

1 가능 세계 구성의 의미

가능 세계 구성은 허구를 현실과의 연관 속에서 해석하는 행위이다. 리쾨르(Ricouer)에 따르면, 해석은 텍스트 세계와 독자 세계의 만남라고 할 수 있다(김한식, 2019: 171). 리쾨르는 텍스트 세계와 독자 세계를 접촉시키는 매개로 독서를 제안한다. 그런데 이야기가 "마치 ~처럼의 왕국", 허구(fiction)의 영역에 진입함으로써 단절이 생겨난다. 따라서 독서라는 매개를 통해 문학과 삶을 다시 결합하기 위해서는 독자가 이야기를 읽으면서 맞닥뜨리게 될 장애물들을 해소할 수 있어야 한다. 독자는 텍스트의 언어 기호와 자기 현실 세계와의 관계를 만들기 위한 인지적인 행위를 수행함으로써 텍스트가 지시하는 세계와 자기 세계의 이질성을 허물고, 허구와 현실의 내적 연관성을 형성한다. 여기에서는 가능 세계 구성의 의미로서 가능 세계 구성을 구현하는 원리와 그를 통해 독자가 도달할 수 있는 인식의 차원을 세계 구조의 동형성과 세계 인식, 세계 이해의 총체성과 의미 생성으로 나누어 살펴본다.

가. 세계 구조의 동형성과 세계 인식

라이언(Ryan, 1991)의 가능 세계 이론은 철학적 논리에서 시작되었지만, 텍스트가 묘사하고 있는 허구적인 세계는 곧 특정 유형의 가능성을 나타내기 때문에 해당 이론이 문학 및 서사 이론에 적용될 수 있음을 주장하였다. 이에 따라 양상 모델은 가능 세계의 모형으로서 독자가 살아가고 있는 텍스트 밖의 세계와 허구 세계의 관계를 설명하는 구조 역할을 수행할 뿐만 아니라, 텍스트 내부의 세계 구조를 설명하는 데에도 적용되었다. 이러한 주장은 실제 현실 속에서 살아가는 독자의 세계와 텍스트 내부의 세계 구조를 같은 구조로 이해하고 설명할 수 있는 개념적 틀이 된다.

만약 현실의 시스템이 복수의 세계로 이루어져 있다면 내러티브적 재현 또한 그러하며, 가능 세계와 같이 허구 세계도 그 안에 일련의 사실들과 하부 세계를 갖고 있다는 점에서 실제 세계와 유사하다(Ryan,1991). 이러한 가정하에 가능 세계 이론의 실재적 양상 시스템을 실재 세계와 텍스트 내부의 세계에 연역적으로 적용하였을 때, 우리가 살아가는 세계와 텍스트 속 세계는 모두 양상 시스템으로서 구조적으로 동형하다는 전제를 가질 수 있다. 현실 세계(AW)와 텍스트의 현실 세계(TAW)가 각각의 세계 체계의 중심이 되고, 각각의 현실 세계에서 구성된 가능 세계들로 둘러싸인 동형의 체계를 독자 세계와 텍스트 세계의 구조로 상정할 수 있다. 이를 도식으로 나타내면 다음과 같다.

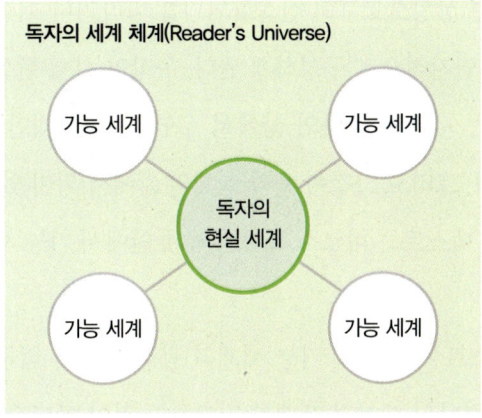

[그림 5] **독자의 세계 체계**

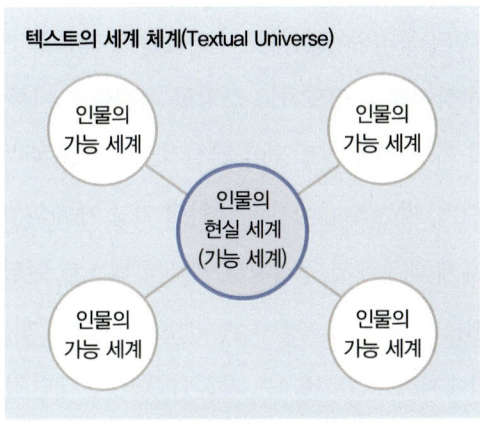

[그림 6] **텍스트의 세계 체계**

이렇게 규정된 세계 구조가 각각 독자와 텍스트의 세계에서 의미하는 바를 고찰하면 다음과 같다. 먼저, 독자의 세계를 살펴보면 독자 세계의 중심에는 현실 세계(AW)가 있으며, 우리가 상상이나 가정, 믿거나 소망할 수 있는 세계들이 현실 세계의 위성으로 존재한다고 가정할 수 있다. 텍스트 속의 허구적 인물들이 그러하듯이, 우리는 현실 세계에서 충족되지 못한 상황으로부터 현실화되기를 바라거나 현실화될 가능성이 있는 바를 인지적으로 구성하게 된다. 우리의 실제 현실을 기준으로 문학 텍스트는 우리가 각자의 삶에서 우연히 만난 대안적 가능 세계(APW)가 된다. 그리고 그것이 우리 실제의 삶에서 의미 있는 형태로 수용될 때, 문학 텍스트는 비로소 독자의 세계 안에서 가능 세계로 구성되는 것이다.

다음은 텍스트 세계이다. 가능 세계의 관점에 따라 허구적 텍스트의 세계는 다만 하나의 대안적 세계를 기술하는 것이 아니라, 허구적 인물이 거주하고 있는 현실 세계를 중심으로 하는 세계 체계가 된다. 이 세계 역시 현실 속의 우리와 그러하듯이 인물들이 자신의 현실 세계에 대한 대안으로서 상상하고 의도하고 소망한 세계들로 이루어져 있다. 텍스트의 대안적 가능 세계는 인물이 정신적으로 창조한 가능 세계라고 일컬을 수 있으며, 이는 현실에서의 대안적 가능 세계와 마찬가지로 텍스트의 현실 세계 내부에서 구성된 세계로서 텍스트 현실 세계와 밀접한 관련이 있다.

독자의 관점에서 텍스트 세계는 자신이 창조한 대안적 가능 세계는 아니다. 이는 작가가 현실 세계에 대한 자신의 문제의식을 바탕으로 모색한 가능 세계 중의 하나를 텍스트로 구현한 것이다. 그러므로 그것이 인물의 가능 세계가 인물의 현실 세계와 상대적으로 직접적인 관련을 가지는 것에 비해, 자신의 현실 세계 내부에서 모색된 것이 아닌 텍스트의 세계가 독자 자신의 현실 세계와 유의미한 관련성을 구축하기란 쉽지 않다.

따라서 독자가 텍스트를 자신의 세계 안에서 유의미한 가능 세계로 구성하기 위해서는 각 세계에 대한 자신의 인식을 활용할 필요가 있다. 텍스트는 텍스트 실제 세계에 관한 모든 세부 사항을 명시할 수 없기 때문에 독자들은 텍스트의 실제 세계를 구성하기 위해 그들의 실제 세계에 대한 지식에 의존한다. 텍스트의 실제 세계는 불완전하며, 독자들은 실제 세계에 관한 그들의 지식으로 그 영역에 대한 추론과 예측을 통해 공백을 메워야 한다. 가능 세계 이론에서는 이를 '최소 이탈의 원리(the principle of minimal departure)'라고 말한다(Ryan, 1991:51). 보편적으로 독자는 자신의 경험을 기반으로 누적해 온 현실에 대한 인식을 활용하여 문학 텍스트라는 언어 기호를 하나의 현실 세계로 이해하고자 한다.

그런데 이때 독자가 활용할 수 있는 인식은 자기 현실 세계에 대한 인식만을 의미하지 않는다. 왜냐하면 자신의 현실 세계에 텍스트가 지시하는 세계와 같은 경험이 부재한다면, 독자가 활용할 수 있는 인식은 제한적일 수밖에 없기 때문이다(양정실, 2006). 즉, 자신의 현실 세계에 대한 인식에만 의존해서는 독자가 허구를 통해 현실을 새롭게 바라보거나 허구의 이야기를 통해 자신의 삶에서 유익함이나 변화를 경험하기 어렵다. 독자는 자신의 현실 세계 외에도 존재하는 다른 세계를 지각하고, 그에 대한 인식을 형성함으로써 이를 풍부하게 활용할 필요가 있다.

이때, 세계 구조의 동형성을 기반으로 텍스트 세계와 독자 세계를 현실화된 영역과 현실화되지 않은 영역으로 이해하면, 독자가 가능 세계 구성의 과정에서 형성할 수 있는 세계 인식은 텍스트의 현실 세계에 대한 인식, 텍스트에서 인물의 가능 세계에 대한 인식, 자신의 현실 세계에 대한 인식, 마지막으로 자신의 가능 세계에 대한 인식과 같이 네 범주로 상세화될 수 있다. 이렇게 볼 때, 가능 세계 구성은 독자가 동형의 세계 구조라는 인식적 틀을 통해서 텍스트와 자기 세계에서 독자의 현실 세계, 독자의 가능 세계, 텍스트의 현실 세계, 텍스트의 가능 세계를 지각하고, 각각의 세계에 대한 인식을 형성하는 과정으로 개념화할 수 있다.[18] 다음에서는 지금까지 논의한 세계 인식이 텍스트 해석 과정에 관여하는 역할을 논의하여 가능 세계 구성의 의미를 살펴보고자 한다.

나. 세계 이해의 총체성과 의미 생성

독자가 가능 세계를 구성하는 과정에서 활용할 수 있는 세계 인식은 실제 현실 세계에 대한 인식에 국한되지 않는다. 즉, 세계 인식은 실제 현실은 아니지만 우리의 실재를 이루고 있는 가능 세계에 대한 인식을 포함한다. 독자는 세계의 가시화된 측면만을 이해하는 것이 아니라 눈에 보이지 않는 세계의 이면들을 함께 고려할 때, 세계에 대한 총체적

---

18 양정실(2008)은 현실 인식이라는 개념을 설정하고, 해석 과정에 관여하는 독자의 현실 인식의 상호적 작용에 대하여 논의한 바 있다. 문학의 실제 관련성에 대한 천착으로서 현실 인식이 텍스트 이해에 활용될 뿐 아니라 텍스트 이해를 통해 새로운 현실 인식이 생성될 수 있음을 논하였다.

인식의 차원에 도달할 수 있다. 앞에서 살펴보았듯이, 「문제아」(박기범, 1999)의 창수에게 실제로 일어난 사건들이나 사실만을 이해하는 것으로는 창수의 세계를 총체적으로 이해하기 어렵다. 창수의 현실은 아니지만 창수가 꿈꾸고 의도했던 가능 세계를 지각하고, 이에 대한 자신의 인식을 활용할 때 비로소 창수의 세계에서 보이지 않던 이면을 통해 전체가 드러나게 된다.

텍스트 세계에 대한 이러한 총체적인 인식은 텍스트 현실 세계에만 국한된 줄거리 차원의 일면적 인식과는 차이가 있다. 또, 독자가 텍스트에서 인물의 현실 세계나 가능 세계에 대한 인식을 가지게 될 때, 독자는 자신의 현실이 텍스트가 지시하는 세계와 다르거나 그와 관련된 경험이 없더라도 자신의 현실 세계 또는 가능 세계를 성찰할 수 있는 맥락과 자원을 얻게 된다. 이는 곧 독자 자신의 현실 세계 내부에서 모색된 것이 아니라 문학 텍스트라는 대안적 가능 세계가 자신의 실제 현실과 연결되기 위해 필요한 과정이기도 하다.

가능 세계 구성은 텍스트 세계 체계라는 중층의 세계 구조에 기반하여 독자의 세계 체계를 이해하는 과정이다. 이는 텍스트 세계에 대한 이해만으로 이루어지는 것이 아니라 독자가 텍스트 세계의 의미를 자기 세계와의 관계 속에서 이해하고, 이를 통해 자기 세계를 새롭게 인식한다는 의미에서의 총체성을 뜻한다.

이때 텍스트의 세계 체계는 독자 자신의 세계 체계를 새롭게 이해할 수 있도록 돕는 타자의 역할을 한다. 독자는 자기 스스로 자기 현실의 의미를 점검하고 이해하기 어렵다. 이를 위해서는 독자가 참조할만한 세계가 필요하다. 총체적으로 이해된 텍스트 세계는 독자에게 자신의 현실 세계를 새롭게 인식하고, 자신이 기존에 가지고 있던 가능 세계의 의미를 숙고하게 하는 계기를 제공한다. 이는 독자가 텍스트의 총체적인 의미를 구성하게 할 뿐만 아니라 독자의 성찰을 동반하므로, 텍스트 세계와 독자 세계가 교차하는 가운데 자기 이해로 이어지는 가능성을 가지고 있다. 이러한 의미는 주어진 의미가 아니라 독자가 문학 소통을 통해 주체적으로 생성한 의미라고 볼 수 있다.

지금까지의 논의를 종합하면, 가능 세계 구성은 세계 구조의 동형성을 기반으로 텍스트와 현실 세계를 구성하는 각각의 세계에 대한 인식을 형성함으로써, 이를 통해 텍스트의 의미를 현실 세계와의 관계 속에서 해석하는 일련의 수행 과정을 의미한다. 독자가 가능 세계를 구성하는 과정에서 활용하는 것은 비단 독자의 현실 세계뿐만이 아니며, 새롭게 인식하는 세계는 텍스트 세계만이 아니다. 독자 자신의 현실 세계나 인물의 가능 세계에 대한 인식은 텍스트 현실 세계에 대한 인식을 심화시키며, 이를 통해 자신의 현실 세계나 가능 세계에 대한 새로운 인식을 갱신할 수 있다. 또 텍스트에서 인물의 현실 세계나 인물의 가능 세계에 대한 인식을 활용할 때, 독자 자신의 세계에 대한 인식 역시 심화, 확장될 수 있다.

2 가능 세계 구성의 소통 대상과 작용

가능 세계 구성은 그 자체로 소통 구조를 창출한다. 가능 세계 구성은 텍스트를 매개로 작가의 전략과 독자의 추론이나 기대에서 비롯되며, 텍스트의 의미를 만드는 인지적 과정이자 인지적 구성체이다.[19] 가능 세계는 독자의 정신과 언어적 자극의 상호 작용 속에서 구축되는 것이라는 점에서 텍스트와 독자 반응 사이의 관계, 다른 한편으로는 텍스트와 해석 사이의 관계에 대하여 더 체계적이고 명확한 소통의 구도가 제시될 필요가 있다. 이를 위해서는 독자가 가능 세계를 구성하기 위하여 소통하는 대상과 방법의 문제를 규명하는 것이 필요하다. 여기에서는 앞에서 논의했던 세계 구조에 따라 소통의 대상을 논의하고, 대상에 대한 서사적 인지를 살펴 가능 세계 구성의 소통 구도를 제시한다.

가. 가능 세계 구성의 소통 대상

독자의 가능 세계는 허구 텍스트 이해의 결과물로서 다층적인 허구 세계의 내적 구조와 독자의 인지의 상호 작용 속에서 구축된다고 정리할 수 있다. 여기에서는 앞에서 이론적으로 살펴본 텍스트의 세계 체계와 독자의 세계 체계를 독자가 가능 세계를 구성하기 위해 상호 작용하는 대상이자 가능 세계 구성에 관여하는 요인으로서 구체화하여 살펴

---

[19] 논리학에서의 가능 세계는 논리적 작동을 목적으로 상상한 사건의 추상적이고 완전하며 일관성 있는 여러 사태를 뜻한다. 이와 반대로 허구에서의 가능 세계는 해석자가 텍스트와 역동적으로 상호 작용하면서 상상하고, 구비되어 있고, 불완전하며, 잠재적으로는 일관성이 없는 구성체이다. 스톡웰(Stockwell, 2002)은 가능 세계라는 개념을 텍스트 분석에 적용하면서 담화 세계라는 용어를 사용하였다. 실제로 가능 세계 이론을 연구하는 서사학자는 허구 세계를 이해하기 위하여 해석자가 가진 배경지식의 역할과 텍스트의 진술로부터 허구 세계를 구성하는 문제에 대해 검토한 바 있다.

보고자 한다. 이는 가능 세계 구성의 소통 구도의 두 축을 형성한다.

(1) 텍스트의 세계 체계

텍스트의 세계 체계는 텍스트의 현실 세계(TAW)와 텍스트의 대안적 가능 세계(TAPW)라는 두 층위로 이루어져 있는 세계이다. 여기에서는 해당 세계에 거주하는 인물을 중심으로 인물의 현실 세계와 인물의 가능 세계로 명명한다. 먼저, 인물의 현실 세계는 텍스트의 가능 세계 이론에서 텍스트의 실제 세계로 언급되는 세계이다. 문학은 비어 있는 세계가 아니라 가득 차 있는 세계이다. 그 세계에는 인물이 사는 실제 세계가 있다. 이 세계는 수많은 다른 가능 세계를 만들 수 있는 중심이 되는 세계이며, 뒤집어 말하면 인물의 대안적 가능 세계들은 인물의 현실 세계에서 구상된 허구라고 볼 수 있다(Bell·Ryan, 2019: 6).

범박하게 말해서, 인물의 현실 세계는 줄거리 차원에서 실제로 일어나는 사건들이다. 독자가 가능 세계를 구성하는 과정은 텍스트에서 실제라고 간주하는 중심 영역, 현실 세계를 이해하는 것에서부터 시작할 수 있다. 실제적 현실이 우리에게 그러하듯이, 서사의 현실 세계는 그 세계에 거주하는 사람들의 현실이다. 서사의 현실 세계는 텍스트 세계 체계의 중심이자 인물과 독자가 가능 세계를 구성하는 데 구심점 역할을 한다. 동화나 소설과 같이 언어로 된 서사의 경우, 독자들은 사건이 벌어지는 광경을 물리적으로 목격할 수 없다. 그러나 텍스트는 독자가 세계를 만들 수 있도록 세계에 실감을 부여하는 언어를 제공한다. 독자는 이를 따라가면서 인물이 거주하고 있는 세계의 시간과 공간을 이해하고 상상하며 자연스럽게 이야기에 빠져들게 된다.

 텍스트에 담긴 세계는 인식과 목소리를 통해 중개된 표현이며 서술된 세계이다. 근본적으로 서술은 언어를 사용하는 화자에 의해 이루어진다. 화자는 거리를 두고 텍스트 세계를 바라보면서 독자에게 이야기를 전달한다. 이는 시점과 서술자와 관련된다. 바라본다는 것은 대상을 인식히는 행위이며, 대상은 주체가 지가할 수 있는 부분과 지각할 수 없는 부분으로 나뉘게 된다. 그러므로 텍스트에서 가시 세계란 인물이 응시한 대상의 표면이며 지각된 부분이다.

 텍스트에 담긴 세계는 서술된 세계이다. 서술된 세계는 누군가의 시점에 의해 중개된 세계이다. 그러므로 세계는 그 자체로는 현실이 아니라 서사성에 정서와 이미지를 부가시키는 서사 언어의 기법이다. 서술자의 눈에 보인 세계는 작가가 세계를 지각한 방식에서 출발하지만, 누군가의 눈과 목소리를 빌려 표현된다.

 인물의 현실 세계는 우리의 현실 세계와 유사할 수도 있고 그렇지 않을 수도 있다. 그렇지만 우리와 다름없이 인물들은 그 세계의 법칙과 질서에 예속되어 있다. 인물의 현실 세계는 인물과 사건, 배경들에 대한 언표로 채워져 있다. 특히, 인물의 현실 세계에 실감을 더하는 것은 텍스트의 시간과 공간을 상상하게 하는 언어이다.

> 몬스터는 자정이 막 지나자마자 나타났다. 몬스터들이 으레 그렇듯이.
>
> — 패트릭 네스, 2011: 11.

이는 패트릭 네스의 판타지 동화, 『몬스터 콜스』의 첫 문장이다. 첫 대목에서부터 독자의 궁금증과 예상을 유발한다. 몬스터? 왜 나타나지? '반지의 제왕' 같은 건가? 이후에 어떤 일이 일어날까? 독자는 자정이라는 시간, 우리가 살아가는 현실과 같이 인물이 살아가는 세계의 시간을 이해한다. 다음은 공간이다.

> 집 안에서는 향긋한 나무 냄새가 났다. 조촐한 살림살이가 잘 정돈되어 있었고, 다른 방으로 들어가는 문이 두 개 있었다. 집 안의 한가운데는 커다란 통나무로 만든 탁자와 의자가 놓여 있었다.
> - 공지희, 2003: 77.

공지희의 장편 동화 『영모가 사라졌다』의 한 부분이다. 독자는 문장을 읽는 순간 공간을 만든다. 첫 문장을 읽자마자 나무 향이 나는 집의 소박한 살림과 거실을 만들고, 통나무로 만든 탁자와 의자를 배치한다. 이처럼 작가는 아주 사소한 순간에서도 독자가 자신의 마음속에 인물의 현실 세계를 그리고 기억할 수 있도록 시간과 공간, 감각 등을 사용함으로써 현실 세계의 실감을 두텁게 만든다.

앞서 언급하였듯이, 인물의 현실 세계와 우리의 현실 세계는 유사하기도 하고 다르기도 하다. '반지의 제왕'과 같은 판타지 서사의 경우에는 인물의 현실 세계와 우리의 현실 세계의 거리는 매우 멀다. 가능 세계 이론에서는 이것을 접근 가능성의 관계들이 어느 정도 적용될 수 있

느냐로 그 거리를 설명한다.[20]

한편, 텍스트 플롯에서 중심 사건은 텍스트의 실제 세계에서의 사건만을 지칭하는 것이 아니다. 인물의 가능 세계는 각 인물이 가진 대안적이고 개인적인 세계들이 어떻게 서로 영향을 미치면서 변하는지를 드러내는 의미 구조이다. 실현되지 않은 가능성의 풍부함과 다양성이 결국 사실을 넘어선 사건의 진실을 통해 현실에 대해 중요한 언급을 하게 된다. 그러므로 독자는 가능 세계 구성 과정에서 인물의 가능 세계와 상호 작용하면서 해당 세계를 입체적으로 형상화해 볼 필요가 있다.

우리는 텍스트의 인물을 현실의 우리처럼 회상하고 상상한다. 따라서 서사에는 회상 장면과 미래 장면, 상상하고 계획하거나 실현되지 않은 가능성을 고려할 때마다 종속되는 세계가 서사로 삽입된다. 이런 경우, 독자는 회상을 통해 이전이나 이후, 텍스트의 현재보다 더 어리거나 더 나이가 든 인물의 변화된 생각, 믿음 체계, 현재 담화 세계의 등장인물 내면의 자취들을 따라가야 한다.

소설은 보이지 않는 세계와 텍스트 세계에서 실제로 일어난 사건이 교차되어 사건의 진실을 드러낸다. 그런데 텍스트 세계 속 현실에서도 사건이 잘 표상되지 않는 경우가 있다. 그 이유는 그 세계 안에서도 숨

---

20 라이언(Ryan)은 가능 세계 이론을 통해 다양한 서사물들의 장르적 성격 차이를 명확하게 설명하고자 하였다. 환상 소설을 요정담, 신화, 환상적 리얼리즘으로 나누고, 그 세 가지의 성격이 다르다는 것을 현실 세계(AW)와 텍스트의 현실 세계(TAW)의 접근 가능성을 통해 증명하고자 하였다. 그 구분에 대한 자세한 논의는 이영수(2013)를 참고하기 바란다. 이러한 시도는 환상 소설의 허구 세계의 성격을 분석하는 데 도움이 되며, 세부의 장르적 유형을 나누는 데 기여한다.

겨진 진실이 사실의 체계라는 권력과 권위의 질서에 의해 감춰져 있기 때문이다(나병철, 2014). 따라서 텍스트에서 보이지 않는 세계가 보이는 세계의 사건과 연관될 때, 소설이라는 가능 세계가 내재하고 있던 의미가 드러날 수 있다는 점에서 세계 체계를 고려한 세계 이해는 감상에 있어 중요한 부분을 담당한다. 이상의 세계들은 「허구의 삶」에서도 찾아볼 수 있다. 이금이의 「허구의 삶」은 보이는 세계와 보이지 않는 세계가 교차하는 세계이다. 보이는 세계란 주인공 '허구'가 살고 있는 세계이고, 보이지 않는 세계란 주인공 '허구'가 시간 여행자 K라는 이름으로 쓴 자전적 소설이다. 이 소설은 독자들이 살고 있는 실제 세계(AW)의 규칙과 규범을 따르고 있지만, 이 텍스트가 허구 서사 장르로 창작되었다는 사실은 텍스트 현실 세계와 독자의 세계(AW)가 융합되지 않는다는 일반적인 관습을 독자가 알고 있음을 의미한다. 그럼에도 불구하고 독자는 테스트의 현실 세계가 그들의 현실 세계와 일치한다고 가정하기 쉽다. 독자는 텍스트의 현실 세계의 빈 공간에 살을 붙이며 텍스트의 세계로 진입한다. 그리고 그곳에서 독자는 '허구'가 축조한 가능 세계를 만난다. 다음은 소설에 대한 '허구'의 설명이다.

> 사람들은 자신이 하나의 인생만 산다고 생각하지만 실은 하나의 인생만 안다고 하는 게 더 맞는 말이야. (중략) 이를테면 네가 처음 우리 집에 왔을 때 하필 그 순간 내가 아래층에 내려가 널 만나게 됐어. 그 덕분에 지금 우리는 이렇게 이 방에 같이 있을 수 있는 거지. 하지만 그

> 날 내가 아래층에 내려가지 않았을 수도 있고, 내려갔더라도 네가 그냥 갔을 수도 있지. 그 상황은 지금 우리 세계에선 일어나지 않은 일이야. 하지만 그렇다고 해서 없는 일은 아니야. 지금 여기의 우리가 선택하지 않은 삶들이 어딘가에서 진행되고 있다는 거지.
> - 이금이, 2019: 80-81.

허구의 소설은 복수적 가능 세계이다. 이 소설의 특이점은 다른 소설에서의 복수적 가능 세계는 작가에 의해 창조되고 삽입된 세계지만 허구의 삶에서의 복수적 가능 세계는 주인공 허구가 창조한 세계라는 점이다. 허구는 현실을 넘어선 진실을 그리기 위해 글을 쓰고 스스로 시간여행자 K라고 칭한다.

그런데 텍스트의 대안적 가능 세계라는 용어는 독자들에게 해당 세계의 의미를 직관적으로도 개념적으로도 명확하게 드러내 주지 못한다. 본고에서는 텍스트의 대안적 가능 세계가 인물의 정신 활동으로 창조된 세계라는 점에서 인물의 가능 세계라고 명명하고자 한다. 왜냐하면 인물이 대안적 가능 세계의 주체이며, 인물이 거주하는 현실 세계에 대한 가능 세계로서 존재하기 때문이다. 인물의 가능 세계는 아직 현실로 실현되지는 못하였으나 실현될 수 있는 잠재적 현실성을 나타내는 주체의 양상 범주이다. 예를 들면, 어떤 인물이 지니고 있는 믿음은 아직 어떤 사건이나 사실로 실현되지 않은 것이지만 언제든지 서사적 변화를 일으킬 수 있다. 따라서 텍스트의 대안적 가능 세계는 현실적인 것은 아니지만 잠재성(현실화될 수 있는 가능성)을 지닌 실재적인 세계이다.

인물의 가능 세계는 라이언(Ryan, 1991)의 제안 이후, 허구 서사의 세계 체계로 다음의 여섯 가지 범주로 텍스트 분석 및 해석에 적용되었다. 먼저, 인식적 세계(Epistemic Worlds)는 지식 세계(Knowledge Worlds)로서 허구 세계의 등장인물이 그 세계에 관해 사실이라고 믿는 것(실제 영역에서 등장인물이 알고 있거나 믿는 것으로 표현되는)을 의미한다. 둘째, 지식 세계의 가설적 확장(Hypothetical Extensions of Knowledge Worlds)이다. 등장인물이 그 세계에 관해 기대하는 것이나 그 외 다른 가정(실제 영역의 미래 발전에 대한 등장인물의 가설로 표현되는)이다. 셋째, 의도 세계(Intention Worlds)란 등장인물이 고의로 세계를 변화시키기 위해 계획하는(실제 영역에 변화를 일으키려는 캐릭터의 계획으로 표현되는) 세계이다. 넷째, 소망 세계(Wish Worlds)는 등장인물이 실제 세계와는 다를 거라고 상상하거나 바라는 세계이다. 다섯째, 의무 세계(Obligation Worlds)란 등장인물의 도덕적 원칙에 비추어 봤을 때 좋거나 나쁜 실제 세계의 대안적인 상태이다. 여섯째, 환상 세계(Fantasy Worlds)는 등장인물이 직접 구성하는 등장인물의 꿈이나 환영, 상상 또는 허구의 세계를 의미한다.

인물의 가능 세계로 명명되는 가상 서사들은 독자가 가능 세계를 상상하는 방식에 영향을 미친다. 즉, 가능 세계는 허구 텍스트 이해의 결과물로서 다층적인 허구 세계의 내적 구조(언어적 자극)와 독자의 인지의 상호 작용 속에서 구축된다고 정리할 수 있다. 이처럼 가능 세계 이론은 세계, 가상 서사와 같은 추상적인 개념을 독자와 텍스트 간 상호작용에 연결할 수 있는 감상 및 텍스트 분석의 도식을 제공한다.

인물의 가능 세계는 독자가 인물의 현실 세계를 총체적으로 이해할 수 있는 맥락이자 이면의 진실이다. 인물이 자신의 현실이 아닌, 그와 우리가 살지도 모르는 새로운 상황을 상상하고 의도하고 계획하는 모든 행위는 텍스트의 언어에 풍부한 맥락을 창조한다.

(2) 독자의 세계 체계

독자의 세계와 텍스트 세계의 구조가 동형하다고 할 때, 독자의 세계 체계는 인물의 세계 체계와 마찬가지로 현실 세계(AW)와 대안적 가능 세계의 집합으로 구성되어 있다. 여기에서는 현실 세계를 독자의 현실 세계로, 대안적 가능 세계를(APW)를 독자의 가능 세계로 명명한다. 앞서 인물의 현실 세계와 인물의 가능 세계의 교차성에 기반한 감상을 이야기하였다. 주지하다시피, 허구 서사의 감상이 독자의 상상을 동반한다는 것은 너무나 당연하다. 그러나 상상은 독자의 풍부한 인지적 맥락을 전제했을 때 더욱 큰 입체성과 풍부성을 가진다. 독자의 현실 세계는 바로 허구의 불완전 틈을 채울 수 있는 참조를 제공하는 세계이다. 라이언(Ryan, 1991: 51)은 이러한 인지 작용 및 기제를 '최소 출발의 원리(principle of minimal departure)'로 설명한다. 독자들은 현실과 가상 세계가 유사하다고 가정하고 글의 빈자리를 메우며, "문자 세계와 현실 체계 사이의" 거리를 최소화한다고 주장한다.[21] 즉, 텍스트가 어떤 것이

---

21 경험적 실재란 독자가 실제 현실 세계에서 쌓은 직접적인 지식과 경험뿐만 아니라 다양한 형태(픽션과 기타)의 텍스트 지식도 포함한다(Ryan, 1991: 54). 따라서 각 개인의 경험, 지식, '문학적 능력(Culler 1980: 101)'에 따라 경험적 실재에서 이탈하는 것에 대한 독자들의 감각은 다를 것이다.

현실과 다르다고 언급하지 않는 이상, 우리는 허구의 대상과 사태를 우리의 실제 세계와 동일한 것으로 가정한다는 것이다. 그런데 문학 교육이 최소 이탈의 원리에만 의존하도록 이루어진다면, 독자는 현실을 통해 그 공백을 메움으로써 가능 세계에서 발견할 수 있는 다양성을 획일적인 구조로 줄일 우려가 있다. 그렇게 된다면 독자의 상상이란 결국 동일성의 차원에 귀속될 뿐이다. 그러므로 독자의 가능 세계의 구성에서 독자의 현실 세계는 이탈과 조망, 재중심화와 같은 독자의 전위 속에서 활용되고 참조되어야 한다. 이때 재중심화는 가능 세계 중 하나를 새로운 중심, 새로운 현실 세계로 삼아 새로운 세계의 체계를 만드는 것을 의미한다(오혜정, 2001).

독자의 가능 세계는 텍스트의 참조 세계에서 독자의 가능 세계를 분리할 필요가 있다는 관점에서 따로 설정한 것이다. 텍스트의 참조 세계는 작가의 가능 세계(텍스트의 참조 세계)와 독자의 가능 세계를 모두 의미하고 있다는 점에서 포괄적이며, 이것이 따로 설정되지 않았을 때와 가능 세계의 구성을 설명할 때에 기존 독자가 가지고 있던 가능 세계들과 상호 작용하거나 이를 변모시켜가는 과정을 포착할 수 없다는 문제가 있다.

독자 세계 체계와 텍스트 세계 체계는 구조적으로 동형이다. 그런데 텍스트의 현실 세계는 언어로 포착된 텍스트의 참조 세계의 정확한 상(image)인 반면, 독자의 현실 세계는 독자에게 지각된 세계이다. 이것은 세계의 전부가 아니라 자신의 직접적인 경험이나 간접적인 경험들로 구성된 것이다. 그러므로 독자가 지각하지 못한 나머지의 세계들, 독자의 현실이 되지 못하였으나 실현될 수 있는 잠재적 현실성을 나타내는 양상 범주가 존재한다. 그러나 독자의 가능 세계는 지각되지 못한 세계이므로, 독자가 텍스트의 세계를 경험할 때는 투사되거나 작용할 수 없다.

이 세계는 독자가 구성하는 가능 세계와는 다르다. 왜냐하면 독자가 상상적으로 구성한 세계는 현실 세계의 관점에서 보았을 때는 현실화될 수 없는 것일 수도 있기 때문이다. 이 세계는 독자가 허구적 텍스트를 통해 하나의 가능 세계를 구성하게 되었을 때, 그 가능 세계에서 자신의 삶 속으로 수용해 올 수 있는 의미들이라고 할 수 있다. 가능 세계 구성이라는 문학 행위는 자신의 현실성에서 출발해 가능성과 잠재성(현실화할 수 있는 가능성)으로 와서, 다시 다른 현실성(가능성과 잠재성을 거침으로써 터득하게 된, 실천적으로 변화된 현실성)으로 돌아오는 원환을 모색해 볼 수 있는 계기가 될 수 있다.

나. 가능 세계 구성의 서사적 인지

가능 세계 구성을 형성하는 방법으로 여기에서는 서사적 인지의 과정을 살펴본다. 애봇(2002)에 따르면, 서사는 시간 속에서 세계를 이해하는 가장 중요한 방식이며, 그 세계는 우리가 그것을 바라보는 방식에 의해 결정된다. 그림을 바라보면 우리는 서사를 상상하고 예측하면서 그 장면을 이해하고자 노력한다. 서사를 통하지 않고서는 우리는 종종 우리 자신에게 일어난 일들이나 자신이 인식한 것들이 무엇인지 알기는 하지만, 그 의미를 이해하기 어렵다. 이러한 의미화와 서사적 이해의 과정은 매우 긴밀하게 연결되어 있다(Abbott, 2002; 우찬제 외 역, 2010: 33). 여기에서는 서사적 인지의 과정을 가능 세계 구성의 경험 단위로 세분화하기 위한 시도로, 라이언의 재중심화(recentering)에 근거하여 논의하고자 한다.

독자는 그들이 실제라고 여기는 세계로부터 텍스트에 지속적으로 몰입하기 위해 텍스트의 실제 세계로 자신을 이동시킨다. 이는 재중심화 (recentering)를 통한 가상의 인물로 독자 자신을 투사하는 것이다 (Ryan, 1991: 21-23). 이는 독자의 상상과 믿는 척하기에 의한 인지적 과정이다. 이 과정에서 독자는 '믿는 척하기'를 통해 가능 세계로 투사된다. 그러나 문학 교육에서 가능 세계 구성의 경험은 텍스트의 실제 세계 안으로의 재중심화에 그쳐서는 안 된다. 독자는 다시 자신의 실제 세계로 돌아가야 하며, 허구 감상이 학습자에게 유의미한 경험이 되기 위해서는 텍스트 세계와 독자 세계가 만나 다시 자신의 생활 안에서 의미로 구현되는 재중심화가 반드시 고려되어야 한다.

한편, 텍스트의 현실 세계와 독자의 현실 세계의 접근 가능성 관계들이 어느 정도 적용될 수 있느냐에 따라 두 세계의 거리가 결정된다. 현실과 매우 비슷한 텍스트의 현실 세계는 접근 가능성의 개념이 엄격하게 적용되며, 거리감이 가깝다. 이와 반대로 넓은 접근 가능성이 적용될수록 두 세계의 거리는 멀어진다.

텍스트는 고립된 단일 세계가 아니라 세계 체계를 투사하기 때문에 접근 가능성의 관계에도 두 가지가 있다. 하나는 세계 체계들 사이 (Trans universe)의 관계이다. 현실 세계와 인물의 현실 세계 사이의 관계이다. 다른 하나는 세계 체계 내(Intra universe)의 관계(오혜정, 2001)로, 인물의 현실 세계와 인물의 가능 세계 사이의 관계이다. 서사 이론에서는 장르의 구분과 관련하여 주로 세계 체계들 사이의 관계를 언급한다. 세계 체계 내의 관계에서도 접근 가능성의 관계는 적용될 수 있다. 이 관계는 허구의 플롯 전개에 중요하다. 이 두 가지를 통해 정리할 수 있는 논의는 접근 가능성의 관계가 엄격하게 적용될수록 그 세계는 현실 세계와 가깝고, 넓은 가능성 개념이 적용될수록 멀어진다는 것이다.

허구는 가능 세계를 현실 세계로 삼아 새로운 실재 체계를 만든다. 물론 이러한 허구는 물리적으로 존재하는 것은 아니다. 이는 정신적 창조물이며, 허구적 텍스트가 투사하는 허구 세계를 믿는 체하는 것이다. 재중심화(recentering)와 접근 가능성의 관계를 통해 텍스트(허구)가 하나의 독립적이고 자율적인 체계이면서도 우리의 현실 세계와 다양한 접근 관계를 맺고 있음을 알 수 있다. 그러므로 텍스트 세계로 재중심화를 한 독자는 자신의 세계로 다시 재중심화하기 전에 접근 가능성의 관계에 따라 현실 세계를 참조하여 텍스트 세계의 의미를 이해해 볼 수 있다. 텍스트 세계는 현실 세계의 은유이다. 두 세계의 닮음과 차이를 통해 텍스트 세계가 우리 현실의 무엇을 드러내고 있는지 구성해 볼 수 있다.

이를 텍스트에 대한 이해부터 시작하여 두 번의 재중심화에 대한 독자의 경험을 단위화하면 크게 현실 세계에서 텍스트 세계로의 투사적 참여, 독자 세계로의 재귀로 설명할 수 있다. 앞의 단계는 현실 세계의 독자가 텍스트의 실제 세계로 전위하는 1차적 재중심화의 과정이다. 뒤의 단계는 텍스트의 실제 세계에서 다시 자신의 현실 세계로 전위하는 2차적 재중심화의 과정이다. 3부에서는 이를 보다 구체화하여 소통의 대상에 대한 서사적 인지를 수행 구조로 밝히고자 한다.

3 가능 세계 구성의 소통 구도

다음은 앞에서 세계 체계들에서 언급된 각 세계의 개념에 따라 작가-텍스트-독자가 세계들을 경유하면서 맺고 있는 대화적 관계를 나타낸 것이다.

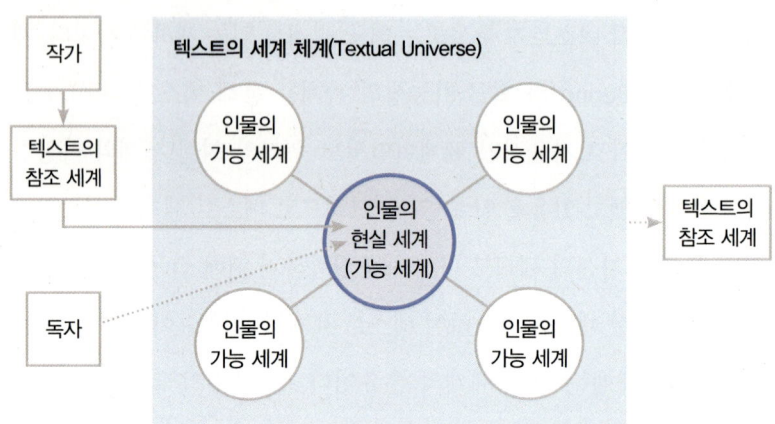

[그림 7] **가능 세계 구성의 소통 구도 Ⅰ(작가-텍스트-독자)**

이를 라이언(Ryan)이 제시한 개념과 명칭으로 설명하면 다음과 같다. 작가와 독자는 현실 세계(AW)에 위치한다. 작가는 자신의 세계에 기반하여 텍스트 참조 세계(TRW)를 상상하고, 하나의 구체적인 상으로서 텍스트의 현실 세계(TAW)를 창조한다. 한편, 현실 세계에 위치한 독자는 텍스트의 현실 세계를 통해 텍스트가 참조하고 있는 세계를 추론하고 상상한다. 또, 독자는 최소 이탈의 원칙에 따라 현실 세계를 참조하여 텍스트의 현실 세계를 이해하고 상상하게 되는데, 독자의 현실 세계를 이루는 기억과 경험, 관습과 맥락 등에 따라 독자가 상상하는 텍스트의 참조 세계는 다양하게 나타날 수 있다. 왜냐하면 상상하기는 본질적으로 자기 참조적(self-referential)이기 때문이다(Walton, 1990). 물론 독자 자신이 투사된 추론과 상상이 일어날 뿐만 아니라, 텍스트의 현실 세계에 기반하여 추론과 상상이 이루어지기 때문에 작가의 텍스트 참조 세계와 독자의 텍스트 참조 세계 또는 독자와 독자 간 텍스트 참조 세계들 사이에는 일치하거나 공유되는 부분도 존재할 것이라고 가정할 수 있다. 그러나 독자가 세계를 이해하고 자기를 이해하는 데 핵심이 되는 지점은 분화되거나 구체화된 세계의 차이에 있을 것이다.

그런데 세계 체계들 사이의 관계에서 독자의 실제 현실 세계와 텍스트의 현실 세계의 관계를 독자의 가능 세계 구성으로 추동시키기 위해서는 세계 체계 내에서 텍스트의 현실 세계와 텍스트의 대안적 가능 세계(TAPW)와의 관계에 주목할 필요가 있다. 앞에서 살펴본 바와 같이, 독자가 자신의 가능 세계[22]를 구성하는 데에는 텍스트의 현실 세계뿐만

---

22 본고에서는 층위의 논리성이나 용어의 혼동을 피하기 위하여 독자가 자신의 세계(AW)에 비추어 텍스트의 현실 세계(TAW)와 텍스트의 대안적 가능 세계(TAPW)가 상호 작용하여 구성한 세계(TRW)를 작가의 텍스트 참조 세계와 구분 짓고, 독자의 '가능 세계'로 명명한다.

아니라 그와 밀접한 연관을 가지는 정신적 행위의 창조물인 텍스트의 대안적 가능 세계가 작용하기 때문이다.

이 과정에서 독자는 '믿는 척하기'라는 특정한 정신적 행위[23]를 통해 텍스트의 현실 세계를 새로운 현실 세계로 삼고, 그 텍스트의 등장인물들과 함께 정신적 행위(믿음, 공상, 소망 등)가 생산해 낸 텍스트의 대안적 가능 세계들을 구성하거나 이들과 상호 작용하면서 독자 나름의 가능 세계를 형상화한다. 감상 과정에서 텍스트의 대안적 가능 세계는 텍스트의 플롯에서 중심 사건이 텍스트의 실제 세계에서의 사건만을 포함하는 것이 아니라 각 인물이 가진 대안적이고 개인적인 세계들이 어떻게 서로 영향을 미치면서 변화하는지를 드러내는 의미 구조이다. 실현되지 않은 가능성의 풍부함과 다양성이 결국 사실을 넘어선 사건의 진실을 통해 현실에 대해 중요한 언급을 하게 된다는 점에서 미학적 장치이기도 하다. 대안적 가능 세계로 명명되는 가상 서사들은 독자가 가능 세계를 상상하는 방식에 영향을 미친다. 그러므로 독자의 가능 세계 구성 과정에서 텍스트의 대안적 가능 세계에 대한 상호 작용이 주요하게 고려되어야 한다.

다음으로, 가능 세계 구성의 문학 소통은 텍스트의 세계 체계와 독자의 상호 작용이 아니라 독자가 텍스트의 세계 체계와 자신의 세계 체계와 다층적으로 소통하는 구도로 논의되어야 한다. 중층적인 세계 구조

---

23 라이언(Ryan)은 허구 세계가 마음의 창조물이라는 것과 그럼에도 불구하고 인물과 사건들이 우리에게 생생하게 느껴진다는 점을 조화시킬 수 있는 설명을 월튼(Walton)의 '믿는 척하기(make-believe)'라고 말한다.

에 대한 다층적 소통이 뒷받침될 때, 독자는 풍부한 세계 인식을 형성하고 텍스트 세계를 자신의 가능 세계로 구성해 낼 수 있다.

가능 세계 구성의 소통 구도는 동형의 구조를 기반으로 텍스트 세계 체계가 독자 세계 체계와 영향을 주고받으면서 수렴되어, 텍스트 세계 체계가 독자 세계 체계 중 하나로 구성되는 순환적인 구도이다. 본고에서 설정하는 가능 세계 구성의 소통 구도를 제시하기에 앞서, 가능 세계 구성의 문학 소통을 보다 효율적으로 설명하기 위하여 조정, 분화시키고자 한 세계 개념들의 명칭을 다시 한번 정리하여 언급하고자 한다.

먼저, 독자가 구성하는 텍스트의 참조 세계를 작가의 것과 구분 짓고 본고의 초점을 드러내기 위하여 가능 세계로 명명한다.[24] 둘째, 세계 체계 내에 병존하는 각각의 세계들을 가능 세계로 통칭하여 부르지 않고, 인물과 독자를 주체로 한 명칭으로 기술한다. 인물은 텍스트 세계 체계 속 현실 세계의 주체이자 가능 세계를 창조하는 주체이므로, 텍스트 현실 세계는 인물의 현실 세계, 텍스트의 대안적 가능 세계는 인물의 가능

---

[24] 독자가 텍스트 세계 체계와의 상호 작용을 통해 구성하는 '가능 세계'는 연구자마다 다른 용어로 지칭된다. 스톡웰(stockwell, 2005)은 이를 담화 세계(discourse worlds)로 논의하였다. 이 밖에도 '텍스트 세계'(Werth, 1999), '스토리 세계'(Herman,2002), '정신 공간'(Fauconnier·Turner, 2003), '이야기 세계'(Gerrig, 1993) 및 '프레임'(Emmott, 1997)들의 용어들이 존재하는데, 서로 용어는 다르지만 밀접하게 관련된 학문 분야의 다양한 연구자에 의한 시도라고 볼 수 있다(Gavins, J.·Lahey, E., 2016: 3). 독자가 구성하는 TRW를 가능 세계로 명명한다. 다음으로, 세계 체계 내에 병존하는 각각의 세계를 가능 세계로 통칭하여 부르지 않는다. 또, 텍스트 세계 체계에서 세계의 주체를 인물로 보고, 텍스트 현실 세계(TAW)는 인물의 현실 세계, 텍스트의 대안적 가능 세계(TAPW)는 인물의 가능 세계로 지칭한다. 마지막으로, 실제 현실 세계(AW)는 독자의 현실 세계로 지칭한다.

세계로 지칭한다. 독자 세계의 현실 세계는 독자의 현실 세계, 대안적 가능 세계(APW)는 독자의 가능 세계로 지칭한다. 텍스트의 세계 체계와 독자의 세계 체계에 대한 가능 세계 구성의 소통 구도를 그림으로 나타내면 다음과 같다.

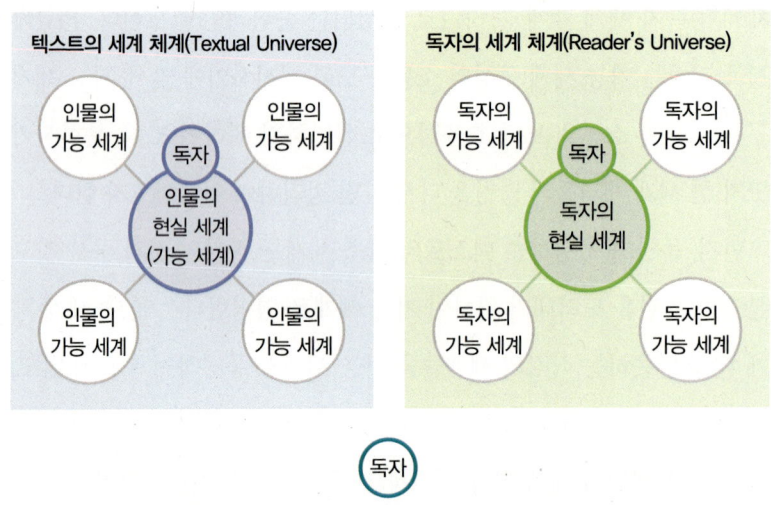

[그림 8] 가능 세계 구성의 소통 구도 Ⅱ(텍스트의 세계 체계-독자의 세계 체계)

그림 속 독자의 서로 다른 위치는 새로운 현실 세계로의 재중심화를 의미한다. 독자는 새로운 독자의 현실 세계에서 인물의 현실 세계로 재중심화하고, 인물의 현실 세계에서 자신의 현실 세계로 다시 재중심화하기 전에 두 세계를 조망하면서 관계를 형성하는 과정을 거친다. 세계 인식에서 논의한 바와 같이 독자는 재중심화되어 있는 위치와 관계없이, 자신의 새로운 현실 세계로 삼으며 다른 모든 가능 세계들과 상호작용할 수 있다. 인물의 현실 세계나 가능 세계, 독자의 현실 세계나 독자가 기존에 구성하고 있던 가능 세계 모두가 대상이 된다. 독자는 이 과정을 통해 세계에 대한 인식을 형성하며, 텍스트 세계 체계와 독자 세계 체계의 관련성을 만든다.

지금까지의 논의를 종합하여 가능 세계 구성의 소통 구도의 특성을 정리하면 다음과 같다. 첫째, 독자의 가능 세계 구성 과정에서 상호 작용의 대상은 세계 체계이며, 특히 서사 감상에서 간과되었던 인물의 가능 세계가 주요하게 고려될 필요가 있다. 독자가 인물의 현실 세계를 총체적으로 이해하기 위해서는 텍스트를 단일 세계로 이해하기보다는 세계들의 관계를 이해할 필요가 있다.

둘째, 독자가 살고 있는 실제 세계는 독자가 의미를 구성함에 있어 기준점이 되는 주요한 지점이므로, 문학 소통의 차원에서는 특히 주목해야 할 필요가 있다. 왜냐하면 우리가 살고 있는 실제 세상을 이해하는 방식이 허구 속에서 세계를 구성하는 데 중요한 역할을 하기 때문이다(Abbott, 2002; 우찬제 외 역, 2010: 287). 우리의 생각이나 감정은 경험적인 현실과 관련된 중요한 특징이다. 이것은 허구 서사의 수많은 틈을 채우는 하나의 방식이다. 언어로 내용을 전달하는 픽션의 작가들은 자신들이 창조하는 서사 세계를 이해할 수 있는 것으로 만들기 위해 독자들의 이런 능력에 크게 의지한다. 라이언(Ryan)에 따르면, 실제 세상에 대한 이해가 대부분의 픽션에서 막대한 영향력을 발휘한다. 최소 이탈의 원칙으로 허구적 서사가 만드는 세계는 텍스트 그 자체에 위배되지 않는 한 자신들이 살고 있는 경험적 현실의 세계와 일치한다고 여기는 독자들의 무의식적인 가정이다. 사실 우리는 픽션의 세계가 현실 세계와 완전히 동떨어진 것이라고 말하지 않는 한, 우리가 살고 있는 세상의 이미지와 일치한다고 가정한다. 가능 세계란 독자의 사적인 영역이자 문화적인 공동체의 영역이라고 볼 수 있다.

마지막으로, 소통 구도에서 독자가 텍스트의 세계 체계와 실제 세계를 오가며 가능 세계를 구성하는 서사적 인지의 과정이 재중심화를 기반으로 구체화될 필요가 있다. 우선 독자는 텍스트를 읽는 과정에서 텍스트가 지시하는 대상을 지각하고, 사건과 요소의 흔적과 전개를 따라 서사를 이해하기 위해 자신의 현실 세계에 대한 인식과 인물의 가능 세계에 대한 상상적 인식 등을 인지적으로 불러내고 활용하게 된다. 이 과정에서 독자는 텍스트의 현실 세계로 재중심화하여 텍스트 세계에 참여하게 된다.

다음, 독자가 텍스트를 통해 구성한 세계는 인물의 현실 세계를 중심에 가지면서 그 현실로부터 파생된 가능 세계를 포함하는 세계이다. 독자는 가능 세계를 탐색함으로써 인물의 현실 세계 이면을 인식할 수 있으며, 텍스트를 통해 구성한 세계는 보다 총체로서 확장된 세계이다.

이제 독자는 자기 삶과의 연계로 나아가기 위해 중심을 이동시킨다. 왜냐하면 가능 세계 구성은 텍스트의 의미가 독자의 삶과의 관련성 속에서 해석되는 것이기 때문이다. 그러므로 가능 세계 구성의 마지막 단계는 텍스트에 대한 독자의 가능 세계가 자신의 실제 삶과의 관계 속에서 다시 한번 숙고하는 것이다. 가능 세계를 통해 독자의 현실 세계가 새롭게 인식되고, 새로운 가능 세계를 모색하는 과정이라고 할 수 있다.

그중에서 가장 중요한 문제는 자기 세계로 돌아오기 전에 텍스트 세계에서 벗어나 그를 자기 세계와 어떻게 연관시키느냐이다. 허구의 기능은 형상화 차원에서 허구 텍스트의 내용에 있는 것이 아니라 그것을 생산하고 수용하는 과정에 따라 작동하기 때문에, 서사적 인지는 이 과정을 규명하는 데 초점이 맞추어져야 한다. 이 문제는 독자의 실제 수행과 관련이 있으므로 이론적 개념에만 입각한 논의로서는 실효성을 갖기 어렵다. 따라서 3부에서는 텍스트 및 독자의 세계 체계에 대한 독사의 서사적 인지를 대상적 지각, 다면적 구현, 서사적 재편, 관계적 성찰로 구체화하고, 가능 세계 구성의 수행 구조를 문학 텍스트와 독자의 해석 텍스트와의 관계 속에서 논의할 것이다.

3장 | 가능 세계 구성의 문학 교육적 의의

　지금까지 가능 세계의 관점을 통해 문학이 비로소 현실과의 관계 속에서 논의되고, 해당 이론이 텍스트 세계와 자기 세계와의 관계를 형성하기 위한 문학 소통을 독자가 구도화하는 것에 기여할 수 있는 점과 한계에 대해서 살펴보았다. 이를 통해 텍스트 속에 존재하는 허구의 세계는 단일 세계가 아니라 내부에 다층의 구조를 가진 역동적인 관계의 총체로서 재개념화되었다. 이처럼 가능 세계의 모델을 서사학에서 적극적으로 받아들임으로써 우리가 실제로 거주하는 현실 세계와 텍스트 세계의 현실 세계가 병존할 수 있는 이론적 틀이 마련되었다고 볼 수 있다.
　이러한 고찰이 문학 교육에서 의미를 가지기 위해서는 기존 문학 교육에서 허구에 대해 논의되어 온 양상이 가능 세계 구성의 문학 소통이 제안하는 것에 비해 상대적으로 강조된 것은 무엇이었으며, 약화된 것은 무엇이었는지 검토할 필요가 있다. 이를 위해서는 문학 교육에서 허구에 대한 담론이 형성되는 데 영향을 미친 인접 학문을 살펴볼 필요가 있다. 허구의 개념적 정의와 특성에 관한 논의는 이미 아리스토텔레스(Aristoteles)의 『시학』에서 찾아볼 수 있을 정도로 고전적이다. 허구를 허상과 다르지 않게 보았던 플라톤(Plato)과는 달리, 아리스토텔레스(Aristoteles)는 허구가 역사보다 가치 있으며, 인지적·교육적으로 기능할 수 있음을 주장하였다.[25] 『시학』 9장에서 "역사가는 실제로 일어난 일을 이야기하고 시인은 일어날 수 있는 일을 이야기한다."라는 점에 차이가 있으며, 문학은 보편적인 진실을 말하고 역사는 개별적인 사실을 말하기 때문에 역사보다 철학적이고 중요하다고 역설한 바 있다 (Aristotle, 최상규 역, 2002). 이처럼 허구가 우리에게 어떤 믿음이나 통찰을 비롯하여 인지적으로 좋은 영향을 준다는 의미에서 아리스토텔레스는 허구에 '인지적 가치'가 있다고 보았다. 문학 교육 연구를 비롯하여 허구의 긍정적인 기능과 가치에 기반하는 논의되는 플라톤보다는 아리스토텔레스의 관점에 기대고 있다.

리쾨르(Ricoeur) 또한 서사와 인간의 삶의 관계에서 허구의 가치에 주목하였다.[26] 리쾨르는 자기를 이해하고 달리 이해하게 하는 특권적 매개로 허구 서사를 지목한다는 점에서 삼중 미메시스의 핵심인 형상화(figuration)에서 허구를 주요하게 논의한다. 왜냐하면 허구는 현실 세계에 대한 지시 기능을 중단하여 자신의 현실과 삶을 해석하고 새롭

---

[25] 플라톤과 아리스토텔레스는 모두 현실을 미메시스(mimesis)의 대상으로 삼는다. 그러나 플라톤에게 현실은 이데아, 참과는 대립되는 것이며, 그에 대한 모방의 결과물인 예술은 이데아의 허상이자 진리의 왜곡이며, 도덕적 타락이다. 그러나 아리스토텔레스에게 미메시스는 현실이나 사실 그 자체의 재현이 아니라, 그것을 창조적으로 재구성한 형상으로 늘 보편적인 진실을 담고 있다는 점에서 가치 있다. 유기환(2010)에서는 이를 교육적 기능, 미학적 기능, 정서적 기능으로 정리하였다.

[26] 리쾨르(Ricoeur, 1983; 김한식·이경래 역, 1999)에 따르면, 삼중의 미메시스의 주체는 미메시스의 여정을 거치면서 현실과 허구를 넘나든다. 왜냐하면 미메시스 1을 통해 현실을 허구화하기 위한 준비가 이루어지고 미메시스 2에서는 현실을 허구화하며, 미메시스 3에서는 허구를 현실화하고자 하기 때문이다(유기환, 2010).

게 인식하는 원천이 되기 때문이다(Ricoeur, 1983; 김한식·이경래 역, 1990: 214-220). 허구적 경험은 독자가 자기 정체성의 이해를 확대하고 심화시키는 동력이 된다.

문학 교육에서 허구는 현실에서는 미처 드러나지 못한 삶의 진실을 추구하기 위하여 의도된 형상의 본질적 속성이자 문학적 장치이다(김대행 외, 2000). 이후 문학 교육 연구에서는 앞서 살펴본 아리스토텔레스나 리쾨르의 이론들을 원용하여 허구의 인식론적·해석학적 가치들이 설명되었다. 예를 들면, 허구는 문학이 언어를 통해 형상화한 세계의 속성이며, 작가는 현실을 그대로 복제하는 것이 아니라 현실과 닮았지만 새로운 것을 창조하여 현실을 반영하거나 현실의 도상을 늘린다는 점들을 소설 감상에서 고려하고자 하였다.

문학 교육의 차원에서 중요한 것은 형상화의 대상이 되는 대상과 그것을 재현하고 있는 문학 작품 사이의 관계, 즉 허구가 현실과 맺고 있는 역동적인 관계를 학습자가 주체적으로 구성하는 것이다. 왜냐하면 아주 잘 쓰인 문학 작품이나 독서 행위도 학습자가 텍스트와 자기 현실 세계의 관련성을 형성하는 것을 담보하지 못하기 때문이다.

그런데 허구에 대한 학습자들의 인식은 단일하지 않다. 현실 세계에 지시 대상을 가지지 않는 이야기라는 점에서 허구를 사실이 아닌 것으로 이해하기도 하고, 지금 듣는 이야기가 진짜냐고 되묻기도 하는 등 '사실인 것 같음'과 사실이 아니라는 긴장 관계 속에서 허구의 가치를 이해하지 못하기도 하고 의미 있게 수용하기도 한다.

허구를 이해하는 데 실제 대상 지시의 여부는 크게 중요하지 않다는 것을 아는 학습자들은 허구가 텍스트 밖의 현실 세계와 맺는 관계를 중요하게 여긴다. 그러나 학습자들이 현실과 관계하는 방식은 텍스트의 빈자리를 자신의 현실 세계를 참조하여 상상하고 추정하는 정도로 문학 교육에서 다루어지고 있으며, 문학의 세계를 실제 학습자의 현실 세계로 수용하는 문제는 모호한 부분으로 남아 있다.

제7차 국어과 교육과정 이후 문학 교육은 작품의 이해와 감상을 넘어 문학 주체(학습자)의 능동적인 문학 경험을 진작시키는 방향을 추구하고 있다. 그런데 수용과 생산의 통합성을 강조하는 이러한 담론의 흐름이 교육 현실을 크게 변화시키기는 어려워 보이는데, 그 까닭은 그러한 담론을 뒷받침할만한 교육 이론이 부족하기 때문이다. 교육 현장에서도 학습자의 관점에서 유의미한 경험으로서 문학과 삶, 현실 관련성의 중요성을 인정하고 이를 실천으로 옮기려 하고 있다. 하지만 여전히 학습자들이 현실의 무엇과 어떻게 상호 작용해야 하는지 모호하고, 그것이 학습자들 자율의 영역에서 스스로 행해야 하는 것으로 남겨져 있다.

현재 문학 교육에서 논의되고 있는 허구 개념은 작가가 표현하고자 하는 삶의 보편적인 진실을 드러내기 위한 현실의 변주이자 상상으로, 작가의 메시지가 텍스트 속에서 어떻게 형상화되었는지를 설명하는 데에는 유용하다. 그러나 독자가 허구를 통해서 현실과 어떻게 관련성을 형성하며, 이를 자신의 현실 세계로 유의미하게 수용하는지를 드러내기에는 충분하지 않다. 문학 교육에서 허구가 독자에게 삶의 진실을 말하기 위하여 만들어진 수사학적 장치에 그친다면 허구가 말하는 진실은 이미 정해져 있는 것이며, 학습자가 찾아내야 하는 답이 된다. 그러므로 가능 세계 구성은 실제 독자에 초점을 맞추며, 독자들이 텍스트와 상호 작용하고 자신을 세계 안에 배치하여 텍스트 세계 체계로 자신을 투사함으로써 상상적인 차원으로 나아갈 수 있는 행위여야 한다. 가능 세계 구성이란 텍스트가 펼치는 가능 세계 안에서 다양한 의미의 그물들을 일관성 있게 엮는 탐색의 여행이다.

문학 교육은 우리가 왜 허구에 관심을 가져야 하는지 설명할 수 있어야 하며, 이를 위하여 허구를 거짓과 구별할 수 있게 해주는 관점을 전제할 필요가 있다. 왜냐하면 독자가 허구를 무엇이라고 생각하는지가 독자의 허구 경험의 질에 영향을 미치기(Walton, 1990) 때문이다. 그리하여 허구를 인식한다는 것이 학습자들에게 어떤 유익을 줄 수 있는지, 그것이 실제 현실 세계와의 관계 속에서 어떻게 구현될 수 있는 것인지에 대한 구체적인 방법이 논의될 필요가 있다. 이때 가능 세계의 관점은 허구가 우리의 현실 세계와 맺고 있는 복합적이고 역동적인 관점을 복수의 세계관으로 설명하고, 텍스트와 현실을 매개하는 데 유효한 구조(틀)를 제공한다.

이러한 문학 소통의 측면에서 가능 세계 관점의 도입은 문학 교육에서 독자, 허구, 텍스트와 관련하여 다음과 같은 함의를 가진다. 첫째, 가능 세계 관점은 학습자가 문학과 현실 관련성을 형성하기 위한 상호 작용의 대상과 방법을 제공한다. 허구 세계는 양상 체계의 개별 세계, 즉 단일한 가능 세계나 이야기 세계가 아니라 텍스트상의 현실 세계가 중심인 세계 체계이다. 이와 같이 허구를 단일한 대상이 아니라 다층적으로 구조화한다는 것은 텍스트와 독자의 상호 작용에서 참조할만한 요인들을 제공할 수 있다. 이들의 관계를 통해 세계는 의미를 드러내고, 독자는 이들과 상호 작용할 수 있다.

둘째, 허구를 거짓이나 속임수와 구별하게 하는 복수적 세계의 관점으로서의 허구는 현실과의 관계 속에서 합당하게 설명하는 개념적 틀이다. 이는 현실 세계를 단순히 모사한 것이나 거짓 또는 비사실의 세계가 아니라 세계 체계[27]에 기반하여 구성된 세계이다. 허구 세계에 대한 이와 같은 인식은 허구 세계가 텍스트상의 현실 세계로서 그 내부에서 현실화되지 않은 가능 세계를 탐색할 수 있도록 한다는 점에서 중요하다. 허구 세계의 인물은 현실 세계의 우리가 그러하듯이 현실을 초월할 수 있는 대안적 행동과 삶을 모색한다. 따라서 독자는 인물들과 더불어 허구 세계에서 실현되지 않는 가능 세계를 탐색할 수 있다. 허구가 거짓이 아니라 가능 세계들의 체계로 설명될 때, 독자의 허구 감상이란 현실 논리로 설명되고 구속되는 세계 외에 무수한 가능성을 구성하는 행위로서 정당화될 수 있다.

마지막으로, 서사 텍스트의 내용적 측면 및 현실 관련성에 주목하여 문학 작품의 현실 관련성을 파악해 주는 모델을 제시한다는 점에서 유용하다. 특히, 미메시스와 판타지의 추동력이 만드는 서사 텍스트의 다양한 세계들을 이해하기 위한 이론적 틀로 유용하다(오세정, 2009). 국내 연구에서도 가능 세계 이론을 통해 팩션 서사의 장르적 특성을 논의

---

27 허구 세계에 대한 이러한 관점은 허구 세계가 완결된 전체의 세계임에도 불구하고 마치 현실 세계에서처럼 독자가 대안적 삶을 모색하면서 가능 세계를 탐색하는 행동을 설명하는 데 유용하다(Ryan, 1991;pp.13-30).

한 연구(김현진, 2016), 웹툰 장르에 적용한 연구(양혜림, 2019), 가능 세계 이론을 통해 메타픽션의 현실 관련성을 입론한 연구(나병철, 2014), 판타지 소설의 서사 공간에 가능 세계의 세계 체계를 적용한 연구(김영수, 2013)를 비롯하여 국외에서도 시와 소설 장르에 대한 인지 시학적 연구(Ryan, 2019; Semino, 2002, Gavins, 2016)가 활발하게 이루어지고 있다. 이처럼 가능 세계 이론을 통해 역사와 허구, 사실과 허구 경계의 모호함으로 인해 오늘날 새롭게 출현한 다양한 서사물들의 성격과 현실 관련성을 이해할 수 있다(김현진, 2016).

가능 세계의 개념이 가능 세계 구성으로 설정됨으로써 문학 교육에 가져올 수 있는 의의는 다음과 같다. 가능 세계의 모델은 독자가 텍스트의 세계와 소통할 수 있는 소통 구조를 창출한다는 점에서 독자가 텍스트를 자기 세계와 연관 짓는 과정을 외현화할 수 있는 논의로 발전될 수 있다. 이러한 가운데 문학 소통의 결과로서의 가능 세계는 텍스트를 매개로 작가의 전략과 독자의 추론이나 기대에서 비롯되며, 텍스트의 의미를 만드는 인지적 과정이자 인지적 구성체임을 밝혔다.

가능 세계는 독자의 정신과 언어적 자극의 상호 작용 속에서 구성되는 것이라는 점에서 독자 반응 이론을 연상하게 한다. 그러나 이는 텍스트와 독자 반응 사이의 관계, 다른 한편으로는 텍스트와 독자의 해석 사이의 관계에 대하여 더 체계적이고 명확한 설명을 제시하는 데 초점을 맞춘다는 점에서 독자가 텍스트의 무엇과 어떻게 상호 작용해야 하는지에 대한 조금 더 상세한 접근을 가능하게 한다.

문학 텍스트의 의미는 독자에게 주어지는 것이 아니라 독자가 구성하는 것이자, 독자 자신의 마음에서 발견할 수 있는 것이다. 그러므로 텍스트의 형상(의미)을 분석적으로 파악하는 것도 중요하지만, 독자가 어떤 과정을 거쳐 자기 나름대로 텍스트의 형상(의미)을 다시 그리는가도 문학 교육의 중요한 과제이다. 허구의 의미는 텍스트의 형상 안에 하나로 고정된 것이 아니라 독자가 그것을 수용하는 과정에서 '다시' 그려지는 것이다.

리쾨르에 따르면, 독자가 텍스트를 재형상화한다는 것은 "텍스트의 배후에 있는 작가의 의도를 복원시키기보다는" 텍스트가 자신 앞에 펼치는 허구의 세계를 "자신의 고유한 수용 능력에 따라 받아들이는 것"이며, 허구적 의미는 독서를 통해 텍스트의 세계와 독자의 세계가 교차하는 지점에서 완전하게 획득된다. 이처럼 허구는 독자의 개별성과 주체성이 발휘되는 통로이다. 가능 세계 구성을 통해 독자가 자신의 현실 세계 이외의 가능하고 다양한 세계를 탐색하고, 이를 통해 자신에게 내재된 가능 세계들을 이해하게 된다면 문학 텍스트 안에 잠재된 의미들은 더욱 풍부하게 향유될 것이다.

지금까지의 논의를 종합하여 '가능 세계 구성'의 문학 교육적 의의를 요약하면 다음과 같다. 첫째, 문학의 현실 관련성을 텍스트 이해를 넘어 독자 현실과의 관계로 확장할 수 있다. 둘째, 문학 텍스트에 잠재된 세계를 풍부하고 총체적으로 인식할 수 있다. 셋째, 문학 텍스트가 기술하는 불가능한 현실이 실제 독자 현실과의 관계 속에서 위치할 수 있는 소통 구도를 보임으로써 학습자의 관점에서 유의미한 해석 경험을 위한 수행을 구조화하는 데 기여할 수 있다.

3부

가능 세계 구성의 수행 구조

1장 텍스트에서 세계 체계의 대상적 지각
2장 텍스트 세계 체계의 다면적 구현
3장 서사적 재편을 통한 독자 세계 체계의 재인식
4장 관계적 성찰을 통한 독자 세계 체계의 확장

2부에서는 문학 교육에서 가능 세계 구성이 세계 이해와 자기 인식을 위한 문학 행위로서 의미를 지니며, 텍스트와 현실과의 관계 속에서 독자가 중심이 되어 수행하는 소통으로서의 가능 세계 구성 구도를 논의하였다. 그러나 이들은 이론적 전제들로, 독자가 수행하는 가능 세계 구성의 복합적인 과정을 설명하지는 못한다. 따라서 3부에서는 앞의 논의들을 바탕으로, 가능 세계 구성의 수행 구조를 밝히고자 한다. 이는 첫째, 2부에서 논의한 가능 세계 구성의 '소통 대상'과 '서사적 인지'라는 이론적 전제에 따라 독자가 수행하는 일련의 수행 과정을 구조화하는 것이다. 둘째, 각각의 수행 구조가 실제 해석 텍스트에서 구체화되는 양상을 통해 가능 세계 구성 과정의 정합성을 뒷받침하는 동시에 앞서 논의한 가능 세계 구성의 의미를 예증하는 것이다.

앞에서 고찰한 바와 같이, 문학 작품은 독자의 자유로운 해석과 협력을 자극하는 동시에 조절하는데, 이때 독자는 문학 작품에서 자신의 정신 감각이 보고, 듣고, 느낄 수 있는 정보를 구체적인 언어로 제공받아 가능 세계를 구성한다. 즉, 문학 작품의 구체적인 언어는 독자가 가능 세계를 구성하는 인지 과정을 설명하는 데 핵심이 된다. 그러므로 가능 세계 구성의 과정을 현실화시키기 위해서는 해석 텍스트의 양상만을 분석하는 것보다는 실제 문학 작품을 읽어나가면서 가능 세계 구성 과정의 관계와 정합성을 검토할 필요가 있다.

가능 세계 구성에서 문학 작품의 텍스트가 지시하는 대상은 하나의 단일한 대안 세계가 아니라 현실 세계를 중심으로 한 가능 세계들의 체계이다. 특히 허구 서사는 인물의 현실 세계와 인물의 가능 세계들로 이루어진 세계 체계로, 이들의 관계를 통해 서사가 추동된다는 점에서 가능 세계 구성 과정에 관여하는 요소들이 잘 드러난다. 그러므로 이 장에서는 허구 서사 문학 텍스트를 분석하며, 구체적인 작품 선정 기준은 다음과 같다. 첫째, 아동·청소년을 독자로 하는 문학 작품, 둘째, 인물의 가능 세계가 작품 속 현실 세계를 이해하는 데 중요한 작품, 셋째, 작품의 주제가 단순하거나 명백하게 드러나지 않는 작품이다. 특히, 작품의 주제가 명백하다는 것은 의미가 표면에 드러나 있어 독자가 협력하고 개입할 여지가 적고, 텍스트의 의미가 결정되어 있다고 여겨져 독자의 다양한 해석들이 제한될 수 있다. 이를 고려하여 여기에서는 「조커와 나」(김중미, 2013), 「제후의 선택」(김태호, 2016), 『허구의 삶』(이금이, 2019), 이 세 편의 아동·청소년 문학 작품을 분석한다.[28]

  해석 텍스트로는 위 두 작품 중에서 『제후의 선택』에 대한 대학생 독

---

[28] 「조커와 나」는 청소년 소설집 『조커와 나』(김중미, 2013)에 수록된 단편으로, 희귀병으로 장애를 가지고 있는 정우와 우연히 정우의 학교생활 도우미가 된 선규, 그리고 정우를 괴롭히는 '조커'라는 별명의 조혁이 등장한다. 정우의 죽음 1년 후, 선규는 정우가 남긴 일기를 보면서 세 소년은 서로의 진실을 마주하게 된다. 「제후의 선택」은 『제후의 선택』(김태호, 2016)의 표제작으로, 부모의 이혼 앞에서 선택을 앞둔 제후의 이야기가 '손톱 먹은 쥐'에 관한 민담을 모티프로 펼쳐진다. 『허구의 삶』(이금이, 2019)은 청소년 소설이다. 이 소설은 '허구'라는 인물의 장례식 소식으로부터 시작된다. 허구는 유복한 가정의 외동아들로 여행자 K의 소설을 쓰며 자유롭게 살아가는 인물이다. 한편, 상만은 미혼모의 아들로 태어나 외삼촌 쌀가게에서 얹혀 어렵게 살아간다. 30년 후, 상만은 허구로부터 갑작스러운 연락을 받고 그의 임종을 함께 하게 된다. 끝까지 진실을 말하지 않았던 허구의 죽음을 통해 상만은 아이러니하게도 삶의 진실과 선택에 대해 생각하게 된다.

자들의 해석 텍스트[29]를 살펴본다. 비평가(전문 독자)가 아닌 대학생 독자(비전문 독자인 성인 독자)의 해석을 분석한 이유는 다음과 같다. 첫째, 전문 비평에 비해 독자가 현실 세계에 대한 자신의 인식을 동원하고, 텍스트를 통해 얻은 인식을 다시 자신의 세계로 의미화하는 등의 사적인 수용 맥락이 풍부하게 드러나는 텍스트이기 때문이다. 둘째, 대학생은 초등학생에 비해 풍부한 경험과 수용 맥락을 갖고 있기 때문이다. 또, 양정실 외(2015)에서는 대학생 독자들이 작품에 대한 "섬세한 읽기"를 수행함으로써 해석의 근거로 삼는 전략 등이 해석 텍스트 쓰기 경향으로 관찰되었다. 이를 고려하였을 때, 텍스트에 근거한 독자의 긴밀한 상호 작용이 실제 세계에 대한 의미화로 확장되는 구조 및 양상이 잘 드러날 것으로 기대하였다.

그중 독자가 가능 세계를 구성하는 과정에서 텍스트의 세계와 자신의 현실 세계를 총체적으로 인식하고 세계와 자아에 대한 인식 지평을 확장하는 모습들을 확인할 수 있는 해석 텍스트들을 선정, 인용하였다. 대학생 독자의 해석 텍스트에는 가능 세계 구성의 수행 구조 전반이 온전히 드러나거나 모두 기술되는 경우는 드물지만, 개별 층위에 대한 해석 논리와 사적 수용 맥락이 풍부하게 드러난다는 점에서 유의미한 자료가 될 수 있다고 보았다. 여기에서의 분석은 독자가 어떤 태도로 텍스

---

29 A교육대학교 3학년 A, B반 학생들이 『제후의 선택』을 읽고 쓴 해석 텍스트 70편을 분석 자료로 수집하였다. 해석 텍스트는 [대상 텍스트-학교급·반-번호]로 표기하였다. 번호는 필자가 학습자에게 임의로 구분한 것이다. 예를 들면, [제후의 선택-대A-1]은 『제후의 선택』을 읽은 대학교 A반의 1번 학생이 쓴 해석 텍스트를 가리킨다.

트나 세계의 무엇에 주목하면서, 현실 세계와의 관련성을 어떻게 형성하며 수용하는가를 밝히는 데 목적이 있다. 즉 수행 구조의 각 단위에서 이루어지는 상호 작용의 구체성을 살펴보는 한편, 하나의 문학 작품에 대한 해석 텍스트들을 비교·분석하여 가능 세계 구성의 총체적인 상을 확인할 것이다. 정리하면, Ⅲ장의 수행 구조는 Ⅱ장의 논의를 전제로 반영한 결과라는 점에서 연역적이지만, 문학 작품과 실제 해석 텍스트를 통해 예증하고자 했다는 점에서 귀납적이라고 할 수 있다. 그리하여 이 장에서는 가능 세계 수행 구조를 밝힘으로써 가능 세계 구성 교육에서 방법적 지식을 정립하기 위한 근거와 시사점을 모색하고자 한다.

1장 | 텍스트에서 세계 체계의 **대상적 지각**

　문학에서 세계는 언어로 형상화되며, 텍스트 안에 편재되어 있다. 이때 언어 그 자체는 구축된 세계가 아닌 기호이다. 문학 작품을 읽고 가능 세계를 구성하는 과정은 문학 텍스트(언어)에 대한 독자의 인지 과정이다.[30] 이때 독자는 텍스트가 지시하는 대상을 지각하는 것에서부터 시작하게 된다. 대상을 인식하는 가장 일차적인 근거는 텍스트이다. 문학 작품의 틈을 채우기 전에 독자는 텍스트가 제공하는 사실들을 확보하고 대상을 인식한다. 이러한 인식은 텍스트의 서술에 전적으로 의지하여 텍스트를 그대로를 인식함으로써 대상에 대한 사실적이고 명확한 상을 가지는 것이다. 중요한 것은 독자가 마음속에 세계에 대한 총체적

---

[30] 인지 서사학 및 문체론의 관점에서 텍스트 내의 언어는 텍스트상의 '세계'를 이해하고 지각하는 독특한 방식인 특정한 세계 인식을 투사하는 방식이라는 점에서 중요하다(Semino, 2002; 양병호 외 역, 2017:146–152). 앞의 내용이 작가와 언어의 관계라면, 독자는 텍스트의 언어를 통해 텍스트 뒤에 있는 '세계'를 능동적으로 추론하게 된다. 이때 세계란, 읽는 동안 언어에 의해 독자의 마음에 떠오르는 현실 유형, 맥락 등에 해당한다. 이러한 논의의 초점은 언어에 대한 분석 그 자체가 아니라 독자가 언어를 통해 텍스트에서 세계를 구성하는 과정으로, '세계'를 구성하는 것이 곧 독자가 의미를 이해하는 방식이자 관계이기 때문이다(Semino, 1997). 텍스트의 해석 가능성을 단순히 문법적 정확성과 문장 간의 명시적 연결로 설명할 수 없으며, 궁극적으로 텍스트 언어와의 상호 작용에서 의미 있는 세계를 상상하는 독자의 능력에 달려 있다(Enkvist, 1991: 7).

인상을 구성할 때, 텍스트가 무엇을 말하며 그것을 통해 세계의 무엇을 사실적으로 인식할 수 있는가일 것이다.

2부에서 논의하였듯이, 소설은 그 자체의 현실 세계를 중심으로 하고 그 주위를 가능 세계들이 위성처럼 둘러싸고 있는 복수 세계의 집합으로, 단일한 세계에 대한 묘사가 아닌 세계 체계(universe)이다. 그렇다면 독자가 텍스트에서 세계 체계를 지각하기 위해서는 무엇과 어떻게 상호 작용해야 하는가? 세계 체계 두 층위의 하나는 의미 변형이 발생하지 않는 현실 세계이고, 다른 하나는 인물 내면의 욕망이나 결핍, 정서에 따라 의미 변형이 발생할 수 있는 가능 세계이다(최인자, 2007). 예를 들면, 「조커와 나」에서 정우가 희귀병에 걸려 장애가 있는 아이라는 사실은 현실 세계의 영역이다. 가능 세계란 정우가 자신의 현실을 변형하기 위해 의도하거나 소망하거나 인식한 양상화된 세계이다. 따라서 독자는 텍스트의 구조로서 세계 체계의 두 층위가 제공하는 언어에 기반하여 텍스트가 지시하는 대상을 지각할 수 있다.

텍스트는 독자의 가능 세계 구성에 관여하는 텍스트의 세계 체계, 즉 인물의 현실 세계와 인물의 가능 세계를 표현하고 있다. 텍스트에서 세계 체계의 재현적 대상화는 '인물 현실 세계에 대한 단서 탐색'과 '인물 가능 세계의 재현적 인식'을 통해 이루어진다. 독자는 텍스트가 제공하는 인물 현실 세계에 대한 단서들을 탐색하고, 현실은 아니지만 실현 가능한 세계들을 재현적으로 인식하면서 텍스트의 세계 체계를 지각하게 된다.

1 인물 현실 세계에 대한 단서 탐색

가능 세계의 관점에서 허구는 텅 빈 세계가 아니라 인물들이 살아가는 현실 세계이다(Eco, 1979; 김운찬 역, 2009 : 190). 그러나 소설의 허구 세계는 서술자에 의해 서술된 것이며, 작중 인물은 언표화된 것이라는 점에서 모든 독자가 이들의 실존적 가치를 인정하는 것은 아니다(정진석, 2013:78). 독자가 가능 세계 구성을 수행하기 위해서는 텍스트가 형상화하고 있는 세계를 하나의 현실 세계로 인식해야 한다. 그런데 독자는 실제의 현실 세계에 있으므로 텍스트가 형상화하고 있는 세계에 대한 실감을 가질 수 있는 단서에 대한 탐색이 필요하다.

텍스트에서 현실 세계란 수많은 가능 세계 중 텍스트로 구체화되어 제시된 하나의 상(image)이다. 또, 독자가 텍스트를 통해 실제로 확인할 수 있는 명확한 사실이다. 그러므로 가능 세계 구성은 독자가 텍스트에 언급된 사실들, 명시적으로 드러나 있는 정보를 사실 그대로 이해하는 것에서 출발하는 것으로 가정할 수 있다. 일차적으로 독자는 텍스트의 기술에 전적으로 의지하여, 텍스트의 현실 세계에 거주하고 있는 사람이 누구이며 그 세계에서 실제로 일어난 일이 무엇인지를 파악하게 된다. 이때 세계는 비물리적인 세계지만, 그 안에 실재하는 인물과 그들이 벌이는 사건이 있다. 이를 표현하는 언어가 지시하는 바를 대상적으로 인식하는 것은 독자가 텍스트를 하나의 현실로 받아들이기 위해서 이 세계가 관념이나 추상이 아니라는 실감(實感)을 가질 수 있어야 한다는 점에서 인식적으로 중요하다. 그리하여 독자는 허구의 인물과 사건을 실재하는 존재이자 대상으로 인식하여 점차 세계에 대한 구체적인 현실감을 얻을 수 있다.

그런데 독자가 인식하게 되는 것이 '현실 세계'라는 객관적 대상인가에 대한 문제를 고려할 필요가 있다. 왜냐하면 독자는 객관적인 대상으로서 세계가 아니라, 작가, 서술자, 등장인물이 텍스트상의 세계를 이해하고 지각하는 방식이 표현된 언어를 통해 인식하기 때문이다. 파울러(Fowler, 1977)는 소설의 인물이 자신의 세계를 하나의 양상으로 재단하고 인식하는 것의 총합을 '정신 유형'이라는 개념으로 지칭하고, 이를 표현하기 위해 작가가 부리는 언어의 어휘적·통사적 양상들에 주목한 바 있다.[31]

이는 인물의 독특한 인지 양상들, 인지 습관이나 인지 능력, 이것들로부터 야기되는 신념이나 가치를 포함한다(Semino, 2002). 이는 독자가 인물의 현실 세계를 인식하기 위한 단서로 인물과 그 인물의 '세계 인식'을 묘사하는 언어 그 자체에 주목할 필요가 있음을 보여 준다. 그러므로 현실 세계에 대한 단서 탐색은 텍스트를 인물이 거주하는 현실 세계로 규정하기 위한 탐색뿐만 아니라 인물의 세계 인식에 대한 탐색이기도 하다.

이렇게 볼 때, 세계를 구성하는 많은 요소 중에서 '인물'은 텍스트의 현실 세계를 이해하는 중심축 역할을 할 수 있다. 왜냐하면 텍스트에서의 현실 세계는 그 세계에 사는 사람의 현실 세계이며, 그곳에서 실제

---

31 파울러(Fowler)는 등장인물의 세계에 대한 관점을 투사하기 위해 사용된 언어로서 어휘, 통사적 특성에 주목할 필요가 있음을 주장하였다(Fowler, 1986).

일어난 일은 그 인물들이 벌이거나 겪은 사건들이기 때문이다. 다음은 「조커와 나」에서 중심인물 중 한 명인 정우에 대한 묘사이다.

> 정우는 근이영양증 때문에 척추가 오른쪽으로 휘어지고 엉덩이에 살이 거의 없었다. 그런데도 하루 종일 휠체어를 타고 똑같은 자세로 앉아 있어야 하는 형편이라 다른 사람들이 정우의 자세를 조금씩 고쳐 주어야 했다. 내가 정우의 겨드랑이에 손을 넣어 몸을 들면, 옆에 있는 아이들이 한쪽으로만 눌린 정우의 방석을 바꿔 주었다. 정우는 그때마다 늘 표정이 없었다. 정우는 내게도 자기표현을 잘 하지 않았다. 그래서 감정도 없는 아이처럼 보였다.
>
> - 김중미, 2013: 17.

독자들은 인물의 말이나 행동, 서술자의 발언에서 인물에 대한 정보를 얻는다. 이러한 진술은 독자에게 정우를 보여 주기 위한 일종의 재현이라고 할 수 있다. 「조커와 나」의 현실 세계에서 정우는 장애가 있어 다른 사람의 도움이 없이는 학교생활을 할 수 없다. 정우는 휠체어를 타고 하루 종일 앉아 있고, "척추가 오른쪽으로 휘어지고 엉덩이에 살이 거의 없다." 별로 표정이 없고, 감정이 없는 것처럼 보이는 아이이다. 독자는 텍스트의 지시에 따라 어떤 형상과 특성을 가진 한 사람으로서 정우를 읽고, 「조커와 나」의 현실 세계 속에 배치한다.

이때 독자들은 서술자 '나'를 통해 정우를 만나게 된다. 이는 앞에서 논의한 바에 따르면, 세계의 객관적인 모습이라기보다 서술자 '나'라는 인물이 인식한 세계인 것이다. 다만, 독자는 언어가 암시하는 것이나 표현하지 않은 것을 상상하기 이전에, 텍스트가 보여 주는 대로 정우를 이해함으로써 세계에 대한 실감과 인물의 세계 인식을 획득하게 된다. 이러한 과정은 감상에 참여하는 사람들이 저마다 다른 모습의 정우와 현실 세계를 그리더라도 그들 사이에 공유될 수 있는 구심점이 된다는 점에서 중요하다.[32]

월튼(Walton)에 따르면, 허구의 감상은 소도구(prop)를 통해 '믿는 척하기(make-believe)'의 상상하기 게임에 참여하는 것이다.[33] 소도구(prop)는 허구적 명제나 문장들을 발생시키는데, 여기서 중요한 것은 문학 작품이 한두 개의 허구적 명제의 기계적인 연결로 이루어진 것이 아니라는 점이다. 특히, 허구 서사는 문장들의 복합적인 맥락과 다중적인 시점으로 구성되어 있다. 독자들은 소도구(prop)에 의해 발생된 문장들에 대해 상상하기 이전에 문장들이 지시하고 있는 대상을 이해할 수 있어야 한다. 대상에 대한 사실은 상상적 상황과 관계된 놀이에서 기

---

[32] 문학 교육의 관점에서 보면, 이러한 탐색은 기존의 문학 교육에서 작품의 내용을 이해하기 위하여 접근해 왔던 방식과 겹치는 부분이 있다. 그러나 여기에서는 텍스트의 언어를 통해 독자가 세계를 표상하기 위해 텍스트의 무엇에서 단서를 얻을 수 있고, 그것을 통해 세계의 무엇에 관해 인식할 수 있는가를 상세화하는 데 초점이 있다. 왜냐하면 '세계'는 텍스트에 이미 '있는' 것이라기보다는 독자가 인식하고 구성하는 것이기 때문이다.

[33] 허구를 감상한다는 것은 그것을 소도구(prop)로 갖는 믿는 척하기 게임에 참여하는 것이고, 이때 허구의 감상자인 우리는 그러한 소도구(prop)에 의해 발생한 허구적 명제들 또는 문장들에 대해 상상하게 된다. 문학 작품 역시 소도구(prop)의 역할을 지닌다(Walton, 1990). 예를 들면, 해리포터가 호그와트에 다니는 것을 허구적 참으로 만드는 것은 해리포터라는 문학 작품 그 자체이다. 소도구(prop)는 상상을 유발하기도 하고 상상의 대상이 되기도 한다.

본 규칙(ground rule)과 같은 역할을 한다(Vygotsky, 2009; 147). 게임에 잘 참여하기 위해서는 게임의 규칙들을 잘 이해하고 있어야 한다.[34]

텍스트가 표현하고 있는 인물의 현실 세계를 이해하지 못한 감상은 자유로운 것을 넘어 혼자만의 고립된 공상이 되고 만다. 이를테면, 독자가 『마당을 나온 암탉』(황선미, 2002)을 읽고 '잎싹은 초록머리가 병아리가 아니었기 때문에 초록머리를 미워했다.'라고 이해했다면, 이는 잎싹의 현실 세계나 세계 인식과 일치하지 않기 때문에 거짓이다.[35] 이는 텍스트 속 현실 세계에서의 사실을 이해하지 못한 감상이며, 다른 가능 세계에 대한 감상이다. 그림을 감상할 때를 생각해 보자. 우리는 가장 먼저 그려진 대상이 무엇이고 어떤 장면인지 파악한다. 들판을 달리고 있는 아이를 본다. 그 아이는 조끼를 다 입지 않고 한 팔만 낀 채 달린다. 아이의 뒤로 그려진 집에서 달려 나오는 엄마를 본다. 엄마의 손에 들린 바구니를 보고, 그 바구니에 무엇이 들었는지 본다. 그리고 우리는 그림에 그려진 대상을 규칙 삼아 자신이 본 것 이상의 이야기를 만든다.

이처럼 서사 감상에서도 상상하기는 무에서 유를 창조하는 것이 아니라 상상의 대상에 대해서 이루어지는 것이다. 독자가 서사의 공백과

---

[34] 김상한(2015)에서는 놀이는 아동에게 자기 주변과 세계를 탐색하고 관계를 형성하는 데 도움을 주며, 자발적인 행위로서 허구성을 기반으로 이루어짐을 논의하였다. 이는 현실에서 보이지 않던 것을 보여 주고, 자유롭고 창의적인 체험의 기회를 제공한다. 감상 행위 내에서 이러한 놀이는 아동에게 아동 문학의 상상을 체험하고 자발적으로 참여하게 한다는 점에서 의의가 있다.

[35] 가능 세계 관점에서 허구의 참과 거짓은 실제 우리의 현실 속에서 일어날 수 있는지가 아니라, 서사의 현실 세계 내에서 일어날 수 있는지 또는 일어날 수 있었는지에 따라 평가된다(Ronen, 1994 : 9).

비결정성들을 채우는 것은 세계를 채운 대상과 결정된 것들이 있다는 의미이다. 그러므로 인물 현실 세계에 대한 단서를 탐색한다는 것은 대상에 독자의 상상이 덧입혀지고, 저마다 다른 모양으로 부풀어 오르기 전에 대상의 구체적인 사실을 이해하는 것이다. 그것은 텍스트가 제시하는 인물의 현실 세계에 대한 정보이다.

다시 말해, "이 세계 어떤 인물들이 살고, 누군가 병이 들어 죽었고, 여행을 떠났다가 누군가와 사랑에 빠진 채 돌아왔다."와 같은 것들이다. 『영모가 사라졌다』(공지희, 2003)의 경우, 독자는 병구와 영모가 사는 현실 세계에 대한 실감을 쌓는다. 독자는 이 현실 세계에 대한 사실들, '병구와 영모는 5학년이다', '이 둘은 수학 학원에서 만나면서 친한 친구가 되었다', '영모는 조각을 좋아하고 또 잘한다', '영모는 영모의 아버지한테 자주 맞았다', '영모가 아버지한테 또 맞은 그날 밤 영모가 사라졌다.'와 같은 사실들을 이해한다.

서사 담화의 층위에서 독자는 사건이 실제로 일어난 순서가 아니라 서사가 사건을 보여 주고자 하는 순서에 따라 정보를 제공받게 된다. 독자가 텍스트의 언어를 읽는다는 것은 담화로부터 정보를 얻는 것이다. 그래서 그것에서 가능한 많은 단서를 포착하여 자신의 마음속에서 그것을 정렬하면서 사건들이 실제로 일어난 순서로 재구성한다. 인물이 살아가고 있는 세계는 텍스트에 편재(遍在)되어 있다. 독자는 인물들이 살아간 현실의 시간을 따라 사건들을 배열하며 인물이 살아가고 있는 현실 세계를 인식하는 것이다. 예를 들어 「조커와 나」의 사건을 생각해 보자. 이 소설은 정우의 죽음 이후, 아이들이 고등학생이 된 시점에서 시작한다. 그리고 정우, 선규, 조혁의 중 2, 중 3 시절의 이야기를 순차적으로 보여 준다. 그리고 정우와 조혁의 어린 시절의 이야기까지 거슬러 올라갔다가, 다시 현재의 시점으로 돌아와 다음 이야기들을 전개한다.

다음은 「제후의 선택」을 읽고 쓴 텍스트이다. 독자는 텍스트가 제공하는 정보를 기반으로 독자가 인물의 현실 세계를 구체적으로 지각하고 있다.

> 제후는 한 달 전쯤, 엄마와 아빠가 이혼하며 나누는 일을 하는 것을 듣는다. 재산을 나누는 일과 달리 제후를 데리고 가는 것에 대해서는 말이 없다. 누구도 제후에게 함께 살자는 이야기를 해 주지 않고, 제후에게 선택하라며 결정을 미룬다. 제후는 한 명은 아빠랑, 또 한 명은 엄마랑 살게 할 작정으로 자신의 손톱을 흰쥐에게 먹여 두 명의 제후를 만든다. 가짜 제후들이 쥐인 것을 알아본 고양이들에 의해 그들은 다시 쥐로 돌아온다. 진짜 제후는 공원 벤치에 앉아 있다. 손톱을 너무 짧게 잘라 손톱 밑 살들이 전부 부어올랐다. 제후는 손톱이 이상하게 아물지 않는다는 말을 남기며 어둠 속으로 사라진다.
>
> (제후의 선택-대A-1)

「제후의 선택」은 가짜 제후가 학원을 마치고 집으로 돌아가는 길에 고양이들에게 쫓기는 장면으로 시작된다. 독자는 처음으로 등장하는 제후가 가짜인지 진짜인지 알 길이 없다. 고양이들을 피해 제후가 아파트 엘리베이터를 타고 문이 닫히며 한 달 전 이야기가 회상된다. 그리고 엘리베이터가 열리고 다시 현재로 돌아온다. 위의 대학생 독자는 작품에 담긴 표현이 지시하는 대상을 파악하기 위하여 「제후의 선택」의 제후와 사건에 대한 정보들을 포착한다. 제시된 사건의 순서를 실제 일어난 일들의 순서로 재구성한다. 독자는 사건들을 연속적으로 구성하여 사건들이 독자의 마음에 뭔가를 보게 해 준다. 왜냐하면 서사가 전개되면서 과거의 시간을 이해하는 것은 서사에서 현재적 사건을 맞이하고 이해하는 데 배경이 되기 때문이다. 독자는 세계를 짓는 뼈대를 만들고 세계를 실재하는 것들로 채운다.

　인물의 현실 세계를 지각한다는 것은 텍스트를 근거로 현실 세계에 관해 결정되어 있는 것들을 파악하는 것이다. 현실 세계에서 불가능한 일이라 하더라도, 다른 현실 세계에서 실제로 일어난 일에 대한 사실들을 이해하는 데에는 무리가 없다. 제후의 현실 세계에서는 쥐에게 손톱을 먹이면 쥐가 그 손톱의 주인으로 둔갑한다. 우리의 현실 세계에서 불가능한 일이지만, 제후의 현실 세계에서는 가능한 일이다. 서사 속 현실 세계에는 그만의 질서가 존재한다. 독자는 그 질서들이 우리의 실제 현실에서 불가능하더라도 세계관 내지는 그 세계 내부의 규칙으로 받아들인다. 문제가 되는 것은 서사 내부에서 그 질서에 위배 되는 일관되지 않은 서사가 진행될 때이다. 서사의 현실 세계에 요정이 사는 것이 문제가 아니라, 그 요정에 대한 사실들이 갑작스럽게 부정되거나 바뀔 때 서사의 현실 세계는 핍진성을 잃는다. 텍스트 내에서의 허구적 참과 거짓의 혼동은 서사의 현실 세계를 무너뜨린다. 텍스트가 세계를 만들지 못한다면 서사의 현실 세계를 지각하는 것도 가능하지 않다.

2 인물 가능 세계의 재현적 인식

문학 이론에서 '세계'란 텍스트가 언급하는 여러 종류의 사태, 사건, 관계를 말한다(Steen, G. & Gavins, J., 2003; 양병호 외 역, 2014: 155). 가능 세계 이론에서 지금까지 서사의 '세계'는 사실 하나의 단일 세계가 아니라, 실제라고 간주되는 중심 영역과 비실제라고 간주되는 다양한 대안적 가능 세계를 가진 복수의 사태들의 집합인 '세계 체계(Textual Universe)'이다. 그러므로 독자가 텍스트를 이해하면서 마음속에 표상(representation)을 그리기 위해서는 단순히 인물의 현실 세계에서 '일어나는' 사건을 지각하는 능력뿐만 아니라, 현실의 우리가 그러하듯이 인물에게 일어나지 않았지만 소망하고 상상하는 일들을 인식하는 능력도 요구된다.

실제로 허구 서사는 이야기에서 '실제'라고 간주되는 것과 현실화되지는 않았지만 인물의 정신 작용으로 창조된 세계들의 관계가 복합적으로 설정되어 있다. 인물의 가능 세계는 그의 현실 세계에서 실현되지 못한 사태들이 상상되고 표현된 결과이다. 독자는 인물의 가능 세계가 허구 세계를 이해하는 데 필수적인 내적 구조라는 점에서 주요하게 인식해야 한다.

> 소설을 이해하고 감상한다는 것은 무엇보다도 텍스트 세계에서 일어난 일련의 사건을 추적한다는 것이다. 또, 텍스트 세계의 사건을 등장인물이 의도했지만 결코 실현되지 않았던 사건의 대체 가능한 시퀀

> 스와 연관시킨다는 것이다. 이러한 이해가 전제되어야만 독자가 이 소설의 넓고 의미심장한 결론, 즉 인간관계의 공허함이나 일반 사람에게 미치는 전쟁의 영향을 이끌 수 있다. 또, 이 소설을 유사한 주제의 다른 이야기인 동화나 연애 소설과 연관시킬 수 있다.
>
> - Elena Semino, 2004: 148.

세미노(Semino, 2004)에 따르면, 일차적으로 소설을 감상한다는 것은 사건의 추적, 줄거리를 이해하는 것이라고 볼 수 있다. 그러나 그것이 전부가 아니라, 이 사건을 인물이 의도했지만 실현되지 못한 다른 사태들과 연관시키는 것도 필요하다고 주장한다. 이것이 인물의 가능 세계라고 볼 수 있는데, 이러한 이해가 전제될 때 독자는 텍스트의 표면적 의미가 아니라 심층적 의미를 구성할 수 있으며, 이 소설을 다른 텍스트와 연관 지을 수도 있다는 것이다.

인물의 가능 세계를 인식함으로써 겉으로 드러난 인물의 현실 세계의 이면에 있는 인물의 내면과 보이지 않는 세계를 인식할 수 있다. 인물의 현실 세계와 마찬가지로, 텍스트의 언어로 표현되기도 하며 상상되기도 한다. 텍스트가 실제이며, 그 세계 내에서 실재하는 대상, 사태를 진술하는 것 외에 비실제의 대상과 사태를 진술하는 데에는 이유가 있다.

독자가 텍스트의 현실 세계를 통해 인식할 수 있는 것은 세계의 한 부분이다. 소설은 독자에게 서술자의 목소리와 초점 화자의 시선을 통해 전달된다. 독자는 소설 내의 현실과 그 세계 내에서 벌어지는 사건을 직접 목격할 수 없다. 텍스트의 현실 세계 속 인물과 배경, 그 안에서 벌어지는 사건들은 초점 화자의 시선을 통해 중개된다. 따라서 독자는 초점 화자의 시선을 따라 세계를 인식할 수밖에 없다. 인물의 현실 세계가 우리가 대상에서 볼 수 있는 부분이라면, 인물의 가능 세계는 우리가 대상에서 보지 못하는 부분을 보여 주는 소설의 장치이다. 독자는 대상의 숨겨진 이면을 인물의 가능 세계를 통해 인식할 수 있으며, 인물의 현실 세계와 인물의 가능 세계를 함께 인식할 때 비로소 텍스트가 표현하고자 하는 세계에 대한 총체적인 이해가 이루어질 수 있다.

독자는 텍스트를 따라가며 암시된 인물의 가능 세계를 인식한다. 라이언(Ryan, 1991)은 인물의 가능 세계는 인물의 현실 세계 내부에서 구성된 세계이며, 인물의 현실 세계가 인물의 정신을 통해 변형된 것이라고 설명한다. 전체적으로 보았을 때, 「조커와 나」(김중미, 2013)는 화자인 선규의 현실 세계에 대한 서술과 정우의 가능 세계들이 교차된다. 선규의 서술은 비장애인의 입장에서 장애인과 그를 둘러싼 세계를 바라보는 관점이 드러난다. 한편, 이 소설에서는 장애를 가진 정우의 가능 세계를 드러내기 위한 장치로 정우의 일기가 사용된다.

> 정우의 일기 마지막에는 '단편 소설'이라는 제목의 글이 있었다.
>
> "이정우 씨는 가장 인기 있는 방송 작가입니다. 지난번 16부작 미니시리즈는 최고의 시청률을 기록했는데요. 이제까지 이정우 씨는 철저하게 자신을 숨기는 방송 작가로 유명했습니다. 그런데 이번에 이정우 씨가 처음으로 방송과 인터뷰를 수락했습니다. 이정우 씨는 인

터뷰 장소로 벚꽃 축제가 한창인 여의도를 택했습니다. 벚꽃 축제가 끝나 가는 여의도 윤중로는 벚꽃보다 사람이 더 많은 것 같습니다. 앗! 그런데 이게 웬일입니까? 혹시 저 휠체어를 타고 있는 사람이 이정우 씨 맞을까요? 저 혹시 이정우 씨입니까?"
"네, 맞습니다."
"장애인이셨군요."
"네, 정확히 말하면 저는 듀센형 근이영양증 환자입니다. 나이는 스물 여섯이고 대학에서 문예 창작을 전공했습니다."
"그런데 이 휠체어는 굉장히 특이하네요?"
"네, 근이영양증 환자를 위한 특별한 휠체어입니다. 우리 같은 근육병 환자들은 호흡에 어려움을 겪기 때문에 특수 호흡 장치가 달려 있고요. 손 근육을 쓰지 못하기 때문에 말로 하면 컴퓨터가 반응해 글을 써 주는 특수 장치도 달려있습니다. 제가 말을 하면 밥을 대신 먹여 주고 어디든 스스로 움직여 갈 수 있게 해 줍니다. 요즘은 장애인용 버스도 많고, 또 콜택시도 예전보다 자유롭게 이용할 수 있어 어디로든 다닐 수 있습니다."
"근이영양증은 보통 이십 대를 전후해 사망하는 걸로 알고 있는데요."
"아, 반드시 그런 것은 아니고요. 재활 치료를 꾸준히 하면 경과가 다 다르죠.. 더욱이 일 년 전 근이영양증의 진행을 막는 약이 출시되었습니다. 아직은 가격이 비싸지만 다행히 저는 경제적 능력이 돼서 그 약을 복용하고 있습니다. 앞으로 근육병 환자를 위한 이 약이 보험 혜택을 받을 수 있도록 널리 운동을 펴 나갈 생각입니다."

(중략)

> "마지막으로 작가님처럼 병을 앓거나 장애가 있는 어린이, 청소년들에게 해 주고 싶은 말씀이 있다면 어떤 게 있을까요?"
> "저는 <u>장애나 병이 있다고 해서 사람을 피하거나 꿈을 접지 말라고 말씀드리고 싶습니다. 그리고 내 몸이 불편하다고 해서 먼저 숨지 말라고도 말씀드리고 싶습니다. 함께 이야기를 나누고 힘이 될 친구가 있다면 외롭지 않을 것이기 때문입니다. 그리고 꿈을 포기하고 싶을 때마다 이를 악무십시오. 내가 나 자신을 포기하면 다른 사람들도 나를 포기하게 됩니다.</u>"
>
> — 김중미, 2013: 82-88. 밑줄: 필자

정우의 일기장에 쓰인 이 소설은 가능 세계 이론의 세계 유형 중 '환상 세계'이자 '소망 세계'에 해당하는 것이라고 볼 수 있다. 이 소설은 우리의 판타지적 요소가 없으므로 정우의 '소망 세계'가 '환상 세계'인 텍스트 내의 허구인 단편 소설의 형태로 표현되어 있다. 이 소설에서 정우는 장애가 있지만 유명한 방송 작가가 되었고, 자신과 같은 환자를 위해 개발된 휠체어를 타고 약을 복용하고 있다. 그러나 정우의 현실 세계에는 아직 정우의 병을 고칠 수 있는 약이 없고, 이 병에 걸리면 이십 대를 전후해 사망하며, 누가 휠체어를 밀어 주지 않으면 자신의 마음대로 이동할 수 없다. 정우의 단편 소설에는 정우가 자신의 현실에서는 실현되지 않았지만, 정우의 소망 세계가 고스란히 담겨 있다. 독자는 텍스트에 표현된 인물의 가능 세계를 인식하고, 자신이 이해한 인물의 현실 세계와 교차하면서 서사를 이해해 나간다.

「제후의 선택」에서 인물의 가능 세계는 서술자의 목소리를 통해 드러난다.

> "누구랑 살 건지 네가 결정해. 아빠는 너의 선택을 존중할게."
> 아빠가 말했다.
> "한 달 정도 시간이 있으니까 그때까지 잘 생각해 봐."
> 엄마도 끝내 함께 살자고 말해 주지 않고 어려운 결정을 제후에게 떠넘겼다. 아빠가 미국으로 떠나기 전까지 결정을 해야 했다. 제후는 모두 함께 살자고 몇 번이고 말했지만, 이젠 소용없는 일이었다. <u>그렇다면 어느 쪽이든 환영받으며 가고 싶었다. 떠맡겨지는 짐처럼 따라가고 싶진 않았지만 왠지 그렇게 될 것 같았다.</u>
> — 김태호, 2016: 36. 밑줄: 필자

> 보통 사람이 큰 상처를 받게 되면 흔하게 하는 생각이 '도망가고 싶다.', '이 상황에서 벗어나고 싶다.'이다. 제후는 엄마나 아빠가 집, 차, 통장 등 재산을 나눌 때처럼 분명히 자신도 서로 자신을 데려가겠다고 적극적으로 싸울 것이라고 예상했다. 그런데 예상과 달리 제후의 부모는 아무도 제후를 적극적으로 맡으려고 하지 않았다. 오히려 제후에게 누구에게 살지 결정하라며 선택을 미루는 모습을 보였다.
> "<u>어느 쪽이든 환영받으며 가고 싶었다. 떠맡겨지는 짐처럼 따라가고 싶진 않았지만</u>……."
> 선택을 해야 하는 상황을 앞둔 제후는 엄마, 아빠 둘 다와 같이 살고 싶은 마음으로 두 명의 가짜 제후를 만든다.
> (제후의 선택-대A-2. 밑줄: 필자)

「제후의 선택」에서 제후는 이혼 과정에서 엄마, 아빠 중 누구와 살 것인지 선택하라는 요청을 받게 된다. 제후의 현실 세계와 달리 제후는 "어느 쪽이든 환영받으며 가고 싶었다." 위 독자는 텍스트에 나타난 인물의 소망 세계를 인식하고, 인물의 현실 세계를 이해하는 데 이를 활용하고 있다.

인물의 가능 세계의 효과는 이 세계의 부재를 생각해 보면 드러날 수 있다. 소설은 초점 화자의 시선으로 그에게 인식된 현실 세계의 표면이 언어로 표현된다. 인물의 현실 세계만이 인식될 때, 우리는 그 세계 외에 다른 세계나 사태를 상상할 수 없으므로 그 세계 안에서 일어나는 사건의 의미에 대해서 이해할 수 없다. 이는 들뢰즈(Deleuze)의 '타자성'에 비추어서 설명할 수 있다. 타자가 없을 때, 우리의 인식은 "전부 아니면 무(無)라는 단적인 법칙"이 있을 뿐이다(Deleuze, 1969; 이정우 역, 2007: 474-487). 인식된 것과 인식되지 않은 것, 지각된 것과 지각되지 않은 것이 맞부딪칠 뿐이다. 대상의 일면만을 본다는 것은 그것이 '있다'는 것 외에 인식된 것이 없다는 의미이다. 왜냐하면 '있다'는 인식이 대상에 대한 이해의 전부라고 생각하는 사람에게는 그것이 전부일 것이지만, 그것은 전체를 인식한 것이 될 수 없기 때문이다.

2장 텍스트 세계 체계의 다면적 구현

　이야기에 사로잡히는 경험은 서사의 세계를 '현실'로 믿는 척히는 것에서부터 시작된다.[36] 이 세계는 추상의 관념이 아니라 인물이 실제로 거주하고 사건을 일으키는 세계이다. 이 세계에서 거주하는 인물들은 현실의 우리가 그러하듯이 현실의 속박에서 벗어나는 상상이나 현실과는 다른 사태를 의도하기 위한 계획들을 생각하며 살아간다. 독자는 이러한 세계들의 상호 관계를 이해하고 상상하며 자연스럽게 이야기에 빠져들게 된다.

　텍스트 세계란 우리가 서사에 몰입함으로써 점점 더 커지고 정교해지는 축적의 결과물을 의미한다(Abbott, 2002; 우찬제 외 역, 2010: 49).

---

[36] 허구적 참을 발생시키는 데 있어 소도구의 역할은 대단히 중요하다. 소도구들은 허구적 세계와 그 내용에 일종의 객관성, 즉 인지자와 그들의 경험으로부터의 독립성을 부여하는데, 그것은 우리가 그 소도구들로 하는 모험의 흥분에 크게 기여한다. 허구성이 소도구로부터 이끌어 낸 객관성은 허구성과 또 다른 유사성을 구성한다. (중략) 에릭과 그레고리는 허구적으로 곰 한 마리가 덤불 속에 숨어 있다는 것을 발견하고는 정말 놀란다. 그렇게 만든 것은 생각이 아니라 소도구이다. 허구적 세계는 실제와 마찬가지로 "거기 밖에" 있으며, 우리의 선택에 따라, 그리고 가능한 정도까지 조사되기도 하고 탐험 되기도 한다. 허구적 세계들을 '사람들의 상상력이 꾸민 세계' 정도로 일축하는 것은 그것들을 모욕하고 과소평가하는 일일 것이다(Walton, 1991 : 32-50, 82, 205).

텍스트가 세계를 만드는 과정은 독자가 그 세계를 풍부하게 상상함으로써 그 세계에 참여하고 말려들도록 하는 과정이다. 그 과정에서 독자는 인물의 가능 세계라는 맥락을 가지고 인물의 현실 세계의 전개에 대해 예상하고, 그 예상을 통해 정서들을 체험한다. 서사 내부의 가능 세계들은 독자가 상상하는 방식에 영향을 미친다(Semino, 2004: 165). 텍스트는 서사의 인물의 가능 세계를 통해 독자가 인물의 현실 세계를 다면적으로 표현함으로써 독자가 텍스트를 세계 체계로서 총체적으로 인식하도록 유발한다.

이 단계에서 주목할 것은 허구의 틈과 그를 채울 수 있는 맥락이다. 세계는 완전한 형태로 제시되지 않는다. 텍스트의 불확정성은 스토리의 역동성을, 본질적으로는 독자의 역동성을 유발한다. 다만 독자에 의해 구성될 수 있을 뿐이며, 독자가 마음속에 세계를 구성할 수 있도록 독자의 상상을 자극하고 깊이를 더하는 언어를 제공한다. 이 절에서는 독자가 상상으로 구현한 결과가 아니라, 텍스트에 잠재된 세계의 총체를 구현하기 위하여 다수 세계와 맺는 관계를 살펴본다. 이 때문에 여기에서는 서사의 세계 체계들이 서로 교차하면서 양립하거나 대립하는 지점으로의 독자의 관여가 중요하다. 텍스트 세계 체계의 다면적 구현은 생산적 상상을 통한 인물 현실 세계의 구축, 인물 가능 세계의 맥락화를 통한 정서적 몰입으로 세분화할 수 있다.

1 생산적 상상을 통한 인물 현실 세계의 구축

인물의 현실 세계를 이해한다는 것은 텍스트에 표현된 대상을 지각하는 것으로만 이루어질 수 없다. 왜냐하면 구체화된 상으로 확정된 현실의 영역[37]이지만, 부분으로 나타나기도 하고 무엇인가를 전제하거나 함축한 상태로 그 일부가 표현된 것이기 때문이다(김현진, 2016: 41). 말해지지 않은 것이란 표현의 층위에서 표면에 표명되지 않았다는 의미이다. 말해지지 않은 것은 내용 실현의 층위에서 실현되어야 한다(Eco, 1979; 김운찬 역, 2009: 80). 바로 그 때문에 텍스트는 다른 모든 메시지 이상으로 독자의 능동적이고 의식적인 협력 활동을 요구한다. 인물의 현실 세계는 텍스트의 표현으로만 구축될 수 없으며, 특히 독자가 현실 세계에 대해 가지고 있는 인식을 통해 채워지고 구성될 때 비로소 실현된다.

독자 입장에서도 자신의 현실 세계가 아닌 다른 현실 세계를 이해하려면 여러 가지 것을 채워 넣을 수밖에 없다. 독자는 텍스트 세계 체계를 다면적으로 구축하기 위해 현실 세계의 구체적인 시공간을 정교하게 구축하는 일에 참여하게 된다. 영화와 같은 매체에서는 독자를 대신해 현실 세계에 대한 구체적인 시공간을 구축해 주는 반면, 인물의 현실 세계는 독자가 적극적으로 채워 넣어야만 구축되는 대상이다. 왜냐하

---

[37] 세계 체계의 두 층위 중에서 텍스트의 현실 세계(Text Actual World)는 의미 변형이 발생하지 않는 세계이고, 텍스트의 대안적 가능 세계(Textual Alternative Possible Worlds)는 인물 내면의 욕망이나 결핍, 정서에 따라 의미 변형이 발생할 수 있는 세계이다(Ryan, 1999).

면 독자들은 사건이 벌어지는 광경을 물리적으로 목격할 수는 없기 때문이다. 그러므로 독자는 텍스트에 쓰인 것을 읽는 것에 그치는 것이 아니라 인물의 시공간을 적극적으로 구축하게 된다. 다음은 「조커와 나」의 한 장면이다.

> 형이 거의 우는 소리로 엄마를 불렀다. 아무래도 기저귀 때문인 거 같았다. 나는 엉덩이로 기어서 형 방까지 갔다. 어렵게 방문을 열자마자 지린내가 진동했다. 형은 오래달리기를 한 것처럼 숨을 몰아쉬며 몸을 옆으로 움직여 달라고 했다. 내가 형 팔이랑 옆구리를 잡아 좀 들어 줬다. 나무토막에 걸쳐 입힌 것 같은 속옷에 얼룩덜룩 피와 고름이 묻어 있었다. 형은 욕창 때문에 고생이다. 엄마가 날마다 소독을 시켜 주고 목욕도 자주 해 주지만 낫질 않는다.
>
> - 김중미, 2013: 19.

이 장면에는 형의 상황과 처지가 담겨 있지만, 이 세계의 시공간은 독자 각자가 틈을 채우도록 비워져 있다. 문장을 읽는 순간, 독자는 서사적 공간을 만드는 작업에 돌입한다. 정우의 집, 형의 방문은 닫혀 있다. 독자는 형의 방까지 엉덩이로 기어가는 정우와 문 뒤로 방에 누워 있는 형을 배치한다. 그리고 정우와 함께 형의 방문을 열고, 형의 방과 그 안에 누워 있는 형의 모습을 상상한다.

독자가 상상으로 채워야 하는 것은 인물이나 장소의 이미지만이 아니다. 독자가 서사를 이해하려면 표면적으로 직접 서술되지 않은 현실 세계의 틈을 채우고 짐작해야 한다. 공간을 만드는 것은 단순히 장소를 만드는 것이 아니라 그 내부의 인물과 사건을 이해하는 것과 연결되어 있다. 공간을 구축하는 과정은 독자를 이내 다음의 틈들을 마주하게 한다. '형의 방문은 왜 닫혀 있었을까?', '누가 닫았을까?', '문 닫힌 방에서 형은 무엇을 하고 있었을까?', '나는 왜 엉덩이로 기어서 이동할까?', '형은 왜 기저귀를 하고 있을까?', '형은 왜 몸을 옆으로 움직여 달라고 하는 건까?'

독자가 현실 세계의 공간을 구체화하는 과정은 단순히 장소를 상상하는 것이 아니라 인물이 살아왔고, 살아가며, 살아갈 서사의 시간을 구체화하는 과정과도 연결되는 생산적 상상력을 발휘하는 과정이다. 생산적 상상력이란 파편화된 사건들을 전체로 고려함으로써 대상을 종합하는 힘이다(Ricoeur,1990:154). 형의 방을 만든 독자는 그 안에서 정우네 가족의 시간을 추정하게 된다. 욕창으로 고생한다는 대목에서 형이 혼자 힘으로는 움직일 수 없다는 것을 짐작할 수 있다. 독자는 그동안 형이 겪었을 병의 고통과 엄마의 고생을 짐작한다. 엄마는 매일 형의 기저귀를 갈았을 것이다. 형은 문 닫힌 방 안에서 지린내를 견디며 엄마가 오기를 기다리는 것밖에는 할 수 있는 것이 없었을 것이다. 인물의 현실 세계는 독자의 마음속에서 점차 깊이를 더하며 두터워지고, 독자는 이를 더욱 정교하게 그린다.

서사가 전개되는 과정에서 텍스트는 한 번 더 독자의 상상을 자극한다. 과거와 현재를 알게 된 독자는 자연스럽게 다음에는 무슨 일이 일어날 것인지 예상하게 된다. 에코(Eco, 1999: 174)에 따르면, 서술된 세계의 상태에 변화가 유발되고 독자가 사건에서 새로운 국면을 유발하는 행위나 서술을 읽을 때마다, 독자는 그 행위로 인해 변화된 상태가 어떤 것일까, 사건이 어떻게 변화될까 예상하도록 유도된다. 독자는 생산적 상상력을 발휘함으로써 서사를 하나의 형상으로 추출하고 몰입하며 추정한다.

> 형이 나를 흘낏 보더니 숨을 크게 몰아쉬며 말했다.
> "정우야, 있잖아. 저 닌텐도 너 가져. 그리고 저 크레파스랑 색종이도 다 가져가."
> 그것은 형이 무척 아끼는 것들이다. 형이 아직 엎드려 있을 수 있을 때, 형은 주로 그림을 그리고 색종이로 모양을 만들어 오려 붙이며 놀았다. 그러나 그것마저 못하게 된 지도 몇 년이 지났다. 그래도 형은 내가 형 크레파스나 색종이에 손대는 걸 싫어한다. 그런 형이 나더러 그 물건들을 다 가지라고 하니 덜컥 겁이 났다. 언젠가 텔레비전에서 사람이 안 하던 행동을 하면 곧 죽는다고 했던 이야기가 생각났다.
> – 김중미, 2013: 19.

이 대목에서 독자는 정우의 불길한 예감처럼 형이 죽을지도 모른다고 예상할 수도 있다. 정우의 예감이 괜한 것이었을 거라고 상상하고 반전을 기대할 수도 있다. 이어지는 텍스트에 따라 독자의 예상은 사실이 될 수도, 폐기될 수도 있다. 중요한 것은 둘 중 어떤 경우라 하더라도, 독자의 예상은 현재의 사실과 만나게 되면서 사실로의 확정, 또는 반전에서 비롯되는 감정들을 느끼게 된다는 점이다. 「조커와 나」에서 정우의 형은 죽는다. 죽음을 예상한 채 정우 형의 죽음을 알게 되건, 죽지 않을 것이라는 예상을 했다가 형의 죽음을 알게 되건, 독자는 나름의 감정들과 함께 다음으로 이동한다.

  이러한 추정들은 사실상 독자가 자신의 마음속에서 만든 것이다. 스스로 움직이지 못하는 병을 앓고 있는 인물의 현실 세계에 대해 우리가 알고 있거나 상상한 내용을 반영한다. 이때 독자는 자신이 실제로 살아가는 현실 세계에서의 경험이나 이미지를 참조한다. 이것은 파편화된 사건들을 연결된 전체로 이해하기 위하여 독자가 인물의 현실 세계를 구축하는 데 자신이 거주하는 현실 세계에 대한 인식을 개입시키는 것이다.

>   살면서 한 번쯤은 누구나 "내가 여러 명이었으면······."이라는 생각을 해 본 적이 있을 것입니다. 숙제가 너무 많고, 몸이 열 개라도 부족할 것 같고, 하기 싫은 일이 생겼을 때와 같은 상황에서 보통 그런 생각을 하게 됩니다. 제후도 마찬가지였을 것입니다. 자신이 처해 있는 상황에서 벗어나고 싶다는 소망이 흰쥐가 또 다른 제후가 되도록 하였습니다. 또 다른 나를 만들기 위해서 처음 손톱을 주는 것은 어렵지 않았을 것입니다. 하지만 간절히 바라고 또 바라는 마음으로 손톱을 깎고 또 깎다 보니 손톱 밑의 살까지 드러나게 되었습니다.
>
> (제후의 선택-대B-30)

「제후의 선택」(김태호, 2015)에서 제후의 현실 세계는 우리가 실제 살아가는 현실 세계의 시공간과 다르지 않지만, 쥐에 손톱을 먹여 자신의 분신을 만드는 것이 가능한 판타지적 요소가 결합된 작품이다. 실제 현실에서는 현실화될 수 없지만, 현실을 벗어나기 위해 모색해 본 대안들이 「제후의 선택」에서는 명백히 현실인 것이다. 위 독자는 제후가 쥐에게 손톱을 먹여 다른 제후를 만드는 비현실적 상황을 이해하기 위하여 실제 현실 세계 속에서 시도했던 경험으로서 상상을 끌어들였다. 이때 독자가 자신의 현실 세계에 대한 인식을 통해 이해한 것이 사건에 대한 사실 관계에 관한 확인이나 논리라기보다는 제후가 손톱 밑의 살이 드러나면서까지 다른 제후들을 만드는 것의 의미라는 점에 주목할 필요가 있다.

우선, 이는 허구적 서사가 만드는 세계가 텍스트 그 자체에 위배되지 않는 한 자신들이 사는 경험적 현실의 세계와 일치한다고 여기는 최소 이탈의 원리에 따라 허구에 참여한다는 Ryan(1991)의 논의를 뒷받침하는 것이다. 이러한 무의식적인 가정은 독자가 가능 세계 중 하나를 새로운 중심, 곧 현실 세계로 삼아 새로운 실제성의 체계를 만드는 재중심화의 핵심적인 기제이다. 특히 언어로 내용을 전달하는 픽션의 작가들은 자신들이 창조하는 세계를 이해할 수 있는 것으로 만들기 위해 독자들의 이런 능력에 크게 의지한다.

그런데 최소 이탈의 원리에 따라 실제 현실 세계에 대한 인식을 인물 현실 세계에 반영하는 것이 독자에게 어떤 해석을 초래하는지 점검할 필요가 있다. 왜냐하면 문학 텍스트에 대한 이해를 심화할 수도 있지만, 기존에 자신이 가지고 있는 세계의 상 또는 관념에 텍스트에 잠재된 세계를 편입시키거나 한정할 수 있기 때문이다.

이혼은 부부와 관련된 모든 사람에게 고통스러운 사건이지만 특히 아이들이 받는 충격이 크다. 「제후의 선택」에서 부모가 집에 있는 두 명의 제후가 가짜라는 것을 모르고 흰쥐로 바뀐 뒤에야 제후를 찾는 모습처럼, 이혼을 겪는 어른들이 친구나 전문가에게 조언을 구하느라 바쁠 때 아이는 곤경에 빠진 채로 방치되기 쉬운 게 큰 문제점이기도 하다. 이 책을 읽기 전 『부모의 이혼을 겪는 아이들』이라는 책을 읽은 적이 있는데, 이 책에서 부모의 이혼을 겪는 아이들은 슬픔, 분노, 부정, 죄책감에 시달리며 이로 인해 행동 장애, 학습 장애, 사교성 감퇴 등 문제가 나타난다고 한다. 제후가 가짜 제후를 만드는 것은 이런 문제로 인한 제후의 자아 분열을 의미한다고 생각한다.

(제후의 선택-대A-5)

부모의 도덕적 책임이나 의무는 자식을 키우는 것에 있다고 생각한다. 더더욱 "부모는 미성년 자녀를 보호하고 교양할 의무를 부담하며(민법 제913조), 부양 의무를 부담한다(민법 제974조)."라는 법이 있다. 제후의 상황에서는 엄마와 아빠 둘 다 제후를 데리고 가는 것을 쉽사리 데리고 가고 싶다고 말을 안 하는 상황이다. 그렇다고 법적으로 잘못된 건 아니다. 누군가 제후를 데리고 가고 다른 사람은 양육비를 주면 법적으로 문제 되지는 않는다. 그러나 여기서 말하고자 하는 바는 "도덕적" 책임과 의무이다. 부모로서의 도덕적 책임과 의무는 부부가 무책임하지 않은 선에서 자녀를 사랑하고 책임지는 마음으로 남다른 사명감을 가지고 자녀의 독립을 안내하는 길이라 생각한다. 하지만 내가 생각하기에 제후의 부모는 이러한 점에서는 책임과 의무를 지지 않는다고 본다. 이 책을 읽기 전 『부모의 이혼을 겪는 아이들』이라는 책

> 을 읽은 적이 있는데, 이 책에서 부모의 이혼을 겪는 아이들은 슬픔, 분노, 부정, 죄책감에 시달리며 이로 인해 행동 장애, 학습 장애, 사교성 감퇴 등 문제가 나타난다고 한다. 부모의 이혼이 아이들에게 얼마나 큰 고통을 주는지 알 수 있는 부분이다.
>
> (제후의 선택-대A-10)

위 해석 텍스트는 실제 현실 세계의 도덕, 규범 논리로 작품 속 현실 세계를 이해하고 있다. 이런 접근은 부모의 이혼에 대한 특정한 관점으로 일련의 사건들을 이해함으로써 현실 인식의 반복에 머무르는 것이다. 양정실(2006: 103-104)에서도 이러한 해석에 대하여 특정한 현실관을 재확인하기 위해 텍스트를 재구성하는 것에 대한 문제를 제기한 바 있다. 이처럼 작품 속 세계가 현실의 특정한 국면을 사실적으로 형상화한 소설에서 독자들은 텍스트 세계 속 인물이나 사건을 현실 세계의 지시 대상과 일치시키려는 경향이 있다. 우신영(2015)에서는 이러한 경향이 작가가 작중 인물과의 상동성에 대한 독자의 오해를 유도한 이유에 관한 진지한 탐구에 대한 장애로 작용한다고 보았다.

문학이 허구라는 장치를 통해 사실을 넘어선 사건을 그리는 것은 보편적인 삶의 진실을 드러내기 위함이라고 할 때, 우리는 그 사건의 의미를 이해하는 것을 가능 세계 구성의 수행 구조로 삼아야 할 것이다. 그러므로 중요한 것은 인물 현실 세계에 대한 사실 관계를 실제 현실 세계의 상으로 확인하는 것이 아니라, 텍스트가 열어 놓은 가능 세계를 폭넓게 탐험하는 것이다. 그리하여 가능 세계의 과정에서 인물의 현실 세계에 잠재된 허구적 진실을 독자가 점차 실현할 수 있도록 인물의 현실 세계와 독자의 현실 세계의 내적 관계성을 형성하는 것이다.

 독자가 인물 현실 세계를 구축하는 과정이 텍스트를 읽는 과정에서 동반되는 자연스러운 것이지만, 무작정 의식의 흐름에 따라 흘러가는 것은 아니다. 독자는 자신의 현실 인식 가운데 무엇을 동원할 것인지 일련의 인지적인 선택을 한다.

> 이렇게 상심이 큰 제후는 슬퍼할 겨를도 없이 아빠, 엄마 중에서 선택해야 한다. 이 선택은 제후에게 있어 의무로 다가온다. 한 달 동안 끊임없이 고민했을 것이다. 여기서 나는 기회비용이라는 말이 떠올랐는데, 하나를 선택하면 다른 하나는 포기해야 한다. 제후는 엄마를 선택하면 아빠를 잃고, 아빠를 선택하면 엄마를 잃는다. 둘 다 잃을 수 없는 소중한 존재이기 때문에 제후는 심적으로 많이 힘들었을 것이다. 이런 상황에서는 당연히 어두운 골목길에서 나타나는 고양이를 무서워할 만 하다.
>
> (제후의 선택-대A-13)

 위 독자는 자신이 알고 있는 지식을 현실 세계를 이해하는 스키마로 삼아 적극적으로 제후의 상황과 마음을 이해하려는 경향을 보인다. 이처럼 독자는 서사의 현실 세계를 만들 때, 자신이 알고 있거나 경험한 현실 세계를 참조하여 이해하는 것이 적절할지, 독자가 전혀 모르는 것들을 지시하고 있는 것이라면 상상을 최소화하거나 텍스트 그 자체에 명시된 정보를 이해하기는 것에 그칠지, 텍스트의 다른 부분과 상호 연결해야 하는 것인지 판단한다.

한편, 독자에게 제공되는 정보가 항상 인물의 현실 세계에 대한 사실인 것은 아니다. 서사의 현실 세계는 화자나 인물을 통해 중개된다. 독자는 화자에 의해 먼저 설명된 것들, 화자가 인식한 것들, 전경화된 것들을 우선 인식하게 된다. 독자는 서술자의 목소리와 초점 화자의 시선에 포함된 정보를 통해 현실 세계에 거주하는 인물과 사건, 배경을 상상한다. 그러므로 서사에서 누가 말하는가는 중요한 문제이다. 특히, 소설이 한 작중 인물의 시점에서 인식된 제한적인 정보라면 '누가 말하는가'는 결국 '누가 어디까지 보았는가'라는 점에서 중요하다.[38]

전지적 서술 상황의 텍스트에서 서술자의 중개는 서술자의 시간, 공간, 특권에 따르는 권위를 가진다. 그것들은 일인칭 서술자와 인물들의 서술에 비해서 처음부터 서사의 현실 세계의 사실들로 간주된다.[39] 그래서 전지적 서술자가 중개하는 것들은 자동적으로 텍스트적 현실 세계가 된다. 반면 일인칭 서술자의 경우, 보통 사람의 인식론적 물리적 한계를 지니고 있어서 훨씬 더 주관적이고 때로는 신뢰할 수 없으므로,

---

38 화자는 서사적 거리를 두고 서사 현실 세계를 바라보거나 서사의 현실 세계 속으로 자신을 이동시켜 현장에서 사건을 보는 위치에 있을 수도 있다. 또, 인물의 내면에 틈입하여 실상 인물의 시점에서 독자에게 이야기를 서술할 수도 있다.

39 39)39) 로넨(Ronen, 1994: 176)에 따르면, 문학에서 권위는 하나의 관습으로 간주된다. 외부의 발화자에게는 구성의 힘이 더 많이 배분되고, 내부의 제한적인 발화자에게는 적게 배분된다. 일단 발화자가 모든 것을 알고 있는 존재로서 허구 세계 밖에 있으면, 그가 인지하는 사건과 상황들은 독자에 의해 허구 세계의 사실들로 받아들여질 가능성이 크다(Ansgar Nunning·Vera Nunning, 2002; 조경식 외 역, 2018: 239-240).

검증 신뢰성의 측면에서 본질적으로 훨씬 낮은 등급이 부여된다(Dolezel, 1988: 490).

인물의 시점에서 서술된 서사의 현실 세계는 오로지 그 인물의 시각이며 현실의 일면이다. 텍스트에서 일인칭 서술자는 자신이 속해 있는 세계에 대해 성찰한다. 반면에 전지적 서술자는 "상황을 만들고 구현하는 것"으로 간주되는 '세계를 창조하는 진술'을 한다(Jahn, 1998: 99; Ansgar Nunning·Vera Nunning, 2002: 조경식 외 역, 2018: 242에서 재인용).

그러므로 독자가 텍스트의 세계 체계를 상상할 때, 세계 속에서 거주하는 다른 인물의 진술들을 간과해서는 안 된다. 동화의 경우, 대체로 어린이를 주인공으로 하여 이야기를 꾸려나간다. 일인칭 서술자일 경우, 서술자가 어린이가 되는 경우도 많다. 그런 경우, 시점자의 지식이나 성숙도, 의식 유무에 따라 서술에 제약을 받는다.

생산적 상상을 통해 인물의 현실 세계를 구축하는 과정에서 독자는 자신의 현실 세계에 대한 인식을 선택하고 관여시키며, 새로운 현실의 시공간을 통합적으로 구축한다. 이를 통해 새로운 세계에 몰입함으로써 이를 새로운 현실 세계로 삼는 인지적 재중심화를 경험한다.

2 인물 가능 세계의 맥락화를 통한 정서 체험

독자가 사건의 의미를 이해하고 판단하기 위해서는 사건을 둘러싼 맥락을 참조해야 한다. 가령, 운동 경기에서 진 아쉬움은 단지 패배했다는 사실만으로 표현되기 어렵다. 얼마나 아슬아슬하게 졌는지, 몇 번을 엎치락뒤치락했는지, 얼마나 운이 나빴는지와 같은 맥락이 있을 때 패배의 맥락이나 의미가 풍부하게 드러난다. 이때 우리는 '우리 팀이 그때 실수하지 않았다면 이겼을 것'이라는 반사실적 진술을 사용하기도 하는데, 이것이 무엇을 표현하고자 하는 것인지를 생각해 보자. 여기서 '우리 팀이 이겼다.'와 같은 진술은 지금 현실 세계가 아닌 가능 세계에서 사실일 수 있는 상황들이다. 그런데 이는 실제 현실 세계와는 반대되는 공상을 하는 것에 목적이 있는 것이 아니라 실제 현실 세계의 상황과 의미를 설명하는 데 기여한다(Bell·Ryan, 2019: 4). 독자나 청자가 그 패배에 정서적으로 몰입하게 하여 실제의 사건을 깊이 이해할 수 있도록 표현하는 장치이다.

이런 점에서 볼 때, 인물의 가능 세계는 독자가 인물 현실 세계의 의미를 이해하고 구성하는 데 풍부한 맥락으로서 기능한다. 즉, 인물의 가능 세계는 인물의 현실 세계에 대한 독자의 의미 구성이 역동성을 갖기 위한 빈자리이자 맥락인 것이다. 또, 독자는 인물의 현실 세계를 통해 인물의 가능 세계를 이해할 수도 있다. 인물 내면의 소망, 의도, 상상은 현실의 우리가 그러하듯이 실제 현실 세계에서 벗어나기 위해 인물의 현실 세계에서 구성된 결과이며, 인물의 현실 세계는 이러한 소망, 의도, 상상의 근원이기 때문이다.

즉, 인물의 현실 세계와 가능 세계는 독자가 세계의 전모를 총체적으로 이해할 수 있도록 하는 맥락으로 작용한다. 독자는 두 세계를 적극적으로 참조하면서 현실의 이면과 서사를 총체적으로 인식할 뿐만 아니라 텍스트의 분위기를 감지하고 깊은 정서를 느낄 수 있게 된다. 이 과정에서 인물의 가능 세계들이 서로 교차하고 현실 세계와 대립하는데, 허구가 삶의 변주를 통해 드러내고자 하는 심층의 의미가 드러날 수 있다는 점에서 매우 중요하다.

인물의 가능 세계는 서술자의 목소리나 초점 화자의 시선, 직접적인 인물의 말을 통해 직·간접적으로 드러난다. 「제후의 선택」(김태호, 2016)에서 제후의 가능 세계는 서술자의 목소리를 통해 언급되거나 암시된다. 다음의 해석 텍스트에서 독자는 텍스트에 표면적으로 드러나지 않은 제후의 가능 세계를 추론하고 구성한다. 이때 가능 세계란 제후의 현실 세계가 아닌 세계들의 양상으로, 독자가 제후의 소망을 이해하는 것은 제후의 슬픔이 무엇에 대한 좌절인지 이해할 수 있는 맥락을 얻는다.

> 제후의 소망은 부모님이 서로 이혼하지 않는 것이다. 하지만 제후의 소망은 부모님의 거절로 바로 깨지게 되었다. 그래서 선택해야만 하는 상황 때문에 좌절하게 되었고, 그러한 상황에서 자신이 엄마, 아빠 둘 중 한 명을 선택해야 하는 상황을 피하기 위해 계획을 세운다. 그 계획은 흰쥐를 키워서 그 흰쥐에게 손톱을 주고 먹게 해서 자신의 분신을 여러 개 만든 후(전래 동화 "손톱 먹은 쥐"를 모티브로 삼은 것 같다.), 제후 본인 스스로는 선택하지 못하기 때문에 여러 가짜 제후가 각자 엄마와 아빠를 선택하게 하는 계획을 세운다.
>
> (제후의 선택-대A-09)

가짜 제후들은 진짜 손톱을 먹고 변신한 가짜들로만 볼 수도 있지만, 제후의 또 다른 자아들을 의미하는 것일 수도 있다고 생각한다. 손

> 톱을 먹이로 주는 모습은 자아 분열의 증세, 가짜 제후들이 제후의 일상을 대신 수행하는 것에서 서로 다르게 행동하는 다른 자아들을 볼 수 있다. 그 자아들은 완전히 분리되지 못하고는 엉망이 되어버렸지만, 어린 제후가 얼마나 힘들었고 이렇게 해서라도 행복해지고 싶었다는 것을 알 수 있다.
>
> (제후의 선택-대A-15)

주목할 점은 인물의 가능 세계는 서사가 전개되는 동안 하나로 드러나는 것이 아니라 인물의 현실과의 관계 속에서 계속 변화한다는 점이다. [제후의 선택-대A-15]의 독자는 제후의 초기의 소망 세계를 추론하였고, [제후의 선택-대A-09]의 독자는 서사의 전체적인 소망 세계를 추론하였다. 그 과정에서 인물 현실 세계를 정교하게 구축하는 과정에서 얻은 자원들을 통해 인물의 가능 세계를 구성한다.

독자의 상상은 반드시 논리가 동반되는 과정은 아니다. 독자는 텍스트가 유도하는 것을 따라갈 수도 있고, 비약을 무릅쓰고서라도 자기가 보고 싶은 것을 볼 수 있으며, 텍스트와는 조금 떨어진 곳으로 나아갈 수도 있다. 그러나 독자는 구체적인 해석의 문맥에서 서술의 항목들에 관련되지 않아 보이는 어떤 지점을 훌쩍 넘어서는 논리적 추론 구성을 추구하지는 않을 것이다.[40] 텍스트의 허구적 참에 위배된 상상은 단순하게 말하자면 오독이고, 직설적으로 말하자면 텍스트에 대한 상상이

---

40 독자가 허구를 대할 때 독자의 지평은 추론을 일으킬만한 일정한 조건이 있을 때 결정되는 것이 아니라 독자가 그 텍스트에서 자신이 추론할만한 가치가 있다고 생각할 때 결정된다(Phelan & Rabinowitz, 2005; 최라영 역, 2015: 295).

아니다. 그러므로 독자의 상상은 독자가 이해한 텍스트의 사실과 밀접한 관련이 있다는 점에서 보면, 허구 내부의 참과 거짓을 이해하는 과정인 세계 체계에 대한 대상적 지각의 중요성을 다시금 확인할 수 있다.

서사 내부의 가능 세계들은 다양한 방식으로 교차되고 작용한다. 가능 세계들의 교차 중 하나는 인물의 정신 작용으로 창조된 가능 세계들 간의 양립이다. 「조커와 나」에서 정우가 장애인은 친구를 가질 수 없다고 생각하는 것은 지식 세계이다. 그러나 선규와 진실한 친구가 되고 싶다는 정우의 소망 세계는 지식 세계와 충돌하지만 양립한다.

> 2009년 5월 20일
>
> 　오늘도 선규가 왔다 갔다. 오늘도 자기 엄마한테 거짓말을 하고 나한테 와 주었다. 선규는 우리 집에 오면 텔레비전을 보고, 컴퓨터 게임을 하고, 만화책을 본다. 가끔 내 얘기도 들어준다. <u>나는 선규가 내 얘기를 들어주면서 나를 쳐다볼 때가 좋다. 그러면 나는 속으로 생각한다. 선규가 자기 얘기도 내게 해 주면 좋겠다고.</u> 나는 선규가 애들이랑 하는 축구 얘기를 듣고 싶고, 농구랑 야구 얘기도 듣고 싶다. 혹시 여자 친구는 없는지, 좋아하는 애는 없는지, 그런 얘기도 듣고 싶다. 공부를 무지무지 잘한다는 선규 형 얘기도 듣고 싶다. (중략) 선규는 내게 자기 얘기를 안 한다. 아마 나 말고도 이야기할 친구가 많기 때문일 거다. <u>나는 선규의 절친이 되고 싶지만 그럴 수 없다는 걸 안다. 그래서 나는 속으로 욕심을 누르면서 주문을 걸듯이 말한다. '이선규는 그냥 내 도우미야.'</u>
>
> 　　　　　　　　　　　　　　　　　　　　　- 김중미, 2013: 37. 밑줄: 필자

정우의 지식 세계는 정우가 자신의 삶에 관해 판단하고 구성한 생각이다. 정우의 지식 세계는 독자에게 정우가 자신의 현실을 어떻게 인식하고 있는지를 보여 준다. 또, 정우는 선규의 이야기를 듣고 싶고 친한 친구가 되고 싶다는 소망 세계를 가지고 있다. 이런 정우의 지식 세계와 소망 세계의 양립은 바라지만 가능하지 않은 현실이라는 점에서 정우의 마음을 독자에게 전달한다. 이 세계들은 고정되어 있지 않고 계속 변화한다. 이는 뒤의 서사에서 선규와 정우의 관계가 변화하는 것을 더욱 극적으로 만들어준다.

> 2009년 6월 3일
>
>   오늘 처음으로 선규가 내게 비밀을 말해 주었다. 김민지가 자기네 성당 고등학교 형이랑 사귄다는 말이었다. 김민지가 누굴 사귀든 상관없다. 나는 그래도 김민지를 마음으로 사랑하니까. 어차피 나는 김민지를 사귈 수 없고 사귈 생각도 없다. 아니다. <u>사귀고 싶기는 하지만 사귈 수 없는 거다.</u> 그래서 나는 김민지를 그냥 내 마음속의 소녀로 영원히 사랑할 것이다. 김민지가 좋아하는 사람이 있다는 건 슬픈 일이다. 그렇다고 내 사랑이 변하지는 않는다. 소설이나 드라마를 보면 원래 사랑은 다 그런 거다. 나는 이 마음을 김민지의 비밀을 지켜 주는 걸로 이어 갈 것이다. <u>그리고 선규가 내게 비밀을 말해 줘서 기분이 좋다. 이제 나는 선규와 둘만의 비밀을 갖게 되었다.</u>
>
>   - 김중미, 2013: 42. 밑줄: 필자

> 2009년 9월 16일
>
> 　선규가 나더러 삐쳤냐고 물었다. 나 때문에 신경이 쓰인다고 했다. 솔직히 말해서 나는 선규한테 섭섭했다. 방학 내내 선규를 기다렸으니까. 내가 기다릴 사람은 오로지 선규밖에 없었다. 그런데 나는 그 기다림 속에서 깨달았다. 나는 선규를 좋아하고 기다리지만, 선규와 친구가 될 수는 없다는 것을. 선규는 나 말고도 친구가 많다. 선규가 내 도우미만 하지 않는다면 공부를 더 잘할 수 있고, 친구들과도 더 많은 시간을 보낼 수 있고, 여자 친구도 사귈 수 있을 거라는 생각이 들었다. 선규가 나를 친구로 생각하지 않는다고 해도 나는 그렇지 않기 때문에 선규를 일부러 쌀쌀맞게 대해야겠다고 생각했다. 이제 선규도 나한테 지쳤다는 것을 직감적으로 느낄 수 있었다. 그래서 나는 더 차갑게 말했다. 그런데 그게 아니었다. <u>선규가 내게 말했다. 친구끼리 꽁할 거냐고……. 나는 내 귀를 의심했다. 선규가 나를, 나를 친구로 생각하고 있었다니. 눈물이 나려고 했지만 참았다.</u>
>
> 　　　　　　　　　　　　　　　　　　　- 김중미, 2013: 48. 밑줄: 필자

　정우는 선규와 도우미 이상의 친구가 되고 싶다는 지식 세계가 있다. 그러나 자신이 장애가 있기 때문에 정우는 그럴 수 없다고 생각한다. 좋아하는 여자에 대해서도 마찬가지이다. 이때, 선규가 달라진다. 정우의 소망 세계는 현실 세계에서 이루어진다. 정우는 선규의 이야기를 듣게 되고, 둘만의 비밀이 생겼으며 친구가 되었다.

　인물의 소망 세계의 변화는 인물 정체성의 변화이기도 하다. 「조커와 나」에서 조혁은 이 작품의 중심인물이자 악역이다. 조혁은 정우를 집요

하게 괴롭히고 조롱한다. 그런데 조혁에게는 사연이 있다. 조혁은 어린 시절, 정우를 진심으로 위해 주고 친구가 되어 주었지만, 엄마, 아빠, 외할머니, 친할머니에게 차례로 버림받고 보육원에 가서 살게 된다. 보육원에서 형들로부터 극심한 폭력을 당한 뒤, 조혁은 그들보다 더 강해지는 것을 소망하게 된다. 조혁은 이전의 조혁과 다른 사람이 된다.

다음은 인물의 현실 세계와 인물의 가능 세계의 대립이다. 다음은 선규의 눈에 비친 정우의 모습이다. 이는 현실 세계에서의 정우를 적나라하게 보여 준다.

> 정우는 근이영양증 때문에 척추가 오른쪽으로 휘어지고 엉덩이에 살이 거의 없었다. 그런데도 하루 종일 휠체어를 타고 똑같은 자세로 앉아 있어야 하는 형편이라 다른 사람들이 정우의 자세를 조금씩 고쳐 주어야 했다. 내가 정우의 겨드랑이에 손을 넣어 몸을 들면 옆에 있는 아이들이 한쪽으로만 눌린 정우의 방석을 바꿔 주었다. <u>정우는 그때마다 늘 표정이 없었다. 정우는 내게도 자기 표현을 잘 하지 않았다. 그래서 감정도 없는 아이처럼 보였다.</u>
>
> — 김중미, 2013: 17. 밑줄: 필자

그러나 이는 표면에 드러난 정우이며, 선규가 인식한 정우의 일면일 뿐이다. 정우의 소설에서 정우는 스물여섯의 성공한 방송작가이며, 자유롭고 열정이 가득하다. 장애가 있는 어린이, 청소년들에게 "장애나 병이 있다고 해서 사람을 피하거나 꿈을 포기하지 말고, 숨지도 말라."라고 말한다. 정우의 소설을 읽고 선규는 다음과 같이 생각한다.

> **소설은 거기까지였다. 모든 일에 무기력해 보이던 정우가 다른 이들이 보지 않는 곳에서는 자신의 무력감과 치열하게 싸우고 있었다는 것을 알게 되자** 가슴이 먹먹해져 왔다 정우는 가끔 수업 시간 내내 엎드려 잠을 잘 때가 있었다. 그럴 때마다 글을 쓰느라 밤새 잠을 못 잤다고 말했다. 나는 정우가 힘겹게 자판을 눌러 쓴 글이 소설인지, 수필인지, 수기인지를 가려낼 수 없었다. 다만, 정우가 이 글을 쓰는 동안만큼은 행복했을 거라는 생각이 들었다. 열여섯 정우는 스물여섯 정우를 생각하며 꿈을 꾸고 행복해했을 것이 분명하다.
>
> － 김중미, 2013: 82-88. 밑줄: 필자

 이 소설에서 독자는 선규가 알고 있던 것을 알고, 선규가 알고 생각할 때 알게 된다. 독자는 선규를 통해 정우의 소망 세계를 엿보고 나서야 정우라는 아이를 비로소 이해할 수 있게 된다. 그리고 정우는 자신의 소설을 통해서라도 자신의 현실 세계와 자신의 소망 세계를 양립시키고자 했다.

 인물의 현실 세계와 가능 세계가 상충될 때 독자가 구성하는 서사 세계는 밀도를 더하고 두터워진다. 허구 서사는 불완전하다. 허구 서사의 틈은 작가가 채워 넣지 않았기 때문에 아무리 추론을 해도 서사로부터는 도저히 채워 넣을 수 없는 틈이 존재한다. 이 소설에서 작가는 인물의 심적 고통이나 정서를 직접적으로 언급하지 않고 비워 둔다. 그리고 그 정서를 구성하고, 자신의 정서로 체험하는 것 또한 독자의 몫이 된다.

> 2010년 4월 20일
>
> 　날씨가 참 좋다. 지금 나가면 따뜻하고 꽃도 많이 피었을 거다. 그런데 나는 지금 자판을 두드릴 힘도 없다. 나는 느낄 수 있다. 내 몸이 많이 안 좋다는 걸. 엄마한테 인사를 하고 싶은데 말이 나오지 않는다. 그래서 여기다 쓴다.
>
> 　엄마, 고마웠어. 형이랑 내가 이 병에 걸린 거 엄마 잘못 아니야. 엄마도 아무 잘못 없는데, 그냥 유전이 된 거잖아. <u>그러니까 내가 죽어도 엄마는 살아. 형이랑 내 몫까지 살아서 다른 사람들 도우면서 살아.</u> 텔레비전 보니까 그런 사람들 많아. <u>그러니까 엄마, 나 화장해서 그냥 뿌리지 말고 납골당에다 놓아 줘. 내가 살았던 거 아무도 기억 못 하는 거 슬프잖아. 납골당에 내 유골 놔 두고 엄마가 와 줘. 내가 보고 싶을 때 와서 보고 가 줘. 엄마가 할머니 될 때까지 살아서 나한테 와 줘. 부탁이야. 재작년에 엄마랑 같이 벚나무 앞에서 찍었던 사진이랑 2학년 때 학교에서 선규랑 라일락꽃 앞에서 찍었던 사진이 『바닷가 아이들』이란 동화책 안에 있어. 그 사진 액자에 넣어서 앞에 놔 줘. 엄마, 고맙고 고생 많았고, 사랑해.</u>
>
> 　　　　　　　　　　　　　　　　　　　　　　－ 김중미, 2013: 74. 밑줄: 필자

　정우가 죽기 전에 쓴 엄마에게 남긴 편지에는 정우의 소망이 가득하다. 정우도 가면 따라가겠다는 엄마에게 남긴 편지는 자신이 죽고 난 뒤 엄마의 마음을 헤아리는 말들과 자신에게 소중한 것이 무엇인지를 직접적으로 보여 준다. 정우의 소망 세계는 뒤에 다가오는 정우의 죽음이라는 현실 세계가 강렬하게 대비되면서 독자가 느끼는 감정을 증폭시

킨다. 독자는 이 세계들의 충돌을 통해 상대의 마음을 깊이 상상하게 된다. 상대의 마음은 상상력을 발휘해야만 이해할 수 있다(김지은, 2016: 114). 이는 인물의 가능 세계라는 맥락을 통해 독자가 체험하게 되는 대상은 정서[41]라는 것을 보여 준다.

> 우리는 문제의 이면을 더 깊게 이해하기 위해서는 논리력과 더불어 상상력을 발휘해야 한다. 눈에 보이는 선발만을 파헤칠 것이 아니라 문제가 되는 상황을 둘러싼 심리적, 사회적, 문화적 영역에까지 상상력을 가동해야만 좀 더 입체적으로 사건의 내용을 이해할 수 있다. 상상력을 가동하는 일은 때때로 견디기 힘든 불편함을 동반한다. 타인의 입장에 나를 대입하고 공감하려고 노력해야만 가능한 일이기 때문이다. 나아가 그와 내가 함께 놓인 사회적 조건을 되돌아봐야 한다. 이 일은 복잡해서 우리는 종종 가까운 인과를 밝히는 것만으로 생각을 종료하고 싶은 유혹에 시달린다. 그것이 진실이 아니라는 사실을 알 때도 그렇다. 진실을 아는 일이 얼마나 불편한 일인가를 생각해 보면 이런 유혹은 자연스럽다. 그러나 내 마음을 넘어서서 상대방의 마음을 구체적으로 상상하고, 사회적 마음을 상상하는 일은 소중하다.
>
> — 김지은, 2016: 116.

---

[41] 고정희(2013a)에서는 텍스트 세계에 대한 견고한 이해가 마련될 때 인간의 자기 이해가 확장되는 리쾨르의 '전유' 개념을 교육적으로 논의하였다. 이때 전유란 텍스트의 언어를 주의 깊게 설명하고, 그것이 의미하는 바를 이해하는 것이다. 특히 독자가 텍스트를 자신의 것으로 전유할 때, 전유의 결과로서 '정서'를 논의하였다. 이때 정서는 텍스트 안에 형상화되어 있는 것이 아니라 독자가 작품 속의 정서를 환기하고 이를 재체험하는 것이며, 독자가 텍스트를 통해 자신과 유사한 감정을 확인하는 것보다는 낯선 정서를 자기화하는 것이 전유의 본질에 부합하는 것이라고 보았다.

그런데 인물의 마음을 상상하는 데 독자가 인물의 가능 세계와 밀접한 이전이나 이후의 서사를 연결 짓는 것은 상당히 중요하다. 다음을 보자.

> 2009년 4월 14일
>
> 　형을 화장해서 어떻게 했나 궁금했는데 엄마한테 못 물어봤었다. 그런데 오늘 대전 사는 이모랑 통화하는 걸 들으니, <u>형의 유골을 화장터 뒤 언덕에 있는 분골함에 부었다고 했다.</u> 엄마가 말했다.
>
> "납골당에 안치해 봤자 뭐하니? 누가 찾아가서 걔를 기억해 줄 거라고. 정우 가면 나도 따라갈 건데, 누가 기억해 줘. 아무도 찾아오지도 <u>않을 유골 거기에 안치해도 소용없어. 솔직히 네가 거기 가 주겠나? 네 자식들이 있는데…… 이 세상에서 살았던 기억 다 잊고 훨훨 날아가라고 그냥 거기다 뿌렸어.</u>
>
> 　　　　　　　　　　　　　　　　　　　　　- 김중미, 2013: 29. 밑줄: 필자

　정우의 편지에 쓰인 내용들은 상당 부분은 위의 장면에서 비롯된 것이다. 형의 죽음에 대해 엄마가 가지고 있는 생각인 지식 세계와 자기마저 죽고 나면 따라 죽겠다던 엄마의 말에 대해 정우가 남기고 싶은 말인 것이다. 이 서사를 간과하게 될 경우, 정우의 편지를 통해 펼쳐질 수 있는 텍스트의 잠재성들은 많은 부분을 상실하게 된다. 독자가 텍스트와의 면밀한 작용을 결정하고 수행할 수 있을 때, 텍스트의 세계는 비로소 독자 앞에 모습을 드러낸다.

　다음의 해석 텍스트들에는 텍스트와의 면밀한 조회를 통해 인물의 현실 세계와 인물의 소망 세계를 직접적으로 교차시키며, 인물의 정서를 추론적으로 구성하고 이를 해석하는 복합적인 과정이 잘 드러난다.

제후는 몇 번이고 부모님 두 분 중 한 명을 선택해서 사는 것이 아닌, 모두 같이 살기를 원하였지만 받아들여지지 않았다. 제후는 아직 미성년자의 신분으로 보호자의 보호를 받아만 하는 상황에 처해 있으며, 그 때문에 부모님의 '선택'을 하라는 말에 속절없이 따를 수밖에 없다. 이런 상황에서 제후가 느꼈을 감정은 답답함과 무력감일 것이다. 본인에게 '선택권'은 주어졌으나, 그 선택권은 제후 본인의 생각이나 의사는 전혀 반영되지 않고 그저 어른들의 입장에서만 구성되고 제공된 것이다. 이런 상황에서 제후는 본인이 어떤 것을 원하던, 어떤 의사를 피력하던 받아지지 않고 그저 부모님의 상황에 따라야만 한다는 사실에 답답함을 느꼈을 것이고, 동시에 무력감을 느꼈을 것이다. 그래서 제후는 가짜 제후를 만들어 부모님의 선택을 공평하게 실현할 수 있도록 그들을 부모님에게 각각 보내고, 진짜 제후는 자유를 찾아 떠난 것이라고 생각한다.

(제후의 선택-대A-7)

쥐들이 제후의 삶을 견디지 못하고 제후의 빈 옷만 남게 되고, 손톱도 더 이상 아물지 않는 상태에서 제후는 이제 스스로 어느 누구와 함께 살지 선택해야 한다. 나이가 어려 혼자서 자신을 부양할 수 없는 상황에서 어느 한쪽을 선택해야 하는 것은 제후에게 주어진 책임이 된 것이다. 그 선택을 향한 길은 너무나도 어둡고 막막하기만 한 터널 속에 있고, 그 터널의 입구에서부터 그 속을 지나가는 과정은 매우 고통스러울 것이다. 아픔의 원인이 되는 선택은 부모님이 했지만, 그것을 되돌릴 수 없고 바꿀 수 없다면 자식은 현재 자신의 판단 기준에 따라

> 자신이 더 낫다고 생각하는 생활을 영위할 수 있는 선택지를 선택할 수밖에 없을 것이다.
>
> (제후의 선택-대A-11)

서사의 줄거리는 하나가 아니다. 서사의 세계 체계를 이루는 복수 세계의 상호 관계 변화를 통한 중층적인 상호 작용이다. 주목해야 할 것은 플롯에서의 중심 사건은 텍스트 실제 세계에서의 '사건'만을 포함하지 않는다는 점이다. 인물들이 가진 개인적인 세계들을 이해하고 그들의 변화 과정 속에서 세계를 상상할 때, 독자는 깊은 정서를 체험하고 진실을 구성할 수 있다. 허구는 단지 공허한 유희가 아니다. 지금 이 세계의 현실에서 미처 드러나지 못한 삶의 진실을 보여 주는 장치이다. 그러므로 독자가 상상력을 통해 그 세계를 믿는 체하고 몰입할 때, 허구가 보여 주는 현실의 이면을 이해하고 사실이 아닌 진실의 차원에 접근할 수 있는 것이다.

3장 │ 서사적 재편을 통한 독자 세계 체계의 재인식

해석은 텍스트 세계와 독자 세계의 만남이다(김한식, 2019:171). 리쾨르는 텍스트 세계와 독자 세계를 접촉시키는 매개로 독서를 제안한다. 그런데 이야기는 미메시스의 과정을 거치며, 삶에서 "마치 ~처럼의 왕국"인 허구(fiction)의 영역에 진입함으로써 단절이 생겨난다. 따라서 독서라는 매개를 통해 문학과 삶을 다시 결합시키기 위해서는 독자가 이야기를 읽으면서 맞닥뜨리게 될 장애물들을 해소할 수 있어야 한다. 일련의 해석 행위로서의 가능 세계 구성에서도 텍스트 세계 체계와 독자 세계 체계를 매개하기 위한 구체적인 수행이 요구된다. 텍스트와 현실과의 관계를 만들기 위한 인지적인 시도들은 독자의 세계 체계를 텍스트의 세계 체계의 구조로 이해하는 과정으로, 여기에서는 '독자 현실 세계에 대한 새로운 감각 인식'과 '독자 가능 세계의 전환적 탐구'로 살펴본다.

1 독자 현실 세계에 대한 새로운 감각 인식

허구는 언제나 우리의 삶과 관련되어 있다. 독자의 인식은 서사가 그 세계를 통해 말하고자 하는 삶의 진실을 이해하기 위하여 인물의 현실 세계에서 독자의 현실 세계로 나아간다. 인물의 현실 세계를 상상하고 구성한 독자는 그 현실 세계의 관점에서 자신의 현실 세계를 살펴본다. 이때 인물의 현실 세계 관점에서 자신의 현실 세계를 인식하는 것은 두 세계를 관계적으로 이해하기 위한 과정이다. 여기에서는 독자가 서사의 현실 세계에 참여하느라 배경화하였던 자신의 현실 세계를 전경화하며 이루어지는 구체적인 수행에 대해 논의한다.

텍스트 세계 체계를 경유한 독자 현실 세계의 인식은 독자의 현실 세계에서 서사의 현실 세계와 비슷하거나 다른 점을 찾거나, 독자의 현실 세계에서 있었던 일을 상기하는 차원에 그치는 것이 아니다. 독자의 현실 세계를 인물의 현실 세계의 플롯으로 이해하는 것이다. 서사는 시간 속에서 세계를 이해하는 가장 중요한 방식이며, 그 세계는 우리가 그것을 바라보는 방식에 의해 결정된다(Abbott, 2002; 우찬제 외 역, 2010: 27). 인물의 현실 세계와 독자의 현실 세계의 관계를 만드는 매개는 '서사'이다. 지금까지 독자는 서사의 현실 세계를 하나의 새로운 현실로 여기고 몰입하였다. 이러한 '인식' 이전의 독자의 현실 세계는 독자에게는 반복된 일상이며, 새롭게 인식되기를 기다리고 있는 기억이다.

독자가 자신의 삶 안에서 가능 세계를 모색하기 위해서는 기억으로 고착된 독자 현실 세계를 새로운 감각으로 인식해야 한다. 텍스트의 현실 세계에는 실제 현실 세계가 반영되어 있다. 설령 실제 현실 세계와 완전히 다른 마법의 세계라 할지라도 그 안에 살아가는 사람들의 모습에 실제 현실 세계의 모습이 고스란히 반영되어 있다. 두 세계를 연결 지을 수 있을 때, 우리는 실제의 현실을 통해 서사의 현실 세계를 이해할 수 있으며, 서사의 현실 세계를 통해 실제의 현실 세계를 이해할 수 있다. 다음에서 독자는 먼저 서사의 현실 세계의 관점에서 자신의 현실 세계를 바라본다.

> <u>어린 시절에 부모가 싸우거나 이혼의 이야기가 오가는 것은 아이에게 매우 큰 상처를 안긴다. 우리 가정이 경제적으로 어려운 시기에 있었을 때, 나는 초등학교 저학년이었는데, 부모님이 자주 싸우시고 이혼 이야기를 하셨었다. 그때는 영문도 모르고 나의 잘못이라고 생각하였고, 부모님 중 한 명과 살아야 한다면 어떨지 고민도 해 보고 막연한 두려움에 세상이 무너지는 듯이 엉엉 울기만 하였다. 지금은 가정 형편도 나아지고 동생과 나의 대학 진학 문제가 해결되어 가정이 화목하게 유지되고 있지만, 어릴 때 받았던 상처들은 아직도 내 몸과 마음이 기억하고 있다.</u> 어른들의 감정적인 싸움에 아이들은 쉽게 영향을 받고 가슴에 대못이 박힌다. 아무리 힘들고 사정이 여의치 않아서 이혼해야 하더라도 부부간의 차가운 모습을 아이에게 최대한 드러내지 않아야 하고, 아이가 받을 상처를 몇 번이고 되풀이하여 생각해서 자신들의 이혼을 아이와 잘 타협하며 설명해 주어야 한다. 또 자식은 잘못이 없기에 자식이 죄책감을 느끼지 않게 해야 하고, 떠맡겨지는 짐으로 여겨지지 않도록 부모 양쪽 모두 사랑으로 아이를 감싸 주고서 선택권을 줘야 할 것이다. 제후의 부모님은 실제로 제후가 겪게 될 아픔을 깊게 생각하고 나름대로 배려했을 수도 있지만, 결과적으로 제후는 어느 한 쪽의 환영도 받지 못할까 봐 불안해하며 엄마, 아빠에게 잘 보이기 위해 시간 약속 등을 잘 지키려고 애쓰면서 생기를 잃게 되었다.
>
> (제후의 선택-대B-4)

위 해석 텍스트에서 독자는 자신의 현실 세계 속에서 서사의 현실 세계를 발견한다. 서사의 현실 세계와 접점을 가지는 자신의 세계를 기반으로 서사의 현실 세계와 관계를 만들고, 인물의 현실 세계와 자신의 현실 세계를 해석한다. 주목할 점은 이야기를 다시 현실의 논리로 귀속시키는 것이 아니라 실제 자신의 삶에서의 경험을 통해 서사 현실 세계의 의미를 탐색하고 있다는 점이다. 이는 앞에서 논의한 세계에 대한 인식이 양방향적으로 활용되는 양상이기도 하다.

자기 현실 세계에 대한 인식을 통해 인물의 현실 세계를 이해하기도 하고, 인물의 가능 세계를 추론할 수도 있다. 제후가 바라고 소망하는 현실은 아니지만, 의도하고 꿈꾸는 것이 무엇인지를 이해하였기 때문에 이 독자는 제후의 슬픔이 어떤 것인지 이해하고 있다. 동시에 제후의 현실 세계에 대한 인식을 통해 독자는 자신의 현실 세계 속에서 지나간 사실들과 기억들을 새로운 감각으로 인식하였다. 여기서 새로운 감각이란 긍정적인 것만을 의미하는 것이 아니라 자신의 감정과 생각들을 현재적 관점에서 다시 인식하는 것을 의미한다. 또는 위 독자와 같이 현재의 자신 속에 남아 있는 과거의 것에 대한 재인식을 의미하기도 한다. 이때 독자가 자신의 인식을 성찰하는 데 능숙한 정도는 문학 텍스트와 자기 세계의 연관 짓는 경험의 질과 상관관계를 가질 수밖에 없다.

2   독자 가능 세계의 전환적 탐구

텍스트의 세계 체계와 같이 우리의 삶에도 하나의 세계만 존재하는 것이 아니다. 우리는 하나의 현실 세계를 살아가지만, 많은 가능 세계를 간직하고 새로 만들며 살아간다. 독자가 가지고 있던 기존의 가능 세계들은 독자가 그 시점에서 자신의 현실 세계를 이해하는 데 영향을 미쳤을 뿐만 아니라, 독자가 텍스트를 읽으면서 가능 세계를 구성하는 과정에 영향을 미친다는 점에서 독자의 현실 세계 못지않은 중요성을 가진다. 여기에서는 독자가 텍스트를 읽는 과정에서 기존에 자신이 갖고 살아가고 있는 자신의 가능 세계들을 이해하고, 과거 자신의 기억에서 나아가 새로운 가능 세계를 구성하는 과정에 대해 논의한다.

우리에게 어떤 사건이 일어났을 때, 우리가 그 사건이 우리 각자에게 의미하는 바가 무엇인지 바로 이해할 수 있는 것은 아니다. 또 과거에 해석된 경험이라고 하더라도, 현재의 시간 앞에서 새롭게 발견되고 그 의미가 전환될 여지가 있다. 앞의 [제후의 선택-대B-4] 해석 텍스트에서 독자는 자신의 시간 속에서 텍스트가 불러일으키는 자신의 경험을 현재의 눈으로 바라보았다. 이때 독자의 세계 인식이 작용하는 대상은 자신의 현실 세계에 국한되지 않는다. 즉, 독자의 세계 인식은 자신이 기존에 가지고 있던 가능 세계에도 관여하여 텍스트의 관점을 견지한 현재적 관점에서 자신이 소망했거나 의도했던 가능 세계를 이해하거나 다시금 구성하게 된다.

> 제후는 어린 나이에 부모님의 이혼이라는 슬픈 경험을 하게 되었고, 그로 인해 그 상황에서 벗어나길 바랐을 것이다. 나의 부모님도 어린 시절 정말 많이 다투셔서 제후의 마음이 공감되었다. 왜냐하면 <u>어린 나이에도 부모님의 말이 무슨 말인지 알아듣고, 그로 인해서 걱정도 많이 하는 삶을 살았기 때문이다.</u> '부모님의 말이 무슨 말인지 다 알아듣지 못했으면 좋았을 텐데⋯⋯.'라는 생각도 든다. 화목하지는 못해도 그냥 마음이 덜 아팠을 것 같다. 제후도 나처럼 닫힌 방문 뒤에서 부모님의 말을 엿듣지는 않았을까? 듣지 않아도 될 말을 듣고, 그게 자기 책임인 것처럼 자책하지는 않았을까 생각해 본다. <u>내가 바랐던 것이나 제후가 바라는 것이나 별로 다르지는 않을 것 같다.</u> 이 책에는 제후의 쓸쓸함이 묻은 문장 하나하나가 모여 있다. <u>그런 제후의 쓸쓸함을 보듬어 주고 싶다는 생각이, 어렸던 방문 뒤의 나를 위로해 주고 싶다는 생각이, 앞으로의 제후의 삶을 응원하고 싶다는 생각이 들었다.</u> 어린 제후와 어렸던 나에게 네 잘못이 아니라고, 걱정하지 말라고 말해 주고 싶다.
>
> (제후의 선택-대B-25)

이 독자 역시 앞 독자와 마찬가지로 이전에 불안했던 가정의 상황에 대한 자신의 판단과 생각을 구성하고 표현하였다. 이는 지식 세계에 해당한다. 또, 소망 세계로서 어린 자신이 바랐던 것이 무엇이었는지를 제후를 통해 이해하고 있다. 거꾸로 과거 자신이 가졌던 가능 세계를 통해 제후를 이해하고 있기도 하다. 몰랐으면 좋았을 것들, 그 말을 듣고 마음 아파했던 과거의 자기 현실 세계는 자신이 가지고자 했던 가능 세계와 깊이 연관되어 있다. 독자는 제후의 세계에 대한 인식을 활용하여 현재의 관점에서 과거 자신의 세계를 위로할 수 있는 가능 세계를 모색하였다.

[제후의 선택-대B-4]에서 독자는 어린 자신에게 필요했던 것이 무엇이었는지를 이해함으로써 제후에게 필요한 세계가 무엇인지 말하고 있다. 현실에서 지금 대학생인 자신의 삶에서 상처받은 아이는 과거에 있지만, 자신의 가능 세계에 대한 이해는 현재의 자신과 연결되어 있으며 현재를 이전과 다르게 만드는 요인 중의 하나이다.

이금이 작가의 청소년 소설 『허구의 삶』에서도 이러한 해석적 이해를 살펴볼 수 있다. 허구는 소설 속 주인공의 이름이다. 허구는 부유한 가정에서 부족함 없이 살아간다. 허구의 친구 상만의 눈을 통해서 그려지는 허구의 삶은 부러움의 대상이자 완전함이었다. 왜냐하면 상만은 부모님을 모두 잃고 외삼촌 가게에서 쌀 배달을 하며 구박 속에 살아가고 있기 때문이다. 그러나 허구는 자신의 삶을 허구라고 생각하며, 또 다른 허구의 삶을 살고 싶어 한다. 허구는 스스로 시간 여행자 K를 자처했고, 어른이 된 이후에도 전 세계를 돌아다니는 여행자로 살아간다.

그런데 『허구의 삶』에 비가시적 세계가 이토록 중요한 것은 허구의 실제 삶 때문이다. 우리가 알고 있던 허구의 실제 이름은 현수이고, 가난한 시장 가겟집 아들이었던 허구는 아들을 잃은 부잣집 사모님이 주는 과자를 얻어먹다가 유괴를 당하게 된다. 노름에 빠진 가난한 아버지는 부잣집에서 주는 돈을 받고 아들을 팔아넘긴다. 허구는 자신이 선택하지 않은 삶 속에서 나름대로 답을 찾아야만 했고, 그 답을 자신이 쓰는 소설 속에서 찾는다.

　궁극적으로 이 소설에서 허구의 가능 세계는 비현실로의 도피를 위해서 설정된 세계가 아니다. 허구는 소설을 쓰고 자신이 내면을 이해하고자 하였으며, 자신이 소망하는 것이 무엇이고 그것을 왜 소망하며, 바꿀 수 없는 현실에서 자신의 삶을 이해하기 위한 계획을 가지고 살았다. 허구는 소설을 통해 자신의 가능 세계를 끊임없이 모색하면서 자신의 삶을 이해하고자 하였다. 이는 자신의 가능 세계를 이해하기 위한 노력이 곧 자기를 이해하는 과정으로 확장될 수 있는 가능성을 보여 준다.

　허구의 죽음을 통해 이 허구가 쓰던 소설, 허구의 가능 세계의 의미를 이해하게 된 상만은 허구의 현실 세계의 진실을 이해하게 된다. 그리고 자신의 마음속에 있는 어린 상만을, 자신이 가지고 살아가는 가능 세계를 이해하게 된다.

> "한없이 괴로워하며 외롭게 허구의 삶을 살았던 현수를 애도하는 눈물이었다. 깊고 찬 어둠 속에 웅크리고 있는 어린 상만을 위한 눈물이었다. 그리고 자신이 지금 여기 살아 있음을 기뻐하는 눈물이었다. 살아 있어 아직 많은 것이 가능했다."

　비로소 허구의 삶의 표면과 이면, 그 삶의 전체 통해 자신을 이해하는 상만의 모습은 우리가 텍스트 세계가 보여 주는 삶의 진실을 통해 자신의 내면을 이해하고자 하는 전유의 과정과 다르지 않다. 그리고 독자들은 어린 상만을 이해하고, 자신을 이해하는 상만을 보면서 자신의 현실 세계 이면에 있는 가능 세계의 의미를 재구한다.

4장 | 관계적 성찰을 통한 독자 세계 체계의 확장

텍스트가 자신에게 아무런 의미가 되지 못하고 서사의 현실 세계가 그저 가상의 세계에 불과하다면, 텍스트는 진리값이 없는 상태와 다르지 않다. 독자는 주관적이고 사적인 차원에서 자신의 삶에서 수용할 수 있고, 수용하고 싶은 의미를 성찰한다. 서사 텍스트는 인물의 현실 세계 및 가능 세계들로 구성된 나름의 구조를 갖는다. 그것은 독자가 독서 과정에서 하나의 세계를 구성하는 데 관여할 수 있는 새로운 체계로 기능한다. 이제 우리는 현실 세계와 그것의 대안적 가능 세계를 서사 텍스트 자체 내부의 구조로 이해하는 것뿐만 아니라 텍스트 밖의 세계인 실제 현실 세계와 텍스트의 세계 체계 사이의 관계로 확장한다.

실제 현실 세계에서 독자의 입장으로 볼 때, 내러티브 텍스트 내에 그려진 '인물의 가능 세계'는 하나의 가능 세계이다. 독자는 개별적으로 상이한 전제 조건, 이를테면 자신의 개인적인 세계지식, 심리적 규범, 문화적·역사적 전제 등에 근거해서 '인물의 가능 세계'를 저마다의 가능 세계로 구성한다. 이로써 독자는 텍스트의 정보들을 넘어서는 세계를 구성하게 되는데, 그래서 동일한 텍스트의 현실 세계를 질적·양적으로 상이하게 재구성할 수 있다.

주체가 세계를 지각한다는 것은 각 주체가 처한 환경이나 신체적 조건, 심지어는 기분에 따라 달라질 수밖에 없다. 그러나 이러한 지각이 주체 개인의 것만은 아니며, 텍스트의 세계와 그것이 참조하는 세계와의 연관성 속에서 존재할 때 그 서사가 자기화될 가능성이 커진다. 관계적 성찰을 통한 독자 세계 체계의 확장은 가능 세계가 텍스트의 의미 구성과 독자의 세계 체계에 미치는 영향을 중심으로 구체화될 수 있다. 이는 독자 현실 세계의 경유를 통한 주제적 의미 구성, 이질적 세계의 이해를 통한 가능 세계 전망으로 드러난다.

1 독자 현실 세계의 경유를 통한 주제적 의미 구성

앞의 해석 텍스트 [제후의 선택-대B-4]에서 독자는 자신의 유년 시절의 경험을 새롭게 들여다보았다. 지금 바로 여기, 독자의 현재 시점에서 서사의 현실 세계와 관련하여 자신에게 가장 강렬한 느낌을 불러일으키는 이야기를 꺼내어 숙고함으로써 두 세계를 연결 짓는다. 독자는 부모님의 갈등을 자신의 잘못이라고 받아들였던 자신의 유년 시절을 자세히 들여다본다. 그리고 자신의 삶이 가진 구체성과 실재성을 제후의 현실 세계의 의미를 탐색하는 맥락으로 삼는다. 그리고 단순히 제후의 부모가 이혼을 결정했다고 비난하는 것이 아니라 제후를 위해 필요한 것이 무엇인지를 고민한다.

이러한 과정 없이 서사의 현실 세계를 독자의 현실 세계로 끌어들이는 것은 서사의 현실 세계를 실제의 현실 세계로 종속시키거나 두 세계가 단절된 것임을 확인하는 것이 되고 만다. 이를테면, 단순히 서사의 현실 세계의 의미를 현실의 도덕 규범으로 환원하는 경우이다. 도덕 규범은 현실 세계에서 보편의 진리로 여겨지는 관습이자 간명한 명제이다. 반면, 서사의 현실 세계와 독자의 현실 세계는 개별적이고 구체적이다. 제후의 선택에 대해 이혼이 무책임한 선택이며 부모의 책임감을 상기해야 한다는 해석은 서사의 현실 세계에 거주하는 인물들의 구체적이고 역동적인 삶을 단순화시키고, 제후를 슬프고 고통스럽게 만드는 진짜 원인이 무엇인지 숙고하지 못한 채 우리 현실의 관습과 규범으로 갈음한다.

  독자의 현실도, 텍스트 속 제후의 현실도 하나의 관념적인 명제나 상투적이고 반복적인 습관들로 채워진 세계가 아니다. 생동하는 삶이며 의미로 발견되기를 기다리고 있는 순간들이다. 문학은 현실의 재생산이 아니며, 독자는 서사의 현실 세계를 통해 자신의 삶에서 일상에 파묻혀 인식할 수 없었던 새로움을 발견할 수 있어야 한다. 이를 위해 독자는 서사의 현실 세계를 실제 현실 세계와의 관계 속에서 총체적으로 이해하고 판단해야 한다.

> 나는 이 이야기가 단지 이혼 가정의 아픔만을 이야기한다고 생각하지 않고, 현대 우리 사회의 단면을 조금 보여 주고 있다는 생각이 든다. 현대에 들어 이혼은 5~10년 전에 비해 그리 어렵지 않은 일이 되었고, 실제 이혼 가정 또한 증가하고 있다. 하지만 이러한 상황에서도 이혼 가정 아이에 대해 관심을 기울이는 이는 많지 않다. 내 주위만 해도 이

> 혼에 대해 부정적으로 생각하는 이는 드물었고, 나조차도 이에 대해 이렇게까지 심각하게 생각해 보지 않았다. 이러한 상황 속에서 나는 우리 사회 전체가 조금 더 이혼에 대해 책임감을 가져야 한다는 생각이 들었다. 모두가 아이에 대해 조금 더 관심을 가지고, 조금 더 배려해 주어야 한다고 생각이 들었다. 실제 현실에서도 제후와 같은 아이들이 많을 것이다. 앞으로 교직에 나설 내가 마주할 아이들은 수도 없이 많을 텐데, 나의 짧은 경험으로 이루어 짐작하지 않고 조금 더 아이에게 다가가야겠다고 다짐했다. 그리고 아이에게 잘못한 것이 없다고, 꼭 안아 주고 싶다. 제후야 너는 잘못이 없어.
>
> (제후의 선택-대B-11)

위의 독자가 형성한 주제적 의미는 관습에 불과한 도덕 규범과는 다르다. 왜냐하면 독자는 제후의 선택을 통해서 개인과 공동체에서 규정한 가치와 질서에 대해서 질문하였으며, 새로운 관계의 가능성을 모색했기 때문이다.

> 우리는 주변에 또 다른 제후가 있는지 끊임없이 확인해야 한다. 이 작품의 주제는 어른의 입장에서만 아이를 보지 않고, 보이지 않는 아이의 마음도 들여다보고 이해하도록 노력해야 한다는 것이라고 생각한다. 이제까지 엄마, 아빠가 싸우느라 집중하지 않고 잊었던 가장 소중한 제후의 마음을 생각해 보아야 한다.
>
> (A-1-12)

한편, 위 독자는 자신이 구성한 가능 세계의 의미를 설명하기 위한 용어로 작품의 '주제'라는 표현을 사용하였다. 이 독자는 작품의 '주제'를 텍스트에서 핵심이 되는 의미로 이해하되, 텍스트 안에 이미 있는 주제를 찾는 것이 아니라 스스로 주제를 구성하고 결정하고 있다. 우리가 허구의 이야기를 읽고서 뜻을 깨닫거나 감동받는 것은 모두 독서 과정에서 일어나는 구체화를 통해서이다. 그러므로 이 의미는 전적으로 독자들의 것이다.

2 이질적 세계의 이해를 통한 가능 세계 전망

독자의 현실 세계는 기존에 자신이 가지고 있던 이해 도식 안에서 존재하는 것이 아니다. 자신의 경험이나 인식을 벗어나는 사건들이 우발적으로 벌어지고 사건들은 파편화된 사실로서 존재한다. 이 때문에 자신의 현실 세계 내에서도 의미로서 수용된 영역과 시간 순서대로 배열된 사실들의 영역 간 이질성이 존재한다. 독자는 텍스트가 표현하는 현실 세계의 진실을 수용함으로써 이전에는 이해할 수 없었던 자신의 현실 세계를 이해할 수 있는 도식을 갖게 된다.

다고네(Dagognet)의 도상적 증가(augmentation iconographique) 개념에 따르면, 예술가는 세계를 재생산하고 그 본질을 형상화한다.[42] 이를 통해 예술은 같은 세계의 다른 측면을 보여 준다. 다시 말해, 가능

---

[42] "예술은 세계의 깊숙한 곳을 번역할 뿐만 아니라 그 너머를, 그 풍요로움을, 세계를 확장시키고 또 세계가 터져 나올 수 있게끔 하는 수많은 지평을 발견하게 한다." (Francois Dagognet, 1973:48; 김한식, 2019: 381에서 재인용)

세계로서 허구는 '형상'을 통해 현실을 창조적으로 표현함으로써 독자에게 새로운 지평을 열어 준다. 텍스트 세계란 현실 세계가 아닌 허구의 세계이다. 그러나 이는 현실의 세계가 지닌 다양한 양상들 가운데 세계의 진실, 내지는 본질이라고 볼 수 있는 측면을 드러냄으로써 세계를 늘어나게 한다(김한식, 2019: 380). 이처럼 문학 작품이 가진 힘을 구동하기 위해서 독자는 인물이 살아가는 허구적 현실 세계에 대한 인식을 자신의 현실에 적용하게 된다. 이를 통해 독자는 자기 세계를 새롭게 발견할 뿐만 아니라 자신과 세계에 대한 새로운 인식으로 나아가게 된다.

> 진정한 애도만이 사랑하는 이와의 진정한 이별을 가능하게 한다. 사랑하는 이의 죽음으로 빚어질 많은 심리적 고통. 그 통의 깊이가 한없이 참담하다 하여 이를 외면해서는 진정한 애도를 할 수가 없다. <u>죽음보다 훨씬 더 가슴 아픈 진실을 마주하는 것. 그것이 진정한 애도이다.</u> 그리고 이것은 엄청난 용기를 필요로 한다. 코너가 외면하고 싶었던 진실을 고통스럽게 말한 뒤에야 진정으로 엄마를 떠나보낼 수 있게 된 것처럼 말이다.
> 『몬스터 콜스』는 소설을 구상한 이와 실제로 쓴 이가 다르다. 구상한 이는 시본 도우드라는 작가였으나 암으로 죽고, 이 구상을 가지고 실제 글을 쓴 이가 패트릭 네스이다. 둘 중 누구인지는 알 수 없으나 <u>누군가는 어린 시절 이런 고통을 실제 겪은 게 아닌가 하는 느낌을 주었다.</u> 정말 겪어 보지 않은 사람이라면 쉽게 알 수 없는 진실의 심연이 느껴지기 때문이다.
> 이렇게 뛰어난 작품을 '한 아이'가 진작 읽을 수 있었더라면 얼마나

> 좋았을까? 이제 어른이 된 그 아이는 한숨을 내쉬며 글을 마친다. 진정한 애도가 얼마나 중요한지 절감하면서.
>
> — 유영진, 2015: 176. 밑줄: 필자

위 성인 독자는 『몬스터 콜스』의 텍스트 세계를 단순히 공상이나 가상의 세계로 수용하지 않는다. 사랑하는 이의 죽음은 우리 현실에서 실제 일어나는 사건이지만, 그 앞에 선 우리는 사랑하는 사람과의 이별을 어떻게 지나가야 하고 그와 관련된 감정들을 이해하는 방법을 알지 못한다. 주체에게 의미로 수용되지 못한 사건들은 독자의 세계로 통합되지 못한 채 이질적이고 동떨어진 사실로 존재할 뿐이다. 우리는 실제로 있었던 일이지만 비현실처럼 느껴지거나 이해할 수 없는 기억들과 함께 살아간다. 그러나 위 독자는 『몬스터 콜스』를 통해 사랑하는 사람과의 이별을 마무리하지 못한 채 어른이 된 '한 아이'가 자신의 세계를 이해하기 위해 필요한 것이 무엇인지 대답하고 있다. 텍스트 세계가 드러내고자 하는 실제 현실 세계의 본질이라고 할 만한 진실을 통해 우리 삶에서 사랑하는 이의 죽음을 받아들이는 데 필요한 것이 무엇인지를 이해하고 있다. 주인공 '코너'의 세계를 우리 삶의 가능 세계로 포섭함으로써 이질성의 영역을 자신의 세계로 통합, 확장한다.

텍스트를 통해 세계 이해의 도식을 가지게 된다는 것은 자신의 세계 내의 이질성을 극복할 뿐만 아니라 자신의 현실 세계에 속하지 않는 이질적 세계들, 가능한 세계의 양상과 타인의 세계를 이해할 수 있는 가능성까지 확장하는 것이다. 더불어 가능 세계를 구성한 독자는 그 이전의 자신에게는 없던 의미와 인식을 생성하였으므로 이전의 자신과 같지 않은 존재가 아니다. 사랑하는 이의 죽음을 겪지 않았더라도 우리는 주인공 '코너'가 사랑하는 엄마를 떠나보내는 과정을 이해하고 그 삶의 가능성을 고려하여, 자신이 이해할 수 없는 삶의 단면들을 만나게 되었을 때 활용할 수 있는 잠재성(virtuality)의 진실을 가진 것이다. 이 진실은 그 시점의 현실 세계와 만나 실재성(reality)의 진실로 발현될 수 있다.

한편, 자신의 현실 세계에 대한 총체적 인식과 확장에 대한 경험은 독자가 새로운 가능 세계를 모색하도록 하는 계기가 될 수 있다. 왜냐하면 가능 세계는 현실 세계로부터 구성되기 때문이다. 독자가 인식하는 현실 세계의 변화는 독자에게 새로운 소망과 의도, 기대 등을 전망하기 위한 동기가 될 수 있다.

독자의 현실 세계와의 관계 속에서 가능 세계는 우리가 실제 살아가는 세계가 아닌 우리 마음속에 가지고 있는 세계이다. 우리는 주어진 현실에 붙박인 존재로, 아무리 노력해도 바꿀 수 없는 현실 속에서 살고 있다. 그렇지만 우리는 간절히 이루어지기를 바랐던 것들, 변하지 않기를 바랐던 것들을 간직하고 살아간다. 그것은 현실 세계와는 다른 세계, 상상의 세계, 소망의 세계이며, 그것을 통해 지금의 현실을 바꿀 수 있는 것은 아니다. 우리는 동화나 소설을 읽으면서 바로 그 상상의 세계, 소망의 세계를 만난다. 그러나 우리가 문학을 읽는 것을 단순히 현실을 도피하는 경험 정도로 여기는 것이 아니라면, 독자들은 상상의 세계와 소망의 세계를 통해 우리 현실 세계를 살아가고 변화시킬 힘을 얻고자 한다.

앞의 해석 텍스트에서 해석자는 자신의 현실에서 사랑하는 이의 죽음에 대한 '진정한 애도'를 소망할 뿐만 아니라 의도 세계로서 계획하고 전망할 것이다. 이 단계는 독자 현실 세계의 경험과 밀접하게 연관될수록 구체화된 가능 세계가 전망될 수 있다. 왜냐하면 독자들은 인물들이 텍스트 세계에서 좌절하고, 갈등하고, 회복하고, 성장했던 바와 같이, 자신의 구체적인 현실에서 그동안 인식하거나 직시하지 못했던 삶의 진실을 추구할 것이기 때문이다.

> 부모에게 상처를 받았지만 그들을 사랑하기에 가짜 제후를 만들어 둔 진짜 제후의 모습을 보며 참 가슴이 아팠다. 벤치에 앉아 있는 제후를 안아 주면서 너는 잘못 없다고 말하고 싶었다. 아직 어린 제후에게 선택권을 준 엄마, 아빠의 행동은 진정 옳은 일이라고 생각할 수 있을까? 이는 단지 어린아이에게 책임을 전가하고 싶은 어른들의 얕은 속내일 뿐이다. 선뜻 제후를 맡겠다고 말하지 않는 엄마, 아빠의 행동에서 받았을 제후의 상처에 마음이 아프고 슬펐다. 제후가 엄마, 아빠의 다툼 속에서 스스로의 존재가 중요함을 증명해야만 하는 아이가 되어 버린 것에 화가 나기도 했다. 지금도 우리 사회에는 수많은 제후가 있다. 어른들의 선택으로 어찌할 수 없는 제후들의 마음을 어떻게 토닥여 줄 수 있을지, 부모의 이혼이라는 상처를 어떻게 아물게 할 수 있을지, 우리 모두가 함께 고민해야 할 것이다. 하루 빨리 제후가 빨갛게 멍울진 손톱에서 벗어나 깨끗하고 하얀 손톱을 가진 아이가 되었으면 좋겠다.
>
> (제후의 선택-대B-3)

> 위와 같은 고통을 겪는 아이들은 '제후'라는 인물로 상징적으로 나타내어진다고 보았다. 세상의 수많은 '제후'는 많은 어른의 무시와 방치 속에서 결국 마지막 선택으로 그들의 존재를 지우고, 아물지 않는 손톱을 쥐고 어른들을 떠나 마치 낙엽처럼 어둠 속으로 사라진다. 뒤늦게 몇몇 어른이 그들을 찾을 때는 아이들이 만든 수많은 가짜 속에서 존재하는지조차 알 수 없게 된 뒤이다. <u>그리고 이것은 단순한 허구가 아닌 우리의 현실 속에서 벌어지는 비극의 장면들이다. 그렇기에 우리는 당장이라도 싸움을 멈추고, 아이들을 돌아보며 그들의 소망을 듣고 보듬어야 할 필요가 있다. 아이들은 동심의 세계 속에서만 살지 않는다. 그들이 좌절을 겪으며 우리를 떠나는 선택을 하기 전에 어서 그들을 되돌아보라고 작품은 이야기하고 있다.</u>
>
> (제후의 선택-대A-17)

위의 두 독자는 『제후의 선택』을 통해 우리 현실 세계에서 가져야 할 새로운 계획과 가치들을 전망하고 있다. [제후의 선택-대B-3]에서 독자는 작중 인물인 제후에게 어른들이 했던 행동의 이면에 초점을 맞추고, "엄마, 아빠의 다툼 속에서 스스로의 존재가 중요함을 증명해야만 하는 아이"처럼 제후의 상처에 접근하고 있다. 이를 통해 궁극적으로는 우리 사회에 존재하는 수많은 제후를 위로하고 회복시키기 위해 필요한 것들을 인식하였다. 그러나 이 독자가 전망한 가능 세계는 구체성이 높지 않다. 왜냐하면 자신의 결핍이나 현실의 변화에 대한 적극적인 모색보다는 제후와 같은 아이들이 당면한 부당함, 그에 대한 감정적인 위로를 우선적으로 인식하였기 때문이다.

[제후의 선택-대B-3]에서 독자는 제후를 우리 사회에서 존재하는 수많은 제후로 확대, 구체화한다. 왜냐하면 [제후의 선택-대A-17]의 독자는 이와 같은 고통을 겪는 아이들이 '제후'라는 인물로 상징적으로 그려진 것으로 이해했기 때문이다. 독자들은 현실에 대한 은유로서 텍스트 세계를 이해하고, 이를 다시 우리의 실제 현실 세계와 교차시킴으로써 허구의 의미를 구성하였다. 독자는 마지막에 "그들이 좌절을 겪으며 우리를 떠나는 선택을 하기 전에 어서 그들을 되돌아보라고 작품은 이야기하고 있다."라고 서술하였는데, 이는 '총체적 맥락을 통한 주제적 의미 구성'과 '성찰을 통한 새로운 가능 세계의 전망'의 밀접한 연관을 보여 준다. 텍스트의 주제적 의미는 관습화된 규범에 대한 종속으로서가 아니라 자신의 현실 세계에서 구체적인 의미를 가지고 주체적으로 수용될 수 있는 가치로서 검토된다. 이는 독자가 이를 우리 현실 세계에 대한 가능 세계로 전망할 때 실현 가능해진다.

아픔의 원인이 되는 선택은 부모님이 했지만, 그것을 되돌릴 수 없고 바꿀 수 없다면 자식은 현재 자신의 판단 기준에 따라 자신이 더 낫다고 생각하는 생활을 영위할 수 있는 선택지를 선택할 수밖에 없을 것이다. 요즘은 이혼 가정이 늘고 있는 추세이고, 어른인 부모는 자신이 좀 더 행복한 삶을 선택하고 싶다는 명분으로 이혼을 옛날보다는 어렵지 않게 결정하지만, 본인의 자녀가 느낄 심정도 깊게 생각하고 공감하는 시간 정도는 가져 보며 이혼을 부부만의 일이라고만 생각하지 않고 섣부른 결정을 내리지 않았으면 좋겠다. 또, 이혼을 많이 하는

> 만큼 언젠가 자식이 고통받을 수도 있다는 생각에 오히려 처음부터 결혼을 안 하거나 아이를 낳지 않겠다는 사람도 많아졌지만, 가족 또는 연인이라는 관계에 대한 책임에 대해 생각해 보고 사랑과 유대감이 있는 가정을 꾸리려는 사람들도 있어야 사회가 돌아갈 수 있으므로, <u>현재 가정을 이루고 있는 사람들이 행복함을 느끼고 이를 다른 사람들도 보고 느껴 좋은 가정을 꾸리고자 하는 사람이 늘어날 수 있도록 국가는 개인이 행복할 수 있는 최대한 건강한 사회를 만들 수 있게 노력해야 할 것이다. 마지막으로 이혼 가정의 자녀가 아픔이 있다면 아픔을 딛고 터널의 끝에서 스스로 나아갈 수 있도록 교사와 같은 주위 어른들이 그들의 심리를 이해하고 부담과 거부감을 느끼지 않을 선에서 사랑을 주고 바람직한 조언을 해 줄 수 있어야겠다.</u>
>
> (제후의 선택-대B-23)

한편 [대B-3]과 [대A-17] 독자에 비해, [대B-23]의 독자는 자신 현실 세계에서 추구할 수 있는 가능 세계를 보다 구체적인 수준에서 전망한다. 이 독자는 "나의 부모님도 어린 시절 정말 많이 다투셔서 제후의 마음이 공감되었다. 어린 나이에도 부모님의 말이 무슨 말인지 알아듣고 그로 인해 걱정도 많이 하는 삶을 살았기 때문이다."라고 자신의 세계를 반추함으로써 현실 세계에는 가능 세계를 구체화할 수 있는 계기를 구체화하였다. 독자는 자신이 '어떻게' 살아나갈 것인가에 대해 묻기만 하는 것이 아니라 구체적인 소망과 기대로 모색함으로써 이전의 자신과는 다른 존재로서 의미를 생성한다.

4부
가능 세계 구성 문학 교육의 내용과 방법

1장 가능 세계 구성 교육의 설계 방향
2장 가능 세계 구성 문학 교육의 내용
3장 가능 세계 구성 문학 교육의 방법

가능 세계를 구성한다는 것은 학습자가 허구의 이야기를 읽고 실제 현실 세계와의 관계 속에서 그 의미를 이해함으로써 자신의 세계를 확장하는 과정이다. 독자가 허구를 읽을 때 일어나는 행위는 독자 내부의 정신 활동이다. 이 때문에 우리는 독자가 가능 세계를 구성하는 과정 그 자체를 온전히 알 수는 없으며, 독자에게 가능 세계를 구성할 수 있는 능력이 갖추어졌는지를 확인하기 위해서는 학습자의 해석 결과를 두고 판단할 수밖에 없다는 한계점이 있다. 그러나 이러한 근본적인 한계 때문에 교육적 조치가 불가능하고 보는 것은 허구의 이야기를 독자 자신의 삶으로 의미화하는 것에 대한 교육의 위축으로 이어질 수 있다.

문학 교육은 허구와 현실의 단절을 다시 자신의 현실과의 관계 속에서 복원하기 위한 독자 내부의 행위를 온전히 학습자의 몫으로 남겨 두는 것이 아니라, 그 과정에서 이루어지는 행위를 도와주기 위해서 구체적으로 무엇을, 어떻게 가르쳐야 하는지 논의해 나가야 한다. 이를 위하여 4부에서는 학습자들이 자신의 삶과의 관계 속에서 문학 텍스트의 의미를 구성하고 자신과 세계에 대한 이해를 확장하기 위한 교육을 제안하고자 한다.

앞서 3부에서는 가능 세계를 구성하는 과정으로서 독자가 수행하는 해석 행위를 구조화하였다. 이 책이 문학 교육으로서 그 실천 가능성을 확장하기 위해서는 학습자가 가능 세계 구성의 수행 구조를 내면화하기 위한 교육의 내용과 방법을 마련할 필요가 있다. 이를 위하여 교육 내용과 방법을 설계하기 위한 방향을 고찰하고, 다음으로 학습자가 가능 세계 구성을 수행하기 위한 절차적 지식으로서 교육 내용을 마련할 것이다. 마지막으로, 이를 가능 세계 구성의 문학 교육으로 구동하기 위한 교육 방법을 모색할 것이다.

1장 가능 세계 구성 문학 교육의 **설계 방향**

    교육의 설계는 교육의 목표, 내용, 방법과 유기적인 관계 속에서 이루어져야 한다. 다시 말해, 교육의 내용과 방법은 해당 교육의 목표 달성에 기여할 수 있어야 한다. 그렇다면 가능 세계 구성을 위한 교육 내용과 방법의 설계에 앞서, 문학 교육으로 가능 세계 구성 교육의 목표를 검토할 필요가 있다. 그리하여 가능 세계 구성의 문학 교육에 특성화된 교육 내용과 방법을 마련하기 위한 관점을 마련할 필요가 있다.

    가능 세계 구성은 허구를 삶과 동떨어진 이야기로 수용하는 것이 아니라, 허구가 우리의 삶과 맺고 있는 관계를 느끼고 경험함으로써 허구 세계에 대한 의미 이해가 자신의 현실 세계에 대한 이해와 연계되는 것을 지향한다. 이는 문학을 통한 삶의 총체적 이해라는 문학 교육의 거시적인 목표에 수렴한다. 그러므로 현재 문학 교육의 목표와 맥락을 함께 두되, 가능 세계 구성의 본질을 달성할 수 있는 목표로서의 구체성을 지니고 있어야 한다.

    문학 교육에서 학습자가 가능 세계를 구성한다는 것은 텍스트의 세계에 대한 이해를 자신의 현실 세계에 대한 이해로 확장한다는 것이다. 문학 교육에서 텍스트의 세계와 독자 세계를 매개하기 위한 접근은 해석 교육의 차원에서 논의되었다. 그러므로 가능 세계 구성의 문학 교육 목표는 문학 텍스트를 실제 자기 세계와의 관계 속에서 수용할 수 있는 해석 능력 신장으로 구체화할 수 있다.

이때 학습자가 의미를 해석한다는 것은 텍스트의 세부적인 사실이나 줄거리를 상세하게 이해하는 것만이 아니다. 2부에서 논의한 바와 같이, 복수의 세계들과의 관계망 속에서 텍스트 심층의 의미를 독자가 주체적으로 수용하는 것을 지향한다. 문학 교육에서 가능 세계 구성을 논의할 때, 이를 통해 추구하고자 하는 궁극적인 목표가 기능의 달성이나 전략의 습득 자체에 있는 것은 아니다. 이해와 표현 활동을 통해 학습자가 어떤 문학적 경험을 가질 수 있도록 하느냐가 더욱 중요하다.

가능 세계 구성 문학 교육의 이러한 특성은 교육 내용을 구안하는 데 있어, 내용 범주를 설정하는 것과 밀접한 관련이 있다. 앞서 논의한 가능 세계 구성의 문학 교육 목표 달성은 김대행(2002)의 국어과 교육의 내용 범주 중 태도나 경험과 관련이 크지만, 그것이 지식이나 기능과 분리되어 달성될 수 있는 것은 아니다.[43]

---

[43] 김대행(2002)은 국어 교육의 내용을 "수행, 지식, 태도, 경험"의 네 범주로 구성해야 한다고 주장하며, 수행과 지식에 비해 경험과 태도 범주에서의 교육 내용의 위축과 단편성을 지적한 바 있다. 언어로 형성되는 어떤 의미(meaning)를 '경험'한 결과로서 어떤 '태도'를 지니는가 하는 문제는 궁극적으로 자신의 정체성과 관련된 문제라고 할 정도로 중요하지만, 교육에서 내용으로 고려되고 있지 못하다. 언어가 의미이며 그래서 경험을 형성한다는 측면은 거의 논의조차 되지 않은 채로 오늘에 이르렀으며, 태도라는 것은 흥미, 관심, 습관, 등 언어의 수행에 관한 태도를 교육과정에 등재하는 데 그치고 있는 실정을 지적하였다. 여기서 태도란 흥미, 관심, 습관, 등 언어의 수행에 관한 태도라기보다는 "언어(의미)에 대한 경험을 통해서 형성하게 되는 정체성 및 주체성을 교육하기 위한 내용 범주"(김대행, 2002:31)를 의미한다.

한 예로 2015 국어과 교육과정에서 "[9국05-10] 인간의 성장을 다룬 작품을 읽으며 삶을 성찰하는 태도를 지닌다."라는 성취 기준은 가능 세계 구성과 관련 있다. 이는 "문학을 통한 성찰"이라는 태도 범주의 내용 요소를 구현한 것이다. 그러나 실제 이 성취 기준을 달성하기 위해서는 문학 작품을 통해 삶을 성찰하기 위한 지식과 기능이 필요하며, 이에 관한 교육 내용이 함께 고려되어야 한다.

또, 2015 국어과 교육과정 5, 6학년군 성취 기준은 "[6국05-02] 작품 속 세계와 현실 세계를 비교하며 작품을 감상한다."라는 기능(수용과 생산) 범주의 "작품 속 세계와 현실 세계의 비교"라는 내용 요소를 구현한 것이다. 그러나 기능적인 차원만으로는 학습자들이 문학 작품을 읽고 구성하는 의미나 그에 대한 경험이 실제 현실과의 연관성 속에서 수용되기에는 역부족이다. 학습자들에게 두 세계를 비교하는 데 필요한 지식, 그리고 두 세계를 비교하는 이유와 맥락을 부여할 수 있는 태도와의 관련이 필요하다.

그러므로 가능 세계 구성을 위한 문학 교육에서 지식, 기능, 태도는 각각의 고유한 범주적 특성을 가지는 동시에 상호 밀접한 관계를 맺으며 교육의 내용과 방법으로 설계되어야 한다. 절차적 지식으로서 기능과 전략에 초점을 두는 언어 기능 영역과 달리, 문학 영역은 문학의 본질과 작품의 이해에 수반되는 행위로서 절차적 지식(procedural knowledge)에 초점을 둔다(온정덕·윤지영, 2021:40-42). 이런 점에서 절차적 지식은 학습자에게 지식과 태도 범주의 명제적(선언적) 지식(declarative knowledge)을 이해하도록 하고, 문학에 대한 태도를 내면화시키기 위한 구체적인 수행과 관련된 지식이다. 그러므로 여기에서는 학습자가 문학 작품과 자기 세계의 관계성을 형성하는 방법론의 부재에 관한 이 책의 문제의식에 따라, 절차적 지식을 중심으로 교육 내용을 마련하고자 한다.[44]

가능 세계 구성 교육의 목표를 달성하기 위해서는 학습자가 가능 세계를 구성하는 과정에서 일어나는 해석 행위를 세분화하고, 학습자들에게 이를 다시 일련의 과정으로서 안내하기 위한 변환이 요구된다. 특히, 가능 세계를 구성하는 과정은 한 번의 읽기로 이루어지는 것이기보다 수차례 순환 속에서 점차 텍스트라는 낯선 세계를 자신의 세계로 의미화하는 과정이다. 따라서 학습자가 두 세계와의 관계 속에서 자신의 생각이나 느낌을 성찰하기 위한 일련의 수행에 대한 절차적 지식과 그것을 교육하기 위한 방법을 마련해야 할 필요가 있다.

한편, 우신영(2015)은 그동안 문학 교육 연구에서 교육 방법을 교실 안에서의 교수·학습 방법 정도로 오해하여, 교육 방법에 대한 논의를 부차적인 것으로 여기는 경향이 있었음을 지적한 바 있다. 그러나 교육

---

[44] 온정덕·윤지영(2021)에 따르면, 국어 교육을 구성하는 영역별로 학교에서 가르쳐야 할 내용은 크게 '본질, 원리, 실제'라는 세 개의 하위 범주로 나뉜다. 이는 6차 교육과정부터 시작된 것으로 2015 개정 교육과정까지 그 흐름이 이어지고 있다. 이 중 본질과 원리는 국어과의 교육 내용으로서 지식과 기능에 해당한다. 본질 범주에서 다루어지는 지식은 서술적 지식으로, 그것이 무엇인지를 묻는 물음에 대한 답이라고 할 수 있다. 원리는 방법적 지식 또는 절차적 지식으로 일컬어지는 내용으로, 일반적으로 기능을 의미한다(김명순, 2018). 문학 영역에서 본질과 원리는 언어 기능 영역과 달리, 어떤 기능에 대한 수행과 관련된 지식이나 원리를 의미하는 것이 아니라 문학의 본질과 작품 이해에 대한 기본 원리를 의미한다(이삼형 외, 2007).

내용의 설계만으로는 가능 세계 구성의 문학 교육이 실제 학습자를 성장시킬 수 있는 교육으로 구체화되기는 어렵다. 왜냐하면 교육 내용으로서 절차적 지식의 설계만으로는 문학 교육이 구동되지는 않을 것이기 때문이다. 교육 방법은 수업에서 학습자가 보다 완전하고 총체적으로 교육 내용을 수행할 수 있도록 구조화의 계기를 제공하는 것이다(정진석, 2013: 170). 그러므로 다음에서는 가능 세계 구성의 문학 교육 내용을 설계하고, 이를 가르치기 위한 원리를 탐색함으로써 교육 내용에 상응하는 교육 방법을 설계하고자 한다.

2장 | 가능 세계 구성 문학 교육의 내용

교육 내용은 목표로 설정된 학생들의 행동 변화 및 능력 신장에 기여할 수 있어야 한다. 그런데 가능 세계를 구성한다는 것, 텍스트 심층의 의미를 자기 세계에서 수용한다는 것은 객관적 실체로 다가오지 않기 때문에 이를 교육 내용으로 체계화하는 것은 쉽지 않다. 의미 해석으로서의 가능 세계 구성이라는 추상적 수준을 교육 목표로 추구하기 위해서는 이를 달성하기 위한 하위 목표를 교육 내용으로 설정하고 세부 요소로 상세화할 필요가 있다.

가능 세계 구성의 교육 내용은 가능 세계 구성의 수행 구조를 이루는 두 가지 층위를 기준으로 구체화될 수 있다. 하나는 텍스트의 세계 체계를 통해 입체적이고 풍부한 텍스트 세계를 구성하는 것이고, 다른 하나는 텍스트 세계 체계와 독자 세계 체계의 양방향적 작용을 통해 독자 세계에 대한 새로운 이해를 모색하는 것이다. 이들 두 층위는 상호 밀접한 관계 속에서만 존재하며 분리되어 달성될 수 없다. 또, 가능 세계 구성 교육의 세부 내용 범주는 앞에서 논의한 바와 같이 '지식, 기능(수용과 생산), 태도'로 설정할 수 있으며, 이들은 교육 목표를 달성하기 위하여

상호 밀접한 관계 속에서 교육 내용화된다.[45]

이상의 논의를 바탕으로 여기에서는 가능 세계 구성의 교육 내용 층위를 '텍스트 세계의 구성', '독자 세계의 구성'으로 나누고, 3부의 수행 구조를 근거로 각 층위에서 도출할 수 있는 가능 세계 구성 교육 내용을 마련할 것이다. 이는 문학 교실에서 학습자가 가능 세계 구성이라는 일련의 과정을 수행하기 위하여 그 수행 구조를 내면화하기 위한 절차적 지식의 성격을 가진다. 그리하여 여기에서는 학습자의 가능 세계 구성을 활성화하기 위한 과정 및 절차를 층위별 성취 기준형으로 진술하고, 이를 세부 요소로 논의하고자 한다.

1   텍스트 세계의 구성

텍스트의 세계를 구성한다는 것은 사실로 가시화된 사건뿐만 아니라 아직 현실로 실현되지는 못하였으나 실현될 수 있는 잠재적 현실의 가능 세계를 함께 고려하며 사건의 의미를 파악하는 순환적·중층적 이해 과정으로, 텍스트와 학습자 사이에 이루어지는 행위에 초점이 있다. 텍

---

45 2015 국어과 교육과정의 내용 체계표에서 중심이 되는 것은 '핵심 개념'과 '일반화된 지식'이다. 이를 이전 교육과정의 내용 체계와의 관련 속에서 살펴보면, 지식, 기능(수용과 생산), 태도 가운데 특히 지식은 '문학의 본질'과 '문학의 갈래'라는 핵심 개념으로 분산되었으며, 각 범주는 문학의 수용과 생산에 필요한 '기능'의 향상으로 나아가도록 구조화되었다(이상일, 2016). 이러한 흐름에서 볼 때, 가능 세계 구성이라는 수용 및 생산에 필요한 기능을 향상시키기 위해 관련 지식과 태도들이 고려되고, 이를 통해 가능 세계 구성의 수행이 발전되어 나가도록 교육 내용이 설계되어야 되어야 한다.

스트 세계 구성의 교육 내용은 다음과 같이 구체화될 수 있다.

> ● 작품의 세계 체계를 파악하고 인물의 현실 세계를 총체적으로 인식할 수 있다.

이 교육 내용은 학습자가 인물의 현실 세계를 총체적으로 인식하기 위해 선정되었다. 이를 학습자 수행을 중심으로 살펴보면, '작품의 세계 체계에 대한 표상을 구체화하는 것'과 '인물의 현실 세계를 총체적으로 인식하는 것'으로 나누어 볼 수 있다.

작품의 세계 체계에 대한 표상은 독자가 구성하는 정신적 표상(mental presentation)을 의미한다. 이는 텍스트의 언어가 제공하는 정보를 통해 독자가 자신의 마음속에 그리는 형상이다. 여기서의 관건은 독자가 텍스트의 언어를 얼마나 자신의 것으로 구체화할 수 있는가이다. 텍스트의 언어와 텍스트의 세계는 구분되는 개념이다. 왜냐하면 언어가 기호라면 텍스트 세계는 독자에 의해 실현되기 때문이다.

단순히 언어를 읽는 행위가 독자 자신의 표상을 구체화하는 것을 담보하지 못한다. 왜냐하면 독자의 표상은 텍스트의 언어를 읽음으로 인해 자동화되는 것이 아니기 때문이다. 또, 독자의 정신적 표상이 눈에 보이지 않는다고 해서 자동화를 의미하는 것도 아니다. 물론 텍스트의 언어가 자연스러운 상상과 연상을 불러일으킬 수는 있지만, 서사는 하나의 문장 또는 하나의 사건으로 이루어져 있지 않다. 각각에 대한 상상과 연상을 종합할 수 있는 능력이 필요하다. 예컨대, 동화나 소설은 하나의 사실화된 사건을 둘러싼 복합적인 맥락과 다중적인 시점으로 구성되었기 때문에, 독자는 소설 내부의 가시적·비시적 세계들을 구체화하고 자신의 표상들을 종합할 수 있어야 한다. 이는 학습 독자들이 이질적인 세계들을 하나의 총체로 인식하기 위하여 텍스트의 언어 및 자신의 현실 세계와 적극적으로 소통하는 능력을 요구한다.

독자가 표상한 텍스트 세계는 텍스트의 언어와 일치하지 않는다. 왜냐하면 텍스트 세계는 하나의 객관적인 상으로 고정된 것이 아니라 독자에 의해 그려지기 때문이다. 독자는 텍스트 세계를 작중 인물들이 거주하는 현실 세계로 수용하고 상상하는 과정에서 허구의 틈을 만나게 된다. 이때 언표되지 않고 비어 있는 세계의 시공간이나 질서는 독자 현실 세계에 대한 인식과 참조를 독자에게 요구한다. 이는 독자가 자신의 현실 세계를 적극적으로 이해하고, 텍스트 세계의 빈자리의 요청에 역동적으로 대응하는 능력과 관련 있다.

따라서 텍스트 세계 체계에 대한 표상의 구체화라는 것을 교육 내용으로 삼는다는 것은 학습자의 형상이 자동화되는 것이 아니라, 위에 서술한 세부 능력들을 신장함으로써 개선되고 달성될 수 있는 행위로 관점을 달리하는 것을 의미한다. 텍스트 세계에 대한 표상을 구체화하는 것은 텍스트에서 언어라는 기호가 학습자에게 말하려고 하는 것에 귀 기울이는 첫 단계이며, 허구의 비실재성을 벗어나 이를 하나의 가능한 현실로 수용하고 상상적으로 참여하는 경험이다. 궁극적으로 이는 학습자가 자유롭고 다양한 해석으로 나아갈 수 있는 근거를 마련하는 역량을 신장하는 데 직접적으로 기여하는 교육 내용이라고 할 수 있다.

이와 같은 표상은 텍스트 현실 세계에 대한 총체적 인식을 위한 것이다. 텍스트의 현실 세계를 총체적으로 인식하는 데 인물의 가능 세계가 가지는 중요성은 앞에서 논한 바 있다. 동화나 소설은 인물들이 거주하는 현실 세계와 현실에 존재하는 가능 세계들을 중층적으로 재현하며, 그들 사이의 관계를 통해 사건의 의미를 드러낸다.[46] 왜냐하면 현실의 우리가 그러하듯이, 텍스트의 현실 세계에 거주하는 인물들은 자신의 현실 세계를 이탈하거나 변화시키기 위한 계획과 소망의 가능 세계를 가지고 있기 때문이다. 텍스트의 세계에 대한 총체적 인식은 실제 현실 세계의 이면을 인식하는 것과 다르지 않다. 텍스트가 현실로 삼고 있는 세계와 그 내부의 가능 세계들의 관계망에 대한 이해가 필요하며, 이는 학습자가 텍스트 현실 세계를 심층적으로 이해할 수 있는 계기가 된다.

이를 위해 학습자는 사실로 가시화된 현실 세계를 이해하는 것에 그쳐서 안 된다. 텍스트에 잠재된 인물의 소망이나 의도, 의무 등 복수의 가능 세계들을 읽음으로써 텍스트 현실 세계를 다면적이고 총체적으로 인식할 수 있는 능력이 요구된다. 이를 위해 학습자는 텍스트의 언어가 제공하는 정보를 통해 사실로 가시화된 사건 외에도, 텍스트에 잠재된 복수의 가능 세계들을 인식, 추론할 수 있어야 한다.

문학 교육에서 허구는 하나의 대안적 세계의 묘사로 여겨졌으며, 인물, 사건, 배경에 대한 실제로 벌어진 사건의 사실과 인과성을 중심으로 이해되었다. 그러나 허구는 '존재할 수 있는' 복수(複數) 세계의 배치를 통해 양립, 갈등, 충돌하는 영역(Prince, 1992;169-170)이다. 세계 체계

---

[46] 가능 세계는 일상생활에서도 꿈, 믿음, 의도, 소망 등으로 존재하지만 허구 서사에서 보다 체계적으로 구조화된다(최인자, 2007; 443).

로서 서사는 하나의 단선적인 줄거리가 아니라 인물의 소망이나 미래에 짊어져야 할 의무 등의 가능 세계가 그들의 현실 세계와 충돌하거나 양립하면서 추동되는 동태적 양상이다. 따라서 학습자가 텍스트에서 의미 변형이 발생하지 않는 현실 세계와 인물에 따라 의미 변형이 발생하는 가능 세계를 함께 고려하는 것은 서사적 변화의 역동성을 추론함으로써 텍스트 세계의 전체상을 다면적으로 구성하고 입체화한다는 것을 의미한다. 그러므로 텍스트 현실 세계에 대한 총체적 인식은 학습자들이 텍스트의 현실 세계뿐만 아니라 텍스트 내에 직접, 간접적으로 드러난 가능 세계를 인식하고, 복수 세계의 이질성을 통합적으로 이해할 때 이루어질 수 있다.

텍스트 세계 구성의 층위에서 허구를 불가능이 아닌 가능성으로 이해함으로써 우리의 현실 세계와 병존하는 또 다른 현실로 이해하려는 노력은, 결과적으로 허구를 통한 실제 현실 세계의 이해에도 도움을 줄 수 있을 것이다. 왜냐하면 텍스트 세계는 텍스트 언어와 독자 세계와의 협력을 통해 구성되며, 텍스트 세계는 다시 학습자가 자신의 실제 현실 세계를 다면적으로 이해하고 확장하는 데 활용된다는 점에서 중요하기 때문이다.

'작품 세계 체계에 대한 표상의 구체화'와 '인물 현실 세계에 대한 총체적 인식'을 달성하기 위한 세부 요소를 제시하면 다음과 같다.

가. 텍스트의 대상 인식과 세계 체계의 표상

가능 세계 구성 교육을 위해 학습자들은 텍스트의 표현(언어)이 지시하는 대상을 인식할 수 있어야 한다. 이를 위해서 학습자들은 텍스트와 자신이 갖게 된 형상을 면밀하게 조회하면서 텍스트가 제공하는 정보들을 충분히 이해할 필요가 있다. 텍스트가 지시하는 대상을 인식한다는 것은 독자가 텍스트를 자신의 것으로 다시 그리는 형상화 과정으로, 세부적인 행동이나 사건들을 '전체'로 고려하는(Ricoeur, 1983; 김한식·이경래 역, 1999: 151) 것이다.

독자가 사건의 연속에서 일련의 유기적인 형상을 구성한다는 것은 줄거리를 구성하는 행위이다. 가능 세계 구성의 문학 교육에서 서사의 줄거리는 하나의 사실이 아니라 객관적으로 발생한 사실로, 현실 세계와 비현실의 가능 세계들이 엮여 서로 영향을 주고받는 작용태이다. 그림이 물감으로 그려지는 것처럼 텍스트의 세계 체계는 언어로 표현된다. 그러므로 문학 텍스트는 학습자들이 세계를 인식하기 위해 접촉할 수 있는 가장 직접적인 자원이다. 학습자들은 텍스트의 언어에 전적으로 의지하여 텍스트가 제시하는 사실적 정보들을 확보하고 줄거리를 확보하는 과정이 텍스트의 언어를 세계로 표상하는 데 필수적이라는 점을 이해해야 한다.

이렇게 인식된 대상의 첫 번째 범주는 작중 인물이 실제로 거주하는 현실 세계이다. 가능 세계 구성 교육을 위해서는 텍스트가 가상이나 공상의 것이 아니라 하나의 현실 세계라는 실감을 가질 수 있어야 한다. 왜냐하면 텍스트의 현실 세계에 대한 이해와 탐구가 독자의 실제 현실 세계에 대한 이해와 탐구로 확장될 수 있기 때문이다. 텍스트는 텅 빈 세계가 아니라 인물들이 살아가는 현실 세계라는 점에서 우리는 인물을 현실 세계에 대한 실감의 통로로 삼을 수 있다. 우리의 현실 세계와 마찬가지로 작중 인물들은 그 안에서 욕망하고 갈등하며 살아간다.

학습자의 실감은 실재하지 않는 세계에서 실재하는 인물과 사건, 그 세계에서 거주하는 인물이나 실제로 일어난 일들을 지각함으로써 발생한다. 그러므로 학습자들이 해당 세계의 주체로서 자기 현실에 관해 가지고 있는 인식, 그에게 벌어진 사건 등을 실재적인 대상으로 인식할 수 있도록 하는 과정을 통해 현실 세계로서의 실감을 점진적으로 더해 갈 수 있다.

텍스트의 언어를 통해 인식해야 하는 대상의 두 번째 범주는 인물의 가능 세계이다. 텍스트 세계 체계는 하나의 현실 세계를 중심에 두고, 접근 가능성으로 연결된 복수의 가능 세계들의 관계로 이루어져 있다. 가능 세계는 현실 세계의 내부에서 구성되며, 인물들의 정신 작용으로 창조된 세계이다. 인물의 가능 세계는 텍스트상에서 가시적으로 드러나기도 하고, 상상적으로 구성되거나 추론되기도 한다. 교육 설계의 전제에서 살펴본 바와 같이, 가능 세계 구성 교육에서는 학습자들이 인물의 현실 세계, 실제로 벌어진 사건들을 중심으로 감상을 수행하는 것이 아니라 인물의 가능 세계를 인식할 수 있도록 하는 것이 중요하다. 그리하여 언표된 인물의 가능 세계를 인식하면서 텍스트에 서술되지 않은 인물의 가능 세계를 풍부하게 구성하는 과정으로 이어갈 필요가 있다.

나. 이질적 세계들의 관계 추론과 텍스트 세계의 통합

학습자들이 텍스트 현실 세계를 총체적으로 이해하기 위해서는 가시화된 사건과 사실뿐만 아니라 실현될 수 있는 가능성의 양상들이 필요하다. 인물의 가능 세계들을 인식하고 이해한 학습자들은 인물의 현실 세계와 인물의 가능 세계가 충돌하거나 갈등하는 지점을 찾아야 한다. 인물의 현실 세계 이면에 있는 인물의 가능 세계를 추론해야 한다. 이것은 인물의 현실 세계를 해석하기 위한 맥락과 자원으로, 인물의 가능 세계를 활용하도록 유도하기 위한 것이다.

현실 세계에는 인물에게 고정된 역할과 삶이 있다. 그리고 현실 세계에서 인물은 끊임없이 사건들을 맞이한다. 이때 인물이 자신의 마음속에 품고 있는 소망 세계나 의도 세계, 예를 들면 장애를 가졌지만 자신을 동정해 주는 도우미가 아닌 진정한 친구를 사귀고 싶다는 마음이라든가, 꿈을 이루기 위해 자신이 계획한 일과 같은 것들은 현실에서 일어난 사건들의 의미를 추론할 수 있게 해 주는 단서가 된다. 현실에서의 사건들은 실제 일어난 일들의 인과 관계로만 해석되지 않고, 눈에 보이지 않는 가능 세계들과의 관계가 일으키는 서사적 변화가 된다. 학습자들은 지금 현실에서 일어난 사건에서 사람들이 짓고 있는 표정이나 말에 초점을 맞추는 것이 아니라, 그 뒤의 세계, 오랫동안 간직했던 소망을 배경으로 전경화된 사건의 의미를 추론할 수 있다. 텍스트의 현실 세계와 현실은 아니지만 실현될 수 있는 가능 세계의 이질성은 현실 세계에 대한 총체적인 인식 안에서 통합된다.

이는 학습자들이 인식할 수 있었던 현실 세계의 단면뿐만 아니라 자신이 인식할 수 없었던 대상의 이면을 인식하게 하여 텍스트의 세계에 잠재된 의미의 가능성을 실현시키고, 현실 세계에 대한 실감을 높여 몰입을 유도하는 교육 내용이다.

2   독자 세계의 구성

가능 세계의 의미 구성 층위에서 독자는 텍스트 세계의 '의미(meaning)'를 구성하고, 자신의 현실 세계로의 수용 가능성을 구체화한다. 여기서 의미는 '문학이 허구의 형상을 통해 사실이 아닌 삶의 진실을 추구'(김대행, 2000)한다는 점에서 지시적 사실을 넘어선 허구적 진실을 의미한다. 이때, 의미는 텍스트로부터 주어지는 것이 아니라 독자가 가능 세계를 구성하는 과정에서 이해하고 만드는 것이다. 왜냐하면 허구의 의미는 텍스트의 형상 안에 하나로 고정된 것이 아니라, 독자가 텍스트를 읽는 과정에서 텍스트 세계와 독자 세계의 교차를 통해 '다시' 그리는 것이기 때문이다(Ricoeur, 1999 : 171-180).

독자가 다시 그린 것과 그리기 전의 대상은 구분된다. 그리기 전의 대상이 기호라면, 독자가 가능 세계로서 다시 그린 것은 독자 자신의 현실 세계를 비롯한 복수 세계와의 관계망 속에서 이해한 허구의 '의미'이다. 이 층위에서의 목표는 허구가 현실 세계에 대한 이해를 시도하고 확장할 수 있는 매개가 될 수 있다는 점에서 다음과 같이 교육 내용을 제시할 수 있다.

- 문학 작품을 읽고 나에게 있었던 사건의 의미를 이해하고, 문학 작품이나 나의 현실 세계에 대한 변화된 이해를 성찰할 수 있다.

이는 '텍스트 세계에 기반한 현실 세계의 재구축'과 '세계 이해 도식의 확장'의 과정으로 세분화할 수 있다. 먼저, '텍스트 세계에 기반한 현실 세계의 재구축'을 살펴보기로 한다. 가능 세계의 구성은 텍스트와 독자의 현실 세계를 매개하는 일련의 문학 행위이다. 텍스트라는 언어와 독자의 현실 세계의 서로 다른 층위를 매개하기 위하여 본고에서는 가능 세계의 관점을 도입하였다. 텍스트의 현실 세계와 독자의 현실 세계는 허구와 현실, 거짓과 참의 관계가 아니라, 병존하는 세계로서 서로를 이해하는 데 필요한 관점을 독자에게 제공한다. 이를테면, 독자는 텍스트 세계를 구성하기 위하여 자신의 현실 세계를 참조한다. 동시에 자신에게 고착된 채 의미로 구성되지 않은 현실 세계를 이해하기 위하여 텍스트 세계를 참조하게 된다. '현실'이라는 통로는 분리된 두 세계를 매개하는 계기가 된다.

1차 해석 텍스트 쓰기에서 실제 학습자는 "나는 이야기에서 나에게 준 메시지가 무엇인지 잘 모르겠다. 왜냐하면 책을 읽고 든 생각은 있지만 무엇을 전달하는 이야기인지는 잘 모르겠다."[47]라는 견해를 밝혔다. 1차 해석 텍스트에서 세계의 구성이 활발하게 일어난 학습자들과 비교했을 때, 이러한 어려움은 예상 가능한 것이다. 문제는 텍스트 세계의 구성이 상당히 상세화된 학습자의 경우도 이러한 어려움이 발생한다는 것이다. 텍스트 세계를 풍부하게 표상한다고 하더라도 그것과 자신의 현실 세계가 유의미하게 소통하게 하는 방법을 알지 못한다면, 독자의 마음 안에서 두 세계는 이원화된 상태로 분리될 뿐이다.

분리된 두 세계의 단절은 독자가 두 현실 세계가 지니는 관련성을 형

---

47 [조커와 나–초등A–2]

성할 때(텍스트 세계와 자신의 세계의 구조적 동형성)에 비로소 다시 소통 가능한 관계로 거듭날 수 있다. 이는 독자가 인물의 가능 세계와 현실 세계의 관계망을 이해한 것과 같이 자신에게 주어진 현실 세계를 세계 체계의 다층 구조를 통해 서사적으로 이해하는 것을 의미한다. 실제로 일어난 사건으로서의 현실 세계는 실재했던 것들이기는 하지만, 인식되고 의미화된 것은 아니다. 단편적인 사실들만 나열되어 있다는 점에서 평면적인 세계라고 할 수 있다. 텍스트 세계로 재중심화했던 인식을 자신의 현실 세계로 이동시키면서 자신에게 특별한 감각으로 와 닿는 평면들을 발견하는 과정이 필요하다. 이는 자신의 세계 안에서 텍스트 세계를 읽으면서 텍스트 세계에 대한 인식을 통해 자신의 현실 세계를 다시 인식하는 능력과 관련된다.

가능 세계 구성 교육은 텍스트가 투사하는 세계만을 이해하기 위한 것이 아니라, 허구를 통해 우리가 살아가고 있는 현실과 자신을 깊이 있게 이해하는 것을 목적으로 한다. 따라서 이러한 능력 신장을 위한 '텍스트 세계에 기반한 현실 세계의 재구축'을 하나의 교육 내용으로서 설정할 수 있다. 이때 학습자는 텍스트 세계를 이해하기 위하여 배경화되었던 자신의 현실 세계를 전경화함으로써 텍스트 세계와 개별적인 관계를 맺게 된다. 왜냐하면 독자 개개인이 다른 것처럼 각자 가지고 있는 세계가 다르기 때문이다. 텍스트의 현실 세계와 독자의 현실 세계라는 두 개의 이질적인 세계는 독자가 텍스트의 현실 세계를 자신의 현실 세계로 투사함으로써 서사적 이해의 계기를 발견함으로써 통합될 수 있다.

다음으로 살펴볼 내용은 '세계 이해 도식의 확장'이다. 우리는 매일 다른 일상을 살아가지만, 자신에게 일어나는 사건이나 현실의 의미를 이해하기란 쉽지 않다. 왜냐하면 돌발적으로 벌어지는 사건들을 겪으면서 지금 현실에 살고 있는 당사자이기 때문이다. 우리는 현실 세계 안에서 살기 때문에 자신이 경험한 세계 외의 다른 이해를 가지고 있지 못하다. 이처럼 현실의 논리에 종속된 단일한 관점만으로는 자신의 현실이 '있다'라고 인식하는 것 외의 다른 인식, 즉 그것의 의미를 이해하거나 판단할 수는 없게 된다.

우리가 자신의 현실 세계의 의미를 이해하고, 사실에 가려진 진실을 판단하는 것은 지금 이 현실뿐만 아니라 지금 현실과 다른 세계를 참조할 때 가능해진다. 앞에서 가능 세계로서의 문학은 현실 세계에 대한 이해와 판단의 근거가 되는 참조 세계가 될 수 있음을 강조한 바 있다. 허구의 이야기는 우리 일상생활의 꿈, 믿음, 소망과 다르지 않은 가능 세계로, 우리에게 바로 그 참조 세계를 제공하는 주요한 공급원이 된다. 왜냐하면 허구의 이야기는 우리가 알고 있는 현실의 다른 측면을 보여주기 때문이다.

우리 현실 세계에 대한 이해는 텍스트 현실 세계에 대한 것과 구조적으로 다르지 않다. 즉 텍스트 현실 세계에 대한 이해가 인물의 가능 세계들과의 관계를 통해 이루어지는 것과 같이, 우리 실제 현실 세계에 대한 이해는 허구의 이야기라는 가능 세계와의 관계를 통해 이루어질 수 있다. 그리고 독자는 허구가 지닌 힘에 따라 우리의 현실 세계를 새롭게 발견함으로써 세계에 대한 자신의 이해 도식을 확장하게 된다.

그러므로 독자가 텍스트를 자신의 가능 세계로 구성한다는 것은 '세계 이해 도식의 확장'이라는 목표로 구체화될 수 있다. 이는 학습자가 세계 이해 도식을 확장하기 위한 별도의 인지 행위를 수행하는 것을 의미하기보다, 텍스트를 가능 세계로서 수용하면서 일어난 독자 내부의 사건들, 자신의 인식과 내면을 성찰하는 것을 의미한다. 학습 독자는 텍스트의 언어를 텍스트 세계로 구성하고, 나아가 텍스트 세계와 자신의 현실 세계의 관계를 형성하여 가능 세계를 수용할 수 있다. 주체로서 학습자가 대상을 텍스트에서 가능 세계로 구성함에 따라 대상과 주체가 맺는 관계는 달라진다. 이는 비현실, 비사실로서의 허구가 현실 세계와의 관련성 속에서 비로소 자신의 삶에서 수용할 수 있는 의미로 이해된다는 점에서 서사의 해석 능력과 관계가 있다. 또, 텍스트를 읽기 전의 독자와 읽은 후의 독자는 허구의 인식적 가치를 체험하고, 이를 자기 현실에서 가능 세계로 수용했다는 점에서 다른 존재됨을 지향한다.

의미 구성 층위의 두 목표는 텍스트와 독자 현실 세계의 관계성 형성을 의도하기 때문에 가시적 결과를 확인하기 어렵다는 측면에서 부적절해 보일 수도 있다. 또, 학습자가 허구의 이야기를 읽는 경험이 반드시 그들의 삶과 통합되거나 행동의 변화로 이어져야만 하는 것은 아니다. 그러나 허구 세계가 비현실, 비사실로서 우리 삶과 단절된 채 텍스트 읽기에 대한 교육에만 머무른다면, 문학 교육에서 '사실이 아닌 이야기'를 왜 가르쳐야 하고 이것을 통해 무엇을 달성하고자 하는지 답하기 어렵다. 이 목표들은 독자 현실 세계의 확인 가능하고 괄목할만한 행동의 변화를 의도하지는 않는다. 텍스트와 독자 현실 세계라는 두 대상의 다른 층위의 이질성을 극복하기 위한 태도로서의 인지 구조 형성을 지향한다.

　허구에는 현실의 속박을 벗어던지고 진실을 전달할 수 있는 유연함과 힘이 있다. 무엇보다 문학 교육은 이와 같은 허구의 본질적인 가치를 지식으로 전달하기보다 학습자들이 구체적으로 이해하고 경험할 수 있는 교육을 적극적으로 모색할 필요가 있다. 이는 허구 세계와 현실 세계를 단순히 비교, 대조하여 달성되는 것이 아니다. 물론, 허구의 이야기는 그 자체로서 현실은 아니다. 그러나 학습자들이 허구와 현실의 차이 또는 단절보다는 허구와 현실의 관련성과 허구의 매개적 기능에 무게를 두는 것이 바람직하다. 이는 허구 감상에 대한 학습자의 태도와 직결되기 때문이다. 문학 교육은 허구가 현실과 맺고 있는 복합적인 관계를 통해 학습 독자가 허구의 세계를 읽는 의미와 즐거움을 지속할 가능성을 확보해야 한다.

　가능 세계의 의미 구성 층위의 교육 내용은 허구와 현실의 대립 관계가 아니라, 허구와 현실이 맺는 복합적이고 역동적인 관계에 기반하여 독자가 가능 세계로서 허구의 본질적 가치를 실현하기 위한 절차적 지식으로서의 의미가 있다. 위 교육 내용에 대한 가능 세계 구성의 수행을 문학 수용과 생산의 '활동'으로 삼아, 활동의 진행을 구조화할 수 있는 가능 세계 구성 교육의 세부 내용을 제시하면 다음과 같다.

가. 텍스트–독자 세계 체계의 유기적 이해와 내적 관련성 형성

　독자의 현실 세계는 일상성과 반복성을 가진 세계이다. 학습자들이 가지고 있는 세계도 자신에게 일어났던 사건들과 주어졌던 경험, 그리고 실현될 수 있는 소망과 기대의 가능성으로 채워져 있다. 텍스트 세계 체계는 학습자들이 자신의 세계를 이해하는 데에도 적용 가능하다. 텍스트 세계와 독자 세계의 내적 관련성을 형성하도록 하기 위해서는 학습자가 텍스트 세계와 자기 세계가 동형의 세계 구조를 가지고 있다는 것을 이해해야 한다. 그리하여 텍스트를 세계 체계로 파악한 것처럼 자신의 현실 세계와 자신의 가능 세계를 파악할 수 있어야 한다.

텍스트의 세계 체계에 대한 총체적 이해는 학습자가 텍스트 현실 세계를 입체적으로 구성하기 위함이다. 이제 학습자는 텍스트의 현실 세계를 통해 자신의 현실 세계를 들여다봄으로써 자신이 가지고 있는 사실과 경험들에서 의미화를 요청하는 지점을 발견해야 한다. 학습자들은 자신의 기억 속에서 사실로 남아 있지만 이해할 수 없었던 세계를 텍스트 현실 세계와의 내적 연관성을 형성함으로써 사건의 의미를 새롭게 이해할 수 있게 된다.

자신의 세계를 세계 구조로 체계화한 학습자가 텍스트 세계를 투사하게 되는 대상은 자신의 현실 세계만이 아니다. 학습자가 가지고 있었던 기존의 가능 세계들도 새로운 감각으로 느끼고 이해하게 된다. 자신이 현실에 대해 무엇을 불만족스럽게 생각하였는지, 자신이 왜 그런 소망과 계획을 가졌는지를 이해하게 됨으로써 자신의 가능 세계를 의미화하고 숙고할 수 있게 된다.

나. 작품의 주제 구성과 자기 인식의 발견

학습자가 문학 작품을 자신의 삶에서 불가능이 아닌 가능성으로 이해하기 위해서는 작품의 주제를 구성해 보는 과제가 필요하다. 이것은 작가가 의도하거나 텍스트에서 전경화되어 있는 가치를 그대로 수용하는 것이 아니다. 학습자가 앞에서 자신의 현실 세계를 새로운 감각으로 발견할 수 있도록 서사적 상황을 중심으로 자신의 삶에 유의미하고 수용 가능한 의미로 와 닿은 삶의 보편적인 진실이나 생각들을 발견하는 활동이다.

이 과정에서 학습자는 자신의 생각이나 느낌과 같은 반응들을 성찰하여 자신 내부에서 일어난 행위와 인식의 변화를 발견할 수 있어야 한다. 작품의 의미를 주제로 구체화한 독자는 텍스트의 비현실성을 제거하고 실재성의 차원에서 텍스트의 세계를 하나의 가능 세계로 가짐으로써 실제의 현실 세계와 자신을 다시 인식하게 된다.

자신의 현실 세계 안에 텍스트를 가능 세계로 포섭하게 된 학습자는 자신이 실제 겪지 않았지만 가능한 세계를 현실로 이해하는 도식을 가지게 된다. 이를 통해 학습자는 이전과는 다른 성장의 계기를 마련할 수 있으며, 자신의 현실 세계에서 소망하고 기대하는 새로운 가능 세계를 모색해 볼 수 있다.

3장 가능 세계 구성 문학 교육의 방법

　여기에서는 학습자들에게 가능 세계 구성의 문학 교육 내용을 교육하기 위한 실천적 지침을 구체화할 것이다. 문학 교육은 학습자들이 수행하는 활동을 출발점으로 하여 이를 비판적으로 개선하는 데 초점을 두는 방식으로 이루어질 필요가 있다(양정실, 2008: 151). 가능 세계 구성의 문학 교육 또한 이와 다르지 않을 것이다. 그러므로 문학 교육의 일반적인 수업 및 교육 활동에서 보다 상세화되어야 할 부분이나 새롭게 고려되어야 할 것, 관점을 달리해야 할 것 등이 교수·학습의 원리로 먼저 검토될 필요가 있다. 따라서 이 절에서는 첫째, 가능 세계 구성 교육의 교수·학습 원리를 밝히고, 둘째, 교수 학습의 원리를 구현하기 위한 교육 방법을 제안할 것이다.

1　가능 세계 구성 문학 교육의 교수·학습 원리

　가능 세계 구성 문학 교육의 실천적 지침을 마련하기 위하여 가능 세계 구성 해석 과정에서 전제되어야 할 교수·학습 원리를 논의하고자 한다. 의미 지향적 상호 작용의 원리, 텍스트 중심 해석의 원리, 세계 인식의 양방향적 활용의 원리, 발견적 태도의 원리로 나누어 살펴본다.

가. 의미 지향적 상호 작용의 원리

문학을 우리 삶과의 관계 속에서 가능 세계로 구성한다는 것은 문학이 학습자의 실제 현실 속에서도 의미를 가질 수 있도록 교육하기 위한 시도이다. 의미 지향적 상호 작용의 원리는 가능 세계 구성의 수업 대화에서 교사와 학생 모두에게 전제되어야 할 맥락으로, 학습자가 문학 텍스트를 읽는 과정에서 사실이 아닌 의미를 지향할 수 있도록 교사가 학생을 안내하거나 조력해야 한다는 원리이다.

여기서 의미는 실제가 아닌 텍스트 세계를 자기 세계 안에서 수용한 결과로, 텍스트가 학습자에게 열어 보이는 심층의 의미를 자기 현실과의 연관 속에서 이해하기 위한 상호 작용이 매우 중요하다. 교사와 학생 간 상호 작용의 지향이 문학 텍스트의 내용 및 사실에 대한 객관적 이해에 국한된다면, 학습자가 텍스트 세계와 자기 세계의 내적 관련성을 형성하는 소통의 과정에 스스로 입문하기가 쉽지 않다.

따라서 교사는 학습자가 실제 우리의 현실이 동떨어져 있는 것이 아니라는 것을 경험할 수 있도록 텍스트 세계와 우리가 실제 살고 있는 세계가 어떤 관계가 있는지 탐색할 수 있도록 독려해야 한다. 이를 위하여 교사는 학습자들에게 문학이 우리 현실과 맺고 있는 다양한 관계를 질문하고, 문학을 읽고 감상하는 이유가 학습자의 관점에서 의미를 가질 수 있도록 계기를 마련해야 한다. 또, 문학 작품에 대한 객관적 이해보다는 문학을 통해 자기 현실의 의미를 이해하는 것에 가치를 둘 수 있도록 감상 맥락을 조성해야 한다.

이때 학습자의 현실에 깊은 통찰을 줄 수 있는 텍스트를 선정하는 것은 매우 중요한 문제가 된다. 현실과의 관련성 때문에 리얼리즘 문학 작품에 국한할 것이 아니라, 학습자들이 자기 세계를 이해하는 데 유의미한 지점을 제시하는 문학 작품을 선정할 필요가 있다. 왜냐하면 판타지는 비현실적이지만, 공상의 문학이 아니라 현실의 알레고리이기도 하기 때문이다. 그러므로 장르에 국한되기보다는 학습자들이 현실에서는 미처 인식하지 못했거나 경험해 본 적이 없어서 이해할 수 없었던 삶의 장면들을 마주하게 만드는 문학 작품이 필요하다. 우리 실제의 삶과 같이 입체적인 인물들이 등장하는 문학 작품이나 우리의 현실에서 일어날 법한 갈등들을 반영하되, 그것에 대한 다각적인 이해나 해결을 보여 주는 문학 작품이 바로 그것이다. 왜냐하면 우리의 삶에는 주동 인물과 반동 인물이 명확하지 않으며, 그들이 맺는 관계의 변화에 따라 사건의 의미들이 결정되고 관계와 의미는 또다시 변화하기 때문이다. 이는 곧 인물의 가능 세계가 풍부하여, 복수 세계가 서로 영향을 주고받으며 사건을 변화시켜 나가는 작품을 의미하기도 한다.

나. 텍스트 중심 해석의 원리

문학 교실에서 우리는 텍스트에 짓눌리거나 텍스트를 외면하는 학습자들을 쉽게 볼 수 있다. 그들은 텍스트를 통해 자신에게 어떤 변화가 일어났는가를 생각해 보지 못하거나, 텍스트의 세계와 자기 세계의 관계를 형성하지 못한 채 텍스트를 자의적으로 향유하는 데 그치고 만다. 고정희(2013b: 67-72)는 리쾨르의 '전유'를 근거로, 이러한 자의적 향유를 지양하고 텍스트 세계에 대한 존중을 통해 독자가 새로운 자기를 발견하는 경험으로 나아갈 것을 제안한 바 있다. 그리하여 텍스트 세계를 전유하는 것은 텍스트의 언어를 주의 깊게 읽는 데서부터 시작함을 논의하고 있다.

　가능 세계 구성의 문학 교육에서 학습자가 텍스트 세계를 표상하기 위해서는 문장들이 지시하고 있는 대상을 이해할 수 있어야 한다. 대상에 대한 사실은 상상적 상황과 관계된 놀이에서 기본 규칙과 같은 역할을 하기 때문이다. 따라서 텍스트에 대한 오독이나 자의적인 읽기를 수행하지 않고, 텍스트의 언어를 충분히 이해할 수 있도록 지도해야 한다. 그런데 자기 이해를 비롯한 정체성의 형성에서 텍스트에 대한 강조는 기존 해석 교육의 논의(양정실, 2008; 우신영, 2015)에서도 거듭 강조된 것이다. 그렇다면 해석 교육에서 텍스트 이해에 대한 정확성은 보편적으로 중요한 부분이라는 점에서 가능 세계 구성의 문학 교육에 특성화된 원리라고 볼 수는 없다.

　가능 세계 구성의 문학 교육에서 특히 중요한 것은 텍스트를 꼼꼼하게 읽는 것이 자기 세계와의 관계 및 의미 탐구로 수렴되는 것이다. 여기서 특별히 강조되어야 하는 부분을 원리로 제시하면 다음과 같다. 텍스트 중심 해석의 원리는 학습자가 텍스트를 면밀하게 조회함으로써 실제로 존재하지 않는 지시 대상의 문제를 자신의 세계 안에서 해석해야 한다는 것을 의미한다. 이는 인물의 가능 세계를 경유할 때 효과적이다. 문학에서 인물의 가능 세계는 인물의 현실 또는 실제 우리의 현실에서는 미처 드러나기 어려운 삶의 진실과 의미를 드러내기 위한 장치이다(나병철, 2014: 26-31). 즉, 앞서 살펴본 의미 지향의 원리를 자의성이 아니라 주체성의 영역에 편입하기 위해 요구되는 원리이다.

이를테면, 해리포터 속 마법사의 세계는 실제 현실에서는 존재하지 않는다. 이때, 해리포터를 다 읽고 현실로 돌아온 학습자가 실제 현실에서 마법을 쓸 수 있느냐 없느냐의 문제에 갇히지 않도록 해야 한다. 따라서 학습자가 텍스트를 자기 삶의 가능 세계로 구성하기 위해서는 해리포터 세계에 대한 보다 꼼꼼한 읽기를 수행하도록 하고, 차별과 편견의 현실 세계에서 해리가 소망한 세계를 이해함으로써 해리의 마법이 아니라 해리의 용기라는 의미화가 가능해지고, 판타지의 세계가 진정한 용기나 친구들 사이의 우정 등 우리의 현실에서 수용될 수 있는 의미로 해석되도록 정향되어야 한다.

따라서 교사는 학습자가 문학 텍스트를 꼼꼼하게 읽을 수 있도록 전체 읽기, 부분 읽기, 발췌하여 읽기 등 다양하게 텍스트를 조회할 수 있는 기회를 제공할 필요가 있다. 또, 학습자들은 성인에 비해 실제 삶의 경험과 해석 경험이 충분하지 않기 때문에, 자신의 삶과 텍스트 세계의 심리적 거리가 먼 경우는 텍스트를 꼼꼼하게 읽고도 인물의 가능 세계를 구성하거나 자기 삶 안에서 해석하는 데 어려움을 느낄 수 있다. 교사는 텍스트에서 인물의 가능 세계가 풍부하게 드러나는 지점을 안내하거나, 다양한 질문을 통해 인물의 가능 세계를 탐색하는 데 도움을 줄 수 있다. 인물의 가능 세계를 추론할 수 있는 맥락을 제공해 줄 수도 있을 것이다. 텍스트 세계를 이해하는 데 도움을 주는 경험을 활성화하거나 상호 텍스트성이 있는 문학 작품을 제공할 필요도 있다. 이러한 조력은 학습자가 텍스트와 보다 정교한 관계를 맺도록 하여 자기 삶으로의 관계성을 형성하도록 하는 데 목적이 있다.

다. 세계 인식의 양방향적 활용의 원리

우리 인간은 현실 세계에서의 경험에 기초해 사람들이 어떻게 행동하는지를 이해할 수 있는 능력으로 '실천적 이해'를 가지고 있다(Ricoeur, 1999:131). 따라서 학습자들이 텍스트 세계를 해석할 때, 실제 현실 세계에 대한 자신의 이해와 경험은 주요한 자원이 된다. 이와 관련하여 양정실(2007)에서는 고등학생 독자의 현실 인식의 해석 관여 현상을 논의한 바 있다. 실제 세계에 대한 학습자의 기존 인식이 소설 세계에 대한 인식에 반영되고, 소설 세계에 대한 인식이 실제 세계에 대한 학습자의 인식에 영향을 주는 양상을 통해 문학 해석에서 독자의 현실 인식과 문학 텍스트에 제시된 허구적 현실이 상호 작용태로 작동함을 논의하였다.

이러한 논의에 기반할 때, 가능 세계 구성의 문학 교육에서 학습자의 현실 인식을 활용하는 것은 매우 유효하다. 왜냐하면 가능 세계 구성의 과정 역시 자기 세계에 대한 학습자의 인식이 텍스트 세계에 대한 인식에 관여되며, 두 세계를 해석하는 데 양방향적으로 관여하기 때문이다. 그런데 가능 세계 구성의 문학 교육에서는 텍스트 세계와 자기 세계에 대한 인식이 두 세계의 해석에 양방향적으로 관여하는 것으로 상세화된다. 이에 가능 세계 구성 문학 교육의 특성에 따라 학습자의 현실 인식을 세계 인식으로 확장할 것을 제안하고, 이를 세계 인식의 양방향적 활용 원리로 논의하고자 한다.

가능 세계 구성의 문학 교육에서 인물의 현실 세계를 이해하기 위해서는 학습자 자신의 현실 세계에 대한 인식만 활용되는 것이 아니라, 인물의 가능 세계, 자신의 가능 세계에 대한 인식이 활용되어야 한다. 자신의 가능 세계는 기존에 자신이 갖고 있었던 소망이나 비현실의 사태에 대한 인식뿐만 아니라 텍스트를 통해 새롭게 생성된 가능 세계 또한 포괄한다. 이를 통해 자신이 새롭게 모색하거나 갱신하게 된 가능 세계와 인물의 현실 세계를 모색할 때, 텍스트 세계에 대한 이해를 자신이 가지고 있던 현실 인식의 범위로 고착시키지 않을 수 있다.

그러므로 교사는 학습자가 자기 현실 세계를 이해하기 위해서 인물의 현실 세계뿐만 아니라 인물의 가능 세계, 자신의 가능 세계에 대한 인식을 활용할 수 있는 기회를 제공해야 한다. 가능 세계 구성의 과정은 한 번의 독서로 끝나는 것이 아니기 때문에 앞에서 살펴본 원리와 관련하여, 텍스트를 다양하게 읽는 과정에서, 특히 학습자가 자신의 세계 인식에 생긴 변화를 성찰하고 명료화할 수 있도록 돕는 것이 바람직하다.

라. 발견적 태도의 원리

가능 세계 구성의 문학 교육이 학습자들의 텍스트 세계 및 자기 세계 인식에 대해 취해야 할 태도는 발견적 태도이다. 학습자들에게 허구의 문학 작품을 읽고 난 다음에는 언제나 자신 삶으로 수용할만한 삶의 진실이나 가치를 얻어야 한다고 요구할 수는 없다. 다만, 텍스트를 통해 스스로 어떤 변화나 다짐을 만드는 것보다 텍스트를 통해 자신에게 일어난 이해나 감정을 살피고, 그 변화를 메타적으로 인지하는 것이 중요하다. 여기서 변화는 텍스트에 대한 인지적, 정의적 이해나 세계에 대한 인식이 A에서 B로의 달라지는 것만 의미하는 것이 아니며, 명료화되거나 상세화되는 것도 포함한다.

중요한 것은 텍스트를 통한 인식의 변화를 자각하고 표현해 볼 수 있는 기회를 마련하여 학습자들이 텍스트를 통한 자기 인식의 변화를 직접 경험하는 것이다. 그리하여 텍스트를 해석하는 경험이 학습자들이 기존에 가지고 있던 자기 세계의 틀에 따라 텍스트를 이해하는 것이 아니라 텍스트를 통해 자기 세계를 새롭게 이해하는 경험이 되도록 이끌 필요가 있다.

발견적 태도의 원리는 자기 인식의 성찰을 통해 자기 인식이 어떤 상태인지 이해함으로써 내면에 떠오른 생각이나 의미를 발견한다는 것이다. 학습자가 자신의 세계와 관계를 맺지 못한 의미를 관습적으로 의미를 만드는 것이 아니라 자기 인식의 변화를 발견하는 것이다. 따라서 학습자들이 왜 텍스트 세계의 이 부분이 지금 자신에게 와 닿았는지, 왜 이 장면에서 자신이 깊은 감정을 느꼈는지, 그것이 자신을 어떤 지점에서 새롭게 이해하게 했는지, 그래서 텍스트를 읽기 전과 후의 자신이 어떻게 달라졌는지, 그것이 자신이 주체적으로 구성한 진실한 인식인지 성찰할 수 있도록 이끌어야 한다. 그리하여 텍스트의 주제적 의미에 대한 발견적 태도가 학습자가 자신의 내면과 정체성을 이해하는 과정으로 이어질 수 있도록 해야 한다.

한 예로, 초등학교 학습자들은 이상적인 모델 독자가 아니다. 그러나 텍스트를 통해 자기 이해에 이르는 해석의 주체가 될 수 있는 '가능성의 존재들'이다. 다음의 해석 텍스트[48]는 작품의 의미를 자신의 삶과 연관시킬 뿐만 아니라 우리 공동체의 삶 속에서 이 문제를 어떻게 다루고 수용하면 좋을까에 대한 차원으로 나아가고 있다는 점에서 가능성을 엿볼 수 있다.

> 1) 조커가 어쩌다가 지금의 조커가 되었는지 알고 나서 장애에 관한 사람들의 시선이 너무 차갑다고 생각했다. 장애가 있는 당사자는 물론 그 사람과 어울리는 사람까지 괴롭히다니……. 너무 나쁘고 비겁한 짓이다. 장애를 가진 것이 그 사람의 잘못은 아닌데……. 나는 지금부터라도 내가 가지고 있는 인식을 개선해야겠다는 생각이 들었다. 나부터 시작해서 우리 사회가 편견과 차별이 없는 사회로 변화했으면 좋겠다.
> 2) 정우는 자신에게 잘해 주던 아이가 부담스럽다고 했다. 어쩌면 나는 장애를 무조건 도와주어야 한다고 생각했던 건 아닐까? 이 이야기가 나에게 준 메시지는 '모든 걸 해 주지 않아도 된다.'와 '조커를 만든 건 우리일 수도 있다.'이다. 조커는 괴롭힘을 받아 '지금의 조커'가 되었다고 했다. 그 괴롭힘을 당하지 않았다면 조커는 조혁으로 선규처럼 정우와 좋은 관계를 유지했을 수도 있다. 마냥 조커만 나쁘다 하고 여길 것이 아니라 조커를 만든 사람이 진짜 빌런 아닐까. 그리고 그 진짜 빌런은 우리 사회의 장애에 관

---

48 해석 텍스트 앞에 표기된 1)은 해석 텍스트 첫 번째 과제 '이야기를 읽고 든 생각이나 느낌을 자유롭게 써 보세요.'에 대한 답변이다. 2)는 해석 텍스트 두 번째 과제 '이 이야기가 나에게 준 메시지가 있다면 어떤 것인지 써 봅시다.'에 대한 답변이다. 해석 텍스트 과제는 [부록 1]을 참고하고 바란다.

> 한 인식이 만들어 낸 것일 수도 있다. 진짜 빌런은 지금도 어딘가 존재할 것이고, 누군가를 괴롭힐 것이다. 어쩌면 사회가 장애에 관한 인식을 개선하려는 노력을 한다면 진짜 빌런은 더 이상 만들어지지 않고, 무찌를 수 있지 않을까?
>
> (조커와 나-초A-7)[49]

위 학습자는 1)에서 인물의 이면을 포착하고, 그 인물을 대하는 타인들에 관한 판단에까지 이르고 있다. 인물의 현실 세계가 그 인물을 둘러싼 세계들과의 상호 작용으로 이루어졌음을 이해하고 있음을 확인할 수 있다. 또 이러한 총체적인 인식을 토대로 자신의 삶에서 수용할 수 있는 지점을 발견하고, 그에 대해 서술하고 있다. 2)에서는 정우를 통해 장애인을 도와주는 것을 당위적으로 받아들였던 자신을 성찰한다. 비장애인이 장애를 가진 사람을 도와주는 것은 선의로 해석될 수 있는 가능성이 큰 행동이지만, 도움을 받는 장애인의 입장에서는 비장애인의 도덕과는 다른 차원의 마음이나 감정이 있을 수 있다. 이 학습자는 보이지 않는 것들을 보이게 만드는 문학의 본질을 누리고 있다고 여겨진다.

---

[49] 학습자의 해석 텍스트는 3부에서 대학생 해석 텍스트를 부호화한 방식을 따라 (대상 텍스트-학교급-번호)로 표기하였다. 번호는 필자가 학습자에게 임의로 구분한 것이다. 예를 들면, (조커와 나-초A-1)은 「조커와 나」를 읽은 초등학교 A반의 1번 학생이 쓴 해석 텍스트를 가리킨다. 이 책에서 설계한 교육 내용 및 방법을 수업에서 적용한 이후 해석 텍스트를 다시 쓰도록 하였다. 그 결과물을 A'반으로 표시하고, (조커와 나-초A'-1)로 부호화하였다. 수업 중 과제와 사후 면담은 (조커와 나-초A-1-수업 중 과제와 같이 번호 뒤에 수집 자료의 항목을 표기하는 방식으로 부호화하였다. 구체적인 교수·학습 과정은 내용은 4부 3장 나항에 기술되어 있다.

마지막으로, 2)에서도 1)과 같이 인물을 단편적으로 이해하지 않고, 그 인물의 서사를 총체적으로 이해함으로써 인물과 세계의 관계를 짚고 있다. 조커는 악인이 아니라 피해자일 수 있음을 이해하고, 허구가 추구하는 삶의 보편적인 진실에 이르고 있음을 보여 준다. 그러므로 학습자들이 가시화된 대상과 세계만이 아니라 그 이면의 것들을 풍부하게 느끼고 생각할 수 있도록 할 수 있다면, 학습자들은 해석의 주체로 성장할 수 있을 것이다.

또, 문학 교육은 학습자들을 도덕적 규범과 문화적 관습에 종속시키기보다 우리 현실 세계와의 관계 속에서 텍스트에서 전경화하고 있는 규범이나 가치에 대해서 되묻고, 그것을 주체적으로 수용할 수 있는 계기를 마련해야 한다.

실제로 교실 안에서 우리는 텍스트를 외면하거나 텍스트에 짓눌린 독자들을 자주 만날 수 있다. 학습자들은 텍스트와 깊이 소통하지 못하며, 텍스트의 세계를 자신의 구체적인 삶과 연결 지어 해석하고 수용하는 데 어려움을 겪는다. 왜냐하면 상투적으로 표현되는 의식은 허위의식이라는 말과 다르지 않으며, 문학을 읽는 행위가 자신의 삶과 연결되지 않는다는 의미이기 때문이다. 물론 초보 감상자로서 초등 학습자들이 생성할 수 있는 가장 일차적인 반응이 표면성과 관습성을 가질 수밖에 없다 하더라도, 문학 교육의 역할은 텍스트에 대한 학습자들의 이해와 반응을 조금 더 심층의 것으로, 형상화된 세계를 자신의 체험으로 전환시킬 수 있어야 한다.

학습자들의 해석 텍스트 중에는 텍스트의 의미를 도덕적인 차원이나 사회적·문화적으로 바람직하다고 여겨 온 관습들에 대한 자발적인 수용들이 드러난다. 또는 [조커와 나-초A-5]와 같이 사회·문화적인 규범에 따라 인물의 행동이나 텍스트의 상황들을 평가하고 이해한다. 이러한 반응들은 아래와 같이 '불쌍했다', '착한 것 같다', '무서운 것 같다'와 같은 상투적이고 피상적인 감정의 표현을 동반하기도 한다.

> 1) 재미있었고 정우가 불쌍했다. 그리고 조커라는 친구 역시 불쌍했다. 정우를 데려다주는 역할을 한 선규는 착한 것 같다. 정우가 걸린 병, 듀센형 근이영양증은 정말 무서운 것 같다. 그리고 정우 형이 죽었다는 소식을 들은 정우가 참 무서웠을 것 같다. 그리고 마지막에 조커가 정우의 묘에 온 것을 보고 감동적이라고 생각했다.
> 2) 이 이야기가 나에게 준 메시지는 포기하지 않고 버티라는 느낌이 들었고, 장애인들도 꿈과 희망이 있고, 장애인을 돕고 같이 놀자, 편견을 버리자와 같은 것들이다.
>
> (조커와 나-초A-3)

> 1) 「조커와 나」는 장애인의 발전을 나타내는 것 같다. 그래서 앞으로 장애인을 더 존중하고 더 친구처럼 잘 대해야지라고 생각한다. 그리고 「조커와 나」는 정말 재밌는 책이다. 그래서 더 좋다. 이 책은 장애인을 도와주는 책이다. 그래서 장애인을 위해 도움이 필요할 때, 뭔가 더 도와주어야 되겠다라는 생각이 든다.
> 2) 장애인을 더 존중하고 배려하고, 사람 대 사람으로 대해야 할 것 같다. 그래서 이 책을 잘 읽은 것 같다. 이 책은 내게 깨달음을 주

> 었다. 바로 장애인을 존중하자라고.
>
> (조커와 나-초A-4)

> 1) 다른 아이들이 정우에게 좀 더 관심을 가졌다면 정우가 더 행복하게 살지 않을까? 정우 같은 아이들이 진짜로 있을 텐데, 불쌍하다. 선규가 정우를 챙겨 준 거는 좋았지만, 조혁과 있을 때는 너무 간섭하는 거 같다. 정우가 갑자기 죽은 것 같아 읽을 때 좀 당황했다. 선규 엄마가 정우를 그저 상을 받을 수 있게 해 준 학생으로 생각하는 것 같아 슬펐다. 실제로 있을 거 같은 이야기여서 몰입해서 봤다. 재밌었다.
> 2) 장애인을 특별하게 대우하고 무시하지 말자.
>
> (조커와 나-초A-5)

들뢰즈는 문학이 "보이는 것들을 다시 제시하는 것이 아니라 보이지 않는 것들을 보이게 만드는 것"이라고 한다(Deleuze, 2008: 69). 위 학습자들은 공통적으로 2)에 장애인과 관련된 도덕적 규범들을 서술하였다. 학습자들이 정우를 통해 장애인을 존중하고 돕고자 하는 태도를 가지게 되었다면 그것은 긍정적인 것이다. 또, 그것의 진실성과 진솔함을 타인이 판단할 수는 없다. 다만, 텍스트를 읽고 학습자들이 사회·문화적으로 바람직하다고 여겨져 온 도덕적인 규범들을 수용하게 된 것이 문학이 보여 주는 '보이지 않는 것에 대한 이해'인지 생각해 볼 필요가 있다. 보이는 것들을 학습자들이 잘 그리고 순종적으로 수용하도록 다시 제시하는 것이 문학의 역할은 아닐 것이다. 그러므로 학습자들이 도덕적 규범을 수용할 때, 문학 교육은 규범의 도덕성이나 당위성에 가려 우리가 이해하지 못했던 삶의 다양한 국면들을 볼 수 있도록 이끌어야 한다. 또는 기존에 자기가 가지고 있었던 현실에서의 인식들을 당위적으로 강화하고 있는 것은 아닌지 점검할 수 있는 질문이나 계기를 제공할 필요가 있다.

2 가능 세계 구성 문학 교육의 방법

교육 방법은 설정된 교육 목표를 달성하기 위하여 선정된 교육 내용을 학습자에게 효과적으로 가르치기 위한 방법, 구체적으로는 교수 방법을 의미한다(유승우 외, 2017). 이렇게 볼 때, 이 책에서 절차적 지식으로서의 가능 세계 구성 교육 내용은 가능 세계 구성의 교육 활동을 활성화하기 위한 교육의 단계 및 과정과 관련된 내용이다. 교육 방법은 그 절차적 지식을 학습자들에게 효과적으로 지도하기 위한 실천적인 지침을 구체화하는 것이다.

여기에서는 앞에서 살펴본 교수·학습의 원리를 실현하기 위한 구체적인 가능 세계 구성의 문학 교육 방법을 논의하였다. 이를 위해 실제 수업을 통해 수집한 학습자의 1차 해석 텍스트를 바탕으로 학습자 수행의 문제점을 확인하였으며, 가능 세계 구성의 교수·학습 원리에 근거하여 이를 개선할 수 있는 교육 방법을 제안하였다. 그리고 가능 세계 구성의 문학 교육 방법에서 제시한 지침들의 실천 가능성을 확인하고 시사점을 얻기 위하여 이를 초등학교 6학년 학습자들의 문학 수업으로 적용하였다. 여기에서는 교육 방법의 제안과 함께 수업 대화 및 활동 과제, 수업 적용 후 학습자의 2차 해석 텍스트, 해석 성찰을 위한 학습자 인터뷰를 함께 살펴볼 것이다.

　가능 세계 구성의 문학 수업과 수집한 자료에 대한 개요는 다음과 같다. 가능 세계 구성의 문학 교육의 방법을 실제 문학 수업에 적용하였다.

〈표 1〉 가능 세계 구성의 문학 수업 적용 개요

학년	지역	학교	인원	수업 시기	감상 텍스트	적용 방법
6학년	세종	세종A초등학교	20명	2021. 9. 28.	「조커와 나」	필자의 직접 수업

　적용 대상 학년은 현 2015 교육과정에서 허구 세계의 이해 관련 성취기준이 5~6학년군에 배치된 것을 고려하여 6학년으로 선정하였다. 세종A초등학교에서 6학년 학습자 20명을 대상으로 필자가 직접 수업을 수행하였다. 본 수업 전, 학습자 선호 작품 조사와 1차 해석 텍스트 쓰기를 실시하였으며, 세부 내용은 아래와 같다.

〈표 2〉 가능 세계 구성의 문학 수업 적용 시기 및 수집 자료

적용 시기	활동 내용	차시	수집 자료	진행
2021. 9. 16.	학습자 선호 작품 조사		학습자 개별 활동 자료	담임 교사
2021. 9. 24.	1차 해석 텍스트 쓰기		학습자 개별 해석 텍스트	담임 교사
2021. 9. 28.	수업 적용	3차시	학습자 개별 활동 자료 수업 녹음 자료	필자

적용 시기	활동 내용	차시	수집 자료	진행
2021. 9. 28.	2차 해석 텍스트 쓰기	1차시	학습자 개별 해석 텍스트	필자
2021. 9. 28.	학습자 개별 인터뷰	1차시	인터뷰 녹음 자료	필자

해석 텍스트 쓰기 과제는 다음과 같다.

〈1차 해석 텍스트 쓰기 과제〉
1) 「조커와 나」를 읽고 든 생각이나 느낌을 자유롭게 써 보세요.
2) 이 이야기가 나에게 준 메시지가 있다면 어떤 것인지 써 봅시다.

〈2차 해석 텍스트 쓰기 과제〉
1) 「조커와 나」를 다시 감상하고, 여러분의 생각이나 느낌을 자유롭게 써 보세요.
2) 이 이야기가 나에게 준 메시지(의미)가 생겼다면 / 달라졌다면 / 깊어졌다면 어떤 것인지 써 봅시다.

학습자들의 감상 양상을 살펴보기 위하여 해석 텍스트[50]를 수집한 것이므로 특정한 읽기 방향을 제시하지 않았다. 학습자들이 위의 과제를 자신의 것으로서 수용하고 이해하는 양상은 다양할 것이다. 여기에서는 자유로운 서술만이 단서이되, 학습자들이 텍스트를 통해 수용한 의미를 묻기 위하여 '주제'라는 용어 대신 '메시지'라는 표현을 제시하였다. 일반적으로 문학 교육에서 '주제'는 글쓴이가 텍스트를 통해 우리에

---

[50] 이때 수집한 해석 텍스트는 가능 세계 구성의 교육 내용과 교수·학습 원리에서도 활용되었다.

게 하고 싶은 말로, 학습자들이 정해진 답이 있는 것으로 인식할 것을 우려한 것이다.

해석 텍스트는 학습자의 해석을 모두 보여 주는 자료가 아니다. 해석 텍스트에 기술되지 않았다고 해서 학습자의 해석이 어떤 수준에 도달하지 못했다고 판단할 수 없다. 해석 텍스트 읽기에 대한 반성적 실천 연구(양정실 외, 2015:204)에서도 해석 텍스트는 해석 그 자체라고 할 수 없으며, 기술 층위의 분석만으로는 학습자 해석에 대한 접근이 불완전함을 지적한 바 있다. 이 책에서는 학습자들의 해석 텍스트 외에도 학습자들의 수업 중 활동 자료 및 녹음 내용, 수업 후 인터뷰 자료를 수집하여 학습자의 해석 경험을 총체적으로 살펴보고자 하였다.

가. 가능 세계 구성 계기 형성

학습자들이 가능 세계 구성의 과정에서 능동적인 주체가 되기 위해서는 문학을 자기 세계와의 관계 속에서 수용하고자 하는 계기가 활성화된 상태여야 한다. 이를 위해서는 문학이 우리 실제 삶과 연관되지 못했을 때의 문제를 인식하거나 문학을 삶과 연관시키고자 하는 동기를 가질 수 있도록 이끌어야 한다.

학습자들이 실제 살아가는 삶은 판타지의 세계도 아니고, 동화나 소설 속의 서사처럼 서사적 질서가 뚜렷하여 하나의 결말로 향하고 있지 않다. 그러나 학습자들은 그 자체로는 현실이 아닌 문학을 읽을 때, 그 것의 사실 여부와 관계없이 이야기에 몰입하고 즐거워한다. 별다른 설명 없이도 이야기의 세계에 흠뻑 빠져 있던 아이들은 자신의 현실 세계의 질서나 상황을 자각할 때 문득 깨어난다. 그리고는 자신의 현실에 비추어 보았을 때, 가능하지 않은 상황에 대해 질문하고 혼란스러워한다.

가능 세계를 구성하는 교육은 학습자들이 동화와 소설의 허구를 수용하는 과정에서 맞닥뜨리게 되는 의문과 혼란을 발견하는 과정에서부터 시작해야 한다. 문학을 읽을 때는 그게 진짜인지, 가짜인지가 중요한 것이 아니라는 단언은 학습자들의 의문과 혼란을 해소하는 데 별로 도움이 되지 않는다. 실제로 학습자들은 동화나 소설이 실재하는 현실의 이야기가 아니라는 감상의 관습을 자연스럽게 받아들이고, 그것을 현실과 혼동하지 않는다.

다만 자신의 삶과 유리되는 텍스트 속 세계를 액면 그대로 수용할 수 없다는 데서 오는 당혹감을 느끼는 것이다. "이것을 우리가 읽고 배우는 이유는 무엇인가?"에 대한 질문을 하게 된다. 그러므로 실제 현실과 닮았지만 현실과 똑같지 않은 이야기인 동화나 소설을 읽는 행위의 의미에 대해서 성찰해 보는 활동은 학습자들이 겪는 혼란과 의문들을 생산적으로 활용하기 위한 출발점이 될 수 있다. 다음은 실제 문학 수업의 한 장면이다.

> 필자: 오늘은 「조커와 나」라는 이야기랑 우리가 좀 더 깊게 만나 보려고 해요. 그런데 「조커와 나」는 실화인가요?
> 아이들: 아니오.
> A: 진짜는 아니에요. 그런데 우리가 중학생쯤 되면 우리한테도 일어날 수도 있는 일이에요.

B: 현실에서 일어날 수도 있는 일을 이야기로 만든 거예요.
A: 맞아. 현실은 아닌데, 현실 같아요.
필자: 이 이야기에서 우리 실제 현실과 비슷하거나 다르다고 생각한 부분에 대해서 같이 이야기해 볼까요?
C: 선규 엄마가 좋은 대학 가야 된다는 식으로 계속 잔소리 하는 거요. 우리 형이 고등학생인데, 우리 엄마도 비슷해서 그런 생각이 들었습니다.
B: 우리 학교에서 일어난 일은 아니지만, 학교에서 일어나는 학교 폭력 같은 거랑 비슷해요.

(중략)

D: 현실이랑 다른 건 별로 없는데…….
E: 선생님들이요. 반에서 저런 일이 일어나는데, 관심도 없고 말리지도 않는 거요.
F: 아냐, 중학교 가면 진짜 그렇대. 선생님들도 반에 없고…….
G: 거의 다 비슷한 거 같아요. 현실에서 다 있을 수 있는 일이니까요.

(중략)

필자: 그렇다면 이 책은 현실은 아니지만 현실에서 일어날 수 있는 이야기를 담고 있는데, 그래서 이 책이 여러분에게 준 영향이나 변화 같은 것도 있나요? 정말 솔직하게 말해 봅시다.
A: 재미있게 읽기도 했고 너무 슬퍼서 눈물도 났는데, 잘은 모르겠어요.
H: 내용은 유익했지만 그닥……. 선생님이 읽으라고 해서 읽고 있기는 하지만, 머리로는 이해하지 않고 눈으로만 이해했어요.
F: 저는 우리 반에도 장애가 있는 친구가 있어서 잘 읽긴 했는데…….

> 필자: F에게 준 영향은 별로 없었나요?
> F: 네. 원래 잘 도와주기도 해서요.
> (중략)
> 필자: 그러면 진짜도 아닌 이야기, 일어날 수도 있지만 일어날 수도 있지 않은 이야기를 왜 읽는 걸까요?
> I: 솔직히 그냥 읽으라고 해서 읽어요.
> C: 재밌어서요. 막 현실에서는 일어나기 어려운 일들이 일어나기도 하고.
> J: 제가 경험해 보지 못했던 것을 책을 읽으면서 알 수 있어서 좋아요.

 학습자들은 문학이 실제의 현실과 닮아있다는 점을 탐색하는 것으로는 문학 작품을 자신의 삶에서 수용하기 위한 과정에 진입하지 못하고 있었다. 또, 그 자체로는 현실이 아닌 문학을 수용하는 데 어려움을 느낀다거나 문학 작품의 수용이 자기 삶과의 연관성을 가질 필요가 있다는 태도보다는 문학 작품에 대한 이해로만 생각하는 경향이 주를 이루었다. 이는 학습자들이 문학을 허구 세계로 인식해야 한다는 문학의 관습을 이해하고 있다는 점이기는 하지만, 자신에게 유의미한 해석 경험을 수행하겠다는 문제의식이 활성화되지 못한 상태의 학습자들은 텍스트의 내용이나 줄거리만 이해하고 수동적이고 피상적인 해석자로 머무르는 경우가 많다.

 그러므로 교사는 학습자들이 문학 작품을 자기 현실과 연관 짓지 못하는 이유를 생각해 볼 수 있도록 하고, 문학 작품을 읽는 것이 교수자의 관점이 아니라 학습자 자신의 관점에서 유의미한 해석 경험이 될 필요가 있다는 점을 강조할 필요가 있다. 이때 교사는 학습자들이 자신의 해석 경험에 대해 말할 때 긍정적인 내용이 아닌 것에 대해서도 진솔하게 말할 수 있는 분위기를 만들어야 하며, 문학 교실 안에서 해석 경험에 대한 풍부한 맥락이 공유될 수 있도록 이끌어야 한다.

아울러, 흔히 문학 교실에서 텍스트를 읽고 수행했던 자신의 생각이나 느낌을 나누는 과정에서 도덕이나 규범, 관습에 수렴되는 방식으로 작품의 의미가 구성되는 것에 대한 성찰을 마련할 필요가 있다. 그와 같은 해석 경험이 자신에게 유의미했는지 성찰하여 자기 해석 경험의 목표를 스스로 설정하도록 할 필요가 있다. 이를 통해 학습자들이 주체적이고 자유로운 해석 경험에 대한 동기와 기대를 높이게 될 때, 비로소 텍스트를 실제 자신의 삶에서 가능 세계로 구성하는 과정으로 진입할 수 있게 된다.

학습자가 가능 세계 구성의 동기를 갖도록 하는 데는 감상 텍스트 선정 또한 중요한 문제이다. 작품의 선정 기준으로는 작품의 문학성, 세계 구조의 관계성, 학습자 선호도가 고려될 수 있다. 한 예로, 초등학교 6학년의 수업 적용에서는 위의 기준을 통해 감상 텍스트로 『조커와 나』(김중미, 2013)의 표제작 「조커와 나」를 선정하였다. 선정 근거는 다음과 같다. 가장 먼저, 『조커와 나』(김중미, 2013)는 초등교사 4인[51]이 참여한 연구진이 세종시 소재 초등학교 6학년 한 학기 한 권 읽기 추천 도서로 선정한 책이다. 이 중 6학년 학습자들은 표제작 「조커와 나」를 해당 도

---

51 교육 경력 10년 이상 교사 2인, 5년 경력 교사 2인으로 이루어져 있다.

서에 실린 다섯 편의 단편 중에 가장 마음에 와닿았던 작품으로 꼽았다. 학습자들은 「조커와 나」를 꼽으면서 "주제가 재미있었다.", "인물의 마음이 잘 나타나서", "실제 같은 내용이라 공감할 수 있어서", "마지막 정우의 단편 소설[52]이 매우 인상 깊었다."라고 평가하였다. 특히 「조커와 나」는 인물의 현실 세계와 가능 세계가 풍부하게 서술되어 있을 뿐만 아니라 현실 세계와 가능 세계의 교차가 주요한 플롯으로 작용하는 텍스트이다. 서사 내에 메타픽션의 요소가 가미되어 있으며, 등장인물의 일기가 텍스트의 서사를 추동하는 삽입 서사로 기능한다는 점에서 이 책의 주제와 직접적으로 연관된다.

나. 텍스트 세계의 중층적 정교화

텍스트 세계를 정교화하기 위해서 교사는 학습자가 인물의 현실 세계와 인물의 가능 세계에 대한 세계 인식을 풍부하게 구성할 수 있도록 다양한 조력을 제공해야 한다. 일반적으로 독자는 텍스트를 읽으면서 텍스트 세계에 대한 형상을 자연스럽게 구성하게 된다. 그러나 그것이 텍스트에서 단선적인 줄거리를 추출하는 것에 그치지 않도록, 교사는

---

[52] 「조커와 나」에서 희귀병으로 장애를 가진 정우는 자신이 꿈꾸는 미래의 모습을 소설로 쓴다. 정우가 쓴 소설은 현실에서 존재에 붙박힌 존재로 속박의 삶을 살고 있는 정우가 모색하는 대안적 삶의 가능성이다. 나병철(2014)에서 메타픽션은 권력장치가 소설의 장치보다 우세한 시대에 성행하였다고 보며, "소설이 가능 세계임을 알리는 동시에 소설로서의 역할을 수행하기 힘들어졌음을 자인하는 형식"으로서 메타픽션을 가능 세계와 연관지었다. 이에 따르면, 메타픽션이란 현실의 인간에게도, 소설의 인물에게도 "닫힌 현실"보다 진실의 가능성을 탐색할 수 있는 "열린 가능 세계"이다.

텍스트의 세계 체계라는 중층적 구조를 활용하여 텍스트가 가지고 있는 풍부한 의미의 잠재력을 독자가 충분히 실현하도록 이끌어야 한다.

텍스트 세계 체계는 텍스트에서 현실인 세계 또는 텍스트에서 현실이 아닌 대안적인 세계라는 의미보다는 인물이라는 통로를 통해 인식되도록 지도할 필요가 있다. 또 텍스트 세계 체계가 중층적 구조를 가지지만, 실제 수업에서는 먼저 인물의 현실 세계를 표상하고 인물의 가능 세계를 추론하는 순서로 지도하는 것이 바람직하다. 텍스트에서 현실 세계는 작품 속 인물이 실제로 거주하며 변화하지 않는 사실의 세계라는 점에서 학습자가 텍스트에 대한 기본적인 이해를 구성하기에 어렵지 않은 구심점 역할을 할 수 있다.

그러므로 '텍스트의 대상 인식과 현실 세계로서의 실감'이라는 교육 내용을 지도하기 위해서는 우리가 사는 세계가 있듯이 작품 속 세계에는 누가 사는지, 그리고 그 인물들은 어떤 사람들이고 어떤 관계를 맺고 있는지 구체화할 수 있도록 해야 한다.

이를 위하여 드라마의 인물 관계도와 같이 작품 속 인물 관계도를 그리는 활동 등 인물들의 관계를 파악하여 인물의 현실 세계의 구체적인 표상을 구성하도록 할 수 있다. 실제 수업에서는 학급 전체 활동으로 칠판을 바라보며 자유롭게 텍스트의 현실 세계에 거주하는 인물들을 꼽아보았다. 중심인물뿐만 아니라 정우 엄마, 선생님 등 주변 인물들도 언급되었으며, 중심인물의 관계를 악화시키거나 변화시키는 데 주변 인물들이 끼친 영향들도 구체화되었다. 이는 텍스트에서 명확하게 제시된 것은 아니며, 여러 학습자의 참여 속에서 인물과 인물들이 맺는 관계가 명확해져 갔다. 이러한 활동은 서로 다른 독자인 동료 학습자들 통해서 인물에 대한 다양한 정보, 단서들이 누적되고 이것이 학급 전체의 이해로 공유될 수 있다는 장점이 있다.

또, 교사는 인물들이 관계를 다각적으로 검토할 수 있도록 한 인물에만 관심이 치우치지 않게 수업 대화를 유도할 필요가 있다. 이렇게 언급된 정보는 인물들의 관계가 변화한 양상을 파악하는 것에, 핵심 사건들과 주변 인물들에 대한 세부적인 언급들은 학습자들이 작품의 현실 세계의 상을 인물들과 사건, 시간과 공간 등과 유기적으로 연결된 전체로서 표상할 수 있는 데 기여할 가능성이 크다.

한편, 인물의 현실 세계에 대한 표상이 텍스트를 읽은 뒤에 생각나는 정보들을 파편적으로 말하는 것에 그치지 않도록 교사는 학습자들이 자유롭게 텍스트를 찾아보고 확인할 수 있도록 독려할 필요가 있다. 이는 텍스트 중심의 해석 원리를 구현하는 방법이다. 또, 텍스트 세계를 입체화하기 위해서 학습자들이 가장 깊은 감정을 느끼거나 인상적이었던 장면들을 골라 함께 읽어 해석 경험이 많지 않은 학습자들이 각자 개인이 가지고 있는 수용 맥락에 따라 각자가 같은 이야기를 어떻게 다르게 읽고 있는지를 이해할 기회를 마련하는 것이 바람직하다.

'인물의 가능 세계'는 가능 세계 구성 과정에서 유용하게 활용될 수 있는 다양한 정보들을 포함하고 있다. 예를 들면, 어떤 인물이 지니는 희망은 아직 어떤 사건이나 사실로 가시화되지 않은 것이지만, 서사적 변화를 일으킬 수 있는 잠재성을 지니고 있다(최인자, 2007). 기존의 서사 교육에서는 텍스트에서 직접적으로 가시화된 행위나 인물의 말, 행동에 대해 독자가 환기하거나 상호 작용하였기 때문에 이러한 가능성에 대한 탐색은 큰 의미를 지니지 않았다. 그래서 사실로 가시화된 사건과 사건의 결합과 인과적 배열을 중심으로 교육했다. 문제는 이러한 접근으로는 텍스트의 줄거리는 파악할 수 있을지언정 텍스트를 통한 자기 이해에 기여할 수 없다.

실제로 학습자들은 인물의 현실 세계와 인물의 현실 세계의 중층적 세계 체계를 경유하는 총체적 이해보다는 인물의 현실 세계에서 실현된 사실 중심의 인과적 이해에 익숙하다. 다음의 해석 텍스트에서 이와 같은 양상이 가시적으로 확인된다.

> 1) 조커는 어렸을 때 정우와 사이가 좋았지만 가정 사정 때문에 보육원에 가서 괴롭힘을 당했고, 다른 애들에게 괴롭힘을 당하지 않으려고 다른 애들을 괴롭히기 시작했다는 이야기를 듣고 슬펐다.
> 2) 누군가를 따돌림을 시키지 않는다.
>
> (조커와 나-A-1)

위 해석 텍스트에는 줄거리를 중심으로 인물을 이해하고 그에 대한 일차적인 감정들이 나타나 있다. 서사에서 악역으로 그려졌던 '조혁'이 간직하고 있던 비밀을 알게 되고, 인물을 이해하게 된 학습자의 감정으로 해석된다. 서사의 시간이 현재에서 2년여 전으로, 그리고 그 과정에서 삽입된 서사에서 다시 더 이전의 어린 시절을 회상하고 다시 이후의 시점으로, 그리고 다시 현재의 시점으로 돌아오는 복잡한 구성을 가지고 있다. 학습자는 이 과정들을 시간 순서대로 배열하고, 인물이 그렇게 행동한 동기와 까닭의 인과성을 이해하고 있음을 확인할 수 있다.

그러나 이는 인물의 현실 세계에서 실제 일어났던 사건들, 스토리의 이해에만 머문 것으로, 인물의 가능 세계라는 자원과 맥락들을 동원하거나 세계를 총체적으로 인식하는 차원으로 나아가지 못하고 있다. 그러므로 텍스트 세계를 다면적이고 총체적으로 이해하기 위해서는 학습자들이 텍스트 언어에서 인물의 가능 세계를 인식할 수 있도록 충분한 설명이 제공되어야 한다.

동시에, 학습자들이 텍스트의 언어에서 인물의 모든 가능 세계의 내용을 이해하는 것 자체가 학습자들에게 인지적으로 큰 부담이 될 수 있다. 왜냐하면 인물의 가능 세계는 분명히 형상화되기도 하지만, 때로는 학습자가 텍스트에서 추론해야 하기 때문이다. 교사는 학습자가 인물의 가능 세계를 이해할 수 있도록 다음 질문을 활용하여 학습자와 상호작용할 수 있다.

〈인물의 가능 세계 관련〉
(인물)은 자신의 삶이 어떻다고 생각할까요?
(인물)은 자신의 삶을 어떻게 살아가겠다고 생각할까요?
(인물)이 자신의 삶에서 기대하는 것은 무엇일까요?
<u>(인물)이 소망하는, 자신의 삶과는 다른 삶은 어떤 모습일까요?</u>
(인물)이 자신이 삶에서 해야만 하는 일은 무엇일까요?
(인물)이 그려 본 꿈이나 상상의 세계는 어떤 모습일까요?

각각은 2부에서 검토한 인물의 가능 세계의 유형들을 학습자가 이해할 수 있는 용어로 구체화한 것이다. 교육 내용 설계의 전제에서 논의한 것과 같이, 이 중 4번째, "(인물)이 소망하는, 자신의 삶과는 다른 삶은 어떤 모습일까요?"는 그 외의 유형들을 포괄할 수 있는 가장 상위 범주의 질문으로 활용할 수 있다.

교육 내용 설계의 전제에서 논의한 바와 같이, 인물의 가능 세계에 관한 교육 내용은 이들의 유형을 지식으로 전달하거나 텍스트에서 이 모든 가능 세계를 분석하도록 하기 위함이 아니다. 학습자의 의미 구성을 활성화하기 위하여 학습자가 해석의 맥락과 자원을 확보할 수 있도록 하는 데 목적이 있다. 또, 문학 작품마다 활성화할 수 있는 가능 세계의 유형들이 모두 다르다. 따라서 교사는 학습자들이 명확하게 이해할 수 있는 언어로, 학습자들이 명확하게 인식할 수 있는 가능 세계의 범주를 선택하여 제공해야 한다.

텍스트 세계를 입체화하기 위한 우리의 정신은 서사적인 진공 상태를 견디지 못한다. 우리는 어떻게든 빈 곳을 메우려고 한다. 독자는 책을 읽을 때 어떻게 틈을 메울지 스스로 결정을 내린다. 모든 독자는 자신만의 고유한 방식으로 틈을 채우려 한다. 서사를 역동적으로 만드는 방식 가운데 하나가 서사의 빈틈을 채우는 활동이라면, 또 다른 하나는 이 활동이 너무 지나치지 않도록 제약을 가하는 것이라고 할 수 있다. 이상적인 모델 독자나 능숙한 독자는 이 두 가지의 경계 문제에서 자신의 추론이나 해석에 관해 스스로 판단하고 조정할 수 있는 능력을 갖춘 주체라고 말할 수 있을 것이다.

초등학교 학습자들을 이와 같은 이상적인 모델 독자나 능숙한 독자로 간주하기는 어려울 것이다. 물론, 초등학교 학습자들은 이전의 문학 감상의 경험과 습득한 감상 관습들을 토대로 나름대로 허구의 틈을 채운다. 그렇더라도 학습자들은 언표되지 않은 사건의 의미들을 추론하는 데 어려움을 겪는다. 일어난 사건이 그 인물에게 어떤 정서를 주었는지는 사건의 의미를 추론하는 데 주요한 단서가 된다. 그러나 다음의 경우에서 살펴볼 수 있듯이, 학습자는 일어난 사건들의 사실에만 초점을 맞추어 일어난 사건 이면에 인물들이 소망하고 의도했던 세계가 무엇인지 추론하지 못한다.

> 1) 정우가 친구들과 잘 지내는 것이 보기 좋았다. 그리고 친구들이 정우를 도와주는 것도 훈훈했다. 그리고 형이 정우에게 아끼던 물건들을 줬을 때 형이 어떤 기분이 들었고, 정우가 닌텐도 때문에 괴롭힘당한 걸 알 땐 어떠한 기분인지도 궁금하다. 친구들이 정우를 도와줬을 때, 정우는 어떠한 기분이 들었을지 궁금하다.
> 2) 나는 이야기에서 나에게 준 메시지가 무엇인지 잘 모르겠다. 왜냐하면 책을 읽고 든 생각은 있지만 무엇을 전달하는 이야기인지는 잘 모르겠다.
>
> (조커와 나-초등A-2)

이처럼 위 학습자는 이야기의 의미를 구성하지 못했다. 「조커와 나」에서 정우가 사는 세계를 아직 자신의 마음속에 그리지 못한 것으로 보인다. 또는 아직 어떻게 틈을 메울지 스스로 결정 내리지 못한 것이라고 해석할 수도 있다. 사실 독자는 정우가 닌텐도 때문에 괴롭힘을 당하는 장면에서 언표되지 않은 틈들을 지각하고 궁금해하는 것이다. 아파서 방에만 있는 형과 정우의 언표되지 않은 심정을 궁금해한다. 이 학습자는 주어진 텍스트를 그저 읽은 것이 아니라 나름의 역동적인 감상을 수행하고 있다고 볼 수도 있을 것이다.

그러나 현재 학습자는 자신만의 예상과 추론을 수행하지 못하고 그 자리에 머물러 있는 상태이다. 따라서 학습자들이 이러한 틈들을 채울 수 있는 맥락과 단서를 판단하고 얻을 수 있도록 돕기 위해서는 학습자들이 이해할 수 있고 활용할 수 있는 형태로 지식이 제공되어야 한다.

이론적 층위에서 인물의 가능 세계를 유형화한 범주들은 그 의미가 분명하지 않고 의미 관계가 대등하지 않다. 아직 현실에서 실현되지 않은 모든 가능성의 사태를 인식 세계, 확장된 인식 세계, 의도 세계, 의무 세계, 소망 세계, 환상 세계로 세분화되어 있지만, 가능 세계가 인물이 자신의 현실에 대한 대안으로서 모색한 정신 세계라는 점에서 의무 세계를 제외한 것들 중에서 소망 세계가 가지는 포괄성과 상징성이 가장 크다. 이러한 점들을 고려했을 때, 학습자들이 이해 가능한 수준으로 재편하고 명료한 표현으로 설명할 필요가 있다. 또, 해당 내용은 소망 세계를 중심으로 포괄적으로 학습자들에게 전달되는 것이 적절하다.

인물의 가능 세계는 메타픽션에서 잘 드러난다. 왜냐하면 통제된 현실 세계에서 인물이 쓰는 소설은 현실의 속박을 벗어던질 대안을 모색하는 공간이기 때문이다. 그러나 인물의 가능 세계는 메타픽션에만 국한되어 나타나는 것은 아니다. 인물의 가능 세계는 신데렐라와 같은 옛이야기에서도 존재한다. 왜냐하면 신데렐라도 여느 동화나 소설의 인물들처럼 자신의 현실과는 다른 세계를 소망하고 기대하기 때문이다. 물론 옛이야기는 플롯이 단순하고 전달하고자 하는 메시지가 분명하기 때문에 표층의 의미와 심층의 의미의 격차도 크지 않고, 동화나 소설에 비해 인물의 현실 세계도, 가능 세계도 평면적이다. 그렇더라도 텍스트에서 인물의 가능 세계를 함께 고려하는 것은 인물의 현실 세계에서 일어난 사건의 의미를 이해하는 데 유효하다. 동화나 소설과 같은 허구 서사는 인물의 현실 세계와 가능 세계를 체계적이고 풍부하게 교차함으로써 현실 세계와 가능 세계의 충돌, 서로 다른 가능 세계들의 양립 등의 관계 속에서 심층적인 주제와 의미를 드러낸다(최인자, 2007)는 점에서 인물의 가능 세계를 고려하는 것의 의미가 크게 드러난다.

학습자들이 텍스트에서 사건이 일어나고 변화가 생길 때, '어떤 일이 일어났나요?', '왜 그런 일이 일어났나요?'에만 초점을 두어서는 지금 그 현실 세계를 총체적으로 이해할 수 없다. 사건의 뒤에는 인물이 오랜 시간 소망했던 가능 세계가 있다. 학습자들이 오랜 시간 소망했던 가능 세계가 비로소 현실에서 실현된 것으로서 사건을 이해할 때, 또는 간절했던 가능 세계가 현실에서 끝내 좌절된 것으로서 사건을 이해할 때, 문학이 허구를 통해 우리에게 하고자 하는 말을 더욱 깊이 이해할 수 있다.

일반적으로 학습자들은 성인에 비해 해석의 자원으로 활용할 수 있는 경험이나 스키마가 부족하다. 따라서 텍스트가 형상화하고 있는 세계와 사건에 대한 스키마가 없어 이를 자신의 현실과 동떨어지게 느끼는 것이 가능 세계 구성의 장애물로 작용할 수 있다. 이때 자신의 경험이나 자신의 현실 세계에 대한 인식에만 의존하지 않고, 허구적 현실 세계 내에서 현실화되지 않은 가능 세계들에 대한 인식을 구성해 보는 것은 학습자가 텍스트를 해석하는 데 조금 더 풍부하고 다양한 길을 열어 준다는 점에서 유용하다. 다만 중요한 것은 인물들의 가능 세계를 이해하는 것 그 자체가 아니라, 이를 통해 학습자가 인물들의 현실 세계를 다시 인식하는 것이다. 그러므로 '인물의 바라는 세계'의 의미가 무엇이며, 그 역할을 이해하는 과정을 거치도록 지도할 필요가 있다. 「조커와 나」를 대상 텍스트로 할 때, 수업에서는 '정우'를 예로 들어 현실 세계 속의 정우와 정우가 바라는 소망이나 정우가 계획했던 비현실적 사태들의 관계를 이해하도록 지도하고, 선규나 조혁의 가능 세계를 추론함으로써 그것이 인물들의 현실과 맺고 있는 관계와 현실과 비현실의 소망이 충돌하는 지점에 초점을 맞추도록 안내할 수 있다. 학습자들이 인물의 소망과 현실을 통해 인물을 다시 이해하게 되는 계기를 발견하게 될 때, 텍스트는 총체적으로 인식되며 학습자에게 입체화된다. 인물의 현실 세계를 다시 이해한다는 것은 인물에 대한 평가가 인식이 달라지는 것으로도 확인할 수 있다. 다음을 보자.

> 필자: 정우의 소설을 읽고 어떻게 느꼈나요? 그리고 현실 세계에서의 정우도 있지만, 정우가 진짜 소망하고 바라는 것을 생각하면서 감상하니까 그동안 했던 문학 수업과 어떤 점이 다른가요?
> 초등 A-7: 정우가 근육 치료제 이야기했잖아요. 근데 그게 없어서 정우가 죽었으니까. 꿈이랑 너무 대조되어서 안타깝고 아쉬웠어요. 오늘처럼 공부하니까 사건에 집중할 수 있었어요. <u>인물의 감정에 몰입할 수도 있구요.</u> 인물의 마음을 이해하고 나면

> 나라면 어떻게 했을까를 생각하게 되고, 상황 속에서 인물의 처지를 이해할 수 있잖아요. <u>책에는 없는 것들을 상상할 수 있어요.</u>
>
> (조커와 나-초등A-7-사후 면담)
>
> **초등 A-8:** 정우가 포기하지 않고 노력해서 작가가 되고 싶었잖아요. 다른 사람들한테도 그런 꿈이 있듯이, 정우에게도 그런 꿈이 있다는 걸 보니까 정우가 장애가 없는 우리랑 비슷한 것 같았어요. 오늘 이렇게 공부하니까 책을 더 깊게 이해할 수 있었어요. <u>인물의 마음이나 심정을 더 이해할 수 있어서. 정우가 한 행동이 어떤 의미인지, 그런 행동이나 표현을 왜 했는지, 그런 걸 알 수 있었어요.</u>
>
> (조커와 나-초등A-8-사후 면담)

필자는 학습자들에게 정우의 가능 세계를 생각하면서 감상하는 것이 그렇지 않았을 때에 비해 어떻게 다른지 질문하였다. 인물의 가능 세계를 경유했을 때, 학습자들은 공통적으로 인물을 더 잘 이해할 수 있다고 언급했다. 인물을 더 잘 이해할 수 있다는 것은 "인물이 무엇을 했고, 어떤 마음이 들었을 것이다." 정도의 이해가 아니다. 인터뷰에서 학습자들은 일차적으로 인물이 소중하게 여기는 것들을 통해서 인물의 마음을 이해할 수 있었음이 드러난다. 이를 통해 학습자들은 그 인물이 왜 그런 행동을 했는지, 가시적으로 보인 그 행동이 어떤 의미인지 이해할 수 있었다고 말하였다. 이를 통해 인물의 가능 세계와의 상호 작용은 그 인물의 행동과 현실을 이해하고 총체적인 시각에서 해석할 수 있는 맥락의 역할을 수행할 수 있음을 확인할 수 있다. 다음은 같은 질문에 대한 다른 학습자의 답변이다.

> 초등 A-9: 정우에게 꿈이 절실하다고 해야 하나? 그런 것 같았어요. 정우가 죽고 난 뒤에 꿈만 남았잖아요. 그래서 안타깝고, 아쉬웠어요. 그동안 학교에서 공부할 때는 그 질문이, 책을 자세히 읽으면 되는 거라서(답할 수 있는 거라서) 인물의 감정을 잘 몰랐어요. 근데 이번에 해 보니까, 그때 못 봤던 것들을 볼 수 있었어요.
> 필자: 그때 못 봤던 것? 그게 어떤 걸까? 내용 같은 거?
> 초등 A-9: 뭐, 수업하면서 그런 부분도 있었지만. 그것보다는 정우가 그냥 장애인이라서 불쌍하고 그런 게 아니라 정우가 그냥 눈에 보이기에는 장애인이지만, 정우는 꿈도 있고 우리랑 똑같잖아요. 그런데 정우 소설도 그렇고, 정우 일기를 보니까 정우라는 사람을 더 잘 이해할 수 있었어요. 그래서 제가 더 많은 감정을 느끼게 된 거 같아요.
>
> (조커와 나-초등A-9-사후 면담)

특히 인물의 가능 세계를 경유하는 이해는 책을 자세히 읽으면 답할 수 있는 문제와는 다른 해석을 가능하게 한다. [A-9] 학습자는 이를 "그때 못 봤던 것들을 볼 수 있었어요."라고 표현하였다. 다시, 문학의 본질이 "보이는 것들을 다시 제시하는 것이 아니라 보이지 않는 것들을 보이게 만드는 것"(Deleuze, 2008: 69)이라면, 인물의 가능 세계는 인물의 현실 세계에 가려 보이지 않던 것들을 보여 주는 역할을 하기도 한다.

> 초등 A-10: 저는 처음에 책 읽을 때, 정우 소설을 제대로 안 읽었거든요. 이번에 다시 읽고 나니까 정우가 친구들한테 괴롭힘당했던 게 더 불쌍하기 느껴졌고, 장애가 있어도 꿈이 있다? 꿈이 있었는데 죽어서 안타깝다는 생각이 들었어요. <u>근데, 그 꿈은 현재의 정우이기 때문에 꾼 거잖아요. 정우가 장애가 없다거나 다른 환경에서 다른 현실로 살고 있었다면 다른 꿈이었을 거예요. 그래서 정우의 꿈이 중요한 것 같아요.</u> 그리고 인물이 사는 삶, 인물이 소중하게 여기는 것을 보니까요. 인물의 가치관? 같은 것들을 이해할 수 있었어요.
> (조커와 나-초등A-10-사후 면담). 밑줄: 필자

[A-10] 학습자는 정우에게 장애가 없었다면 정우의 소설 내용이 달라질 수 있다는 점을 언급하였다. 이 학습자는 정우의 소설이나 꿈이 곧 정우의 정체성으로 해석하고 있다. 소설에 묘사된 정우의 꿈이 정우가 그 자신이기 때문에 꾼 꿈이라는 것은 인물의 가능 세계가 인물의 현실 세계 내에서 비롯되고 구성된다는 것을 학습자가 이해하고 있음을 보여 준다. 인물의 현실 세계와 가능 세계의 밀접한 관계에 대한 인식은 정우의 세계를 더 생생하게 느끼게 해 주는 단서가 된다.

다. 세계 인식의 성찰 및 확장

텍스트-독자 세계 구조의 유기적 이해와 내적 관련성 형성은 세계 인식의 양방향적 활용의 원리를 토대로 지도되어야 한다. 여기에서는 현실 세계의 인물과 텍스트의 인물 연관 짓기와 나의 경험과 기억 되돌

아보기를 제안한다. 수업에서는 아래와 같은 학습 활동으로 구체화하였다.

> ● 나의 삶에서 정우와 선재, 조혁(인물)을 만나게 된다면, 등장인물들이나 나 자신에게 해 주고 싶은 말이 있다면 써 봅시다.

이는 인물이 사는 세계와 우리가 실제로 사는 현실 세계의 경계를 풀고, 한 세계 안에서 내부의 참여자가 되도록 요청하는 활동이다. 허구적 대상과 상황들을 실재성 차원에서 인식하고 상상력을 발휘할 것을 유도하고 있다는 점에서 학습자가 자신만의 가능 세계를 구성할 수 있는 교육 활동이 될 수 있다.

학습자들은 가능 세계 구성의 교육 내용 적용 과정에서 "나의 삶에서 정우와 선재, 조혁(인물)을 만나게 된다면, 등장인물들이나 나 자신에게 해 주고 싶은 말이 있다면 써 봅시다."에 다양한 대상에게 다양한 답변을 나타내었다. 다음은 학습자 인터뷰이다.

> 필자: 왜 그 인물을 골랐나요?
> 초등 A-7: 할 말이 가장 많아서 골랐어요. 너무 일찍 죽어서 안타깝기도 하고. 정우의 꿈과 제 꿈이 같기도 하고.
> (조커와 나-초등A-7-사후 면담)
> 초등 A-9: 조커가 가장 흥미로운 인물이었어요. 반전이 있어서 인상적이었어요. 다른 소설에는 이런 인물이 잘 없는 것 같아요.
> (조커와 나-초등A-9-사후 면담)
> 초등 A-10: 정우의 편지 때문에요. 정우가 엄마한테 쓴 편지 보고 정우

> 엄마를 위로해 주고 싶었어요. 엄마 너무 슬프잖아요. 형도 죽고, 정우도 죽었는데.
> (조커와 나-초등A-10-사후 면담)

주목되는 것은 학습자가 허구적 대상과 상황들을 실재성 차원에서 인식하고 상상력을 발휘하여 저마다 다른 가능 세계를 구성한 방식이다.

> 선규야, 네가 정우의 친한 친구가 되어 주었다는 것을 보고 정우가 행복할 거라는 생각이 들었어. 선규야, 너가 조혁에게 그렇게 대하는 건 이해하지만, 조혁을 한 번 더 이해해 주고 조혁과 정우를 기억하는 친구가 되어 줘. 정우도 그걸 원할 거야. 선규야, 정우가 너에게 많이 고마워할 거야. 항상 정우를 기억해 줘.
> (조커와 나-초등A-8-수업 중 과제)

[A-8] 학습자는 텍스트에 드러나지 않은 것을 구성함으로써 인물의 가능 세계를 통해 인물의 현실 세계를 만들고 있다. 정우의 죽음 이후, 남은 사람들에게 정우가 바랄 것 같은 내용에 관해서 서술할 때, 이 학습자는 인물의 현실 세계와 그간의 가능 세계에 대한 총체적인 이해를 해석의 근거로 삼고 있다. 이는 인물 현실 세계에 대한 새로운 인식이 생성되는 과정으로 볼 수 있다. 정우가 죽어서도 여전히 소망하거나 기대하고 있을 것 같은 세계를 구성하고, 그에 근거하여 독자는 상상적으로 세계에 참여하고 있는 것이다. 다음은 초등 A-8 학습자와의 인터뷰이다.

> 필자: 선규에게 저런 내용의 편지를 쓴 이유는 무엇인가요?
> 초등 A-8: 정우가 친구들을 좋아하잖아요. 친구들이 자기를 기억해 주었으면 좋겠다고 생각할 것 같았어요.
> 필자: 조혁도?
> 초등 A-8: 네. 조혁도요. 나중에 정우가 선규가 조혁하고 싸우는 거 좋아하지 않았잖아요. 그리고 엄마한테도 자기 화장해서 뿌리지 말고 납골당에 놔 달라고 하잖아요. 보고 싶을 때 보러 와 달라고. 선규랑 조혁한테도 마찬가지였을 것 같았어요.
> (조커와 나-초등A-8-사후 면담)

가능 세계 구성 과정에서 드러난 반응들에서 특기할만한 점은 각각의 인물에 대한 평가적인 반응이나 '나라면 어떻게 할 것이다'와 같은 단순 투사적인 반응이 아니라는 점이다. 학습자들은 인물의 가능 세계를 불러내는 데 텍스트가 표현하고 있는 자원들을 적극적으로 활용한다. 이와 관련해서는 학습자 인터뷰에서 자세히 서술하기로 한다. 물론 학습자들은 우연히 활용할만한 자원은 만나거나, 감정적으로 깊게 연결되는 경험을 하게 될지도 모른다. 그러나 교육의 차원에서 그 우연을 기다리고 있을 수만은 없다. 문학 교육은 학습자들이 세계를 구성하는 데 효과적인 인지적인 자원과 문장의 특성들, 세계의 차원들에 대해 가능한 한 많은 것을 마련해야 한다.

독자가 텍스트에서 이러한 자원들을 풍부하게 머금지 못했을 경우, 텍스트의 해석은 허구 세계와 현실 세계를 단순히 비교하고 대조하며,

허구의 것이 현실의 무엇과 비슷하거나 다른지, 그 대비를 느끼는 피상적인 차원에 머무를 가능성이 크다. 실제로 1차에서 학습자들은 인물이 나와 얼마나 다른지에 초점을 맞추어 그 인물이 대단하다거나, 나는 그렇게 할 수 없었을 것이라거나, 이해가 안 된다는 반응들이 다수 나타났다.

> "작가가 되고 싶다는 네 꿈을 이루지 못해 유감이야. 만약 네가 작가가 되었다면 좋은 작품을 만날 수 있었을 텐데……. 그리고 너도 행복할 거고. 하지만 네 이야기를 보면서 한 편이 이야기 같다는 생각이 들었어. 결말이 안타깝지만 진짜 친구를 사귀어서 다행인 이야기, 결말은 슬퍼도 과정은 잔잔한 울림이 있는 이야기. 잘 읽었고, 잘 봤고, 잘 들었어. 네 이야기를 보여 주어서 고마워."라고 정우에게 말해 주고 싶다. 자신의 인생 이야기를 보여 줘 고맙다는 말을 들으면 정우는 기뻐할 것 같다. 작가가 꿈이니까. 같은 작가가 꿈인 사람으로서, 친구로서 말하면……. 정우의 기분도, 내 기분도 좋아질 것 같다.
>
> (조커와 나-초등A-7-수업 중 과제)

[A-7]번 학습자는 1차 해석 텍스트에서도 심층적인 의미를 구성하였다. 여기에서는 인물의 소망 세계라고 할 수 있는 인물의 꿈에 대해서 언급한다. 자신의 꿈도 작가이며, 정우를 더 잘 이해할 수 있었음을 설명하고 있다. 정우의 이야기가 허구의 이야기라는 것은 자명하지만, 이 학습자는 정우의 삶이 실재성을 부여하고 정우의 이야기를 한 편의 이야기 같다고 표현하고 있다. 그 이야기는 "결말이 안타깝지만 진짜 친구

를 사귀어서 다행인 이야기, 결말은 슬퍼도 과정은 잔잔한 울림이 있는 이야기."이며, 정우에게 "잘 읽었고, 잘 봤고, 잘 들었어. 네 이야기를 보여 주어서 고마워."라고 말을 건넸다. "친구로서 말하면"이라는 서술에서 정우가 무엇을 소망했고 자신이 무엇이 되고 싶은지 선명하게 드러난다.

다음은 조혁이라는 인물에게 쓴 텍스트이다. 학습자들은 저마다 다른 인물들에게, 저마다 자신의 마음을 붙든 대목과 지점에 대해서 구체적으로 말하고자 하고 있었다.

> TO. 조혁
>
> 안녕? 난 너의 이야기를 읽은 한 명의 독자야. 너의 과거 사정을 알고 많이 짠했어. 이 이야기를 알면 많은 사람이 절대 너를 나쁘다고 생각하지 않을 거야. 그러니 지금이라도 다시 전처럼 따뜻해질 순 없을까? (반말하는 게 좀 그렇긴 하지만 이해 부탁!) 난 지금도 너의 속마음은 따뜻할 거라고 생각해! 물론 너의 진짜 심정은 내가 모르지만, 그냥 느낌……. ㅎ 그리고 죽은 정우에게도 가끔 가 주면 안 될까? 정우도 속상하잖아……. 아무튼 안녕!
>
> 2021. 09. 28. 한 명의 독자가
> (조커와 나-초등A-9-수업 중 과제)

[A-9]번 학습자 역시 앞의 학습자들과 마찬가지로 허구의 인물을 실재적으로 인식하고 있다. '반말'을 하는 게 좀 그렇지만 이해를 부탁한다는 말은 작품 내에서 고등학생인 조혁에게 우리와 조혁이 살고 있는

현실의 법칙에는 위배된다는 것을 인식하는 것이다. 위 학습자는 수업 중에도 조혁에 대해서 많은 언급했다. 비밀을 간직하고 있고, 무조건 나쁜 인물인 것이 아니라 조혁에 대해서 조금씩 더 이해할 수 있다는 점 때문이라고 답변했다. 그리고 죽은 정우에게도 가끔 가달라는 부탁을 한다. 자신의 마음속에 그린 세계는 우리의 현실만큼이나 실재적이다. "정우도 속상하잖아……."라고 학습자가 조혁에게 건네는 말이 우리 삶을 이해하는 방식과 다르지 않다.

다음 학습자는 중심인물은 아니지만 죽은 정우의 어머니와 관련된 세계를 그리고, 그 세계 안에 참여하여 말을 하고 있다. 자세한 내용은 다음과 같다.

> 정우 어머니께
>
> 안녕하세요? 저는 6학년 ○○○이에요. 이 이야기를 봤는데, 정우와 정우의 형이 죽었더라구요. 정말 안타까워요. 하지만, 정우와 정우형이 죽은 건 절대로 어머니의 탓이 아니에요. 절대 죄책감을 가지지 마세요. 정우의 일기를 봤어요. 정우가 선규를 많이 생각하고 있더라구요. 선규는 정우를 많이 도와준 친구예요. 하지만 조혁은 정우를 괴롭혔지만, 다 사연이 있어서 그랬대요. 너무 화내지 마세요. 아무튼 절대 죄책감 갖지 마세요. 정우의 편지대로 정우의 형과 정우의 몫까지 열심히 사세요. 꼭, 살아남으세요.
>
> 2021.09.28. ○○○ 올림
> (조커와 나-초등A-10-수업 중 과제)

정우의 엄마에게 해 주고 싶은 말은 위로와 부탁이다. 학습자는 엄마에 대한 정우의 사랑과 엄마에 대해 정우가 바라는 것을 이해하고 있다. 엄마가 죄책감을 덜고 살았으면 좋겠다는 구체적인 내용이다. 정우의 바람이라고 이해하기에도 충분하고, 정우를 둘러싼 인물들을 엄마에게 설명해 주고 있다. 학습자들은 독자 자신이 투사된 추론과 상상을 경험한다. 텍스트의 현실 세계에 기반하여 추론과 상상이 이루어지기 때문에 독자와 독자의 가능 세계들 사이에는 일치하거나 공유되는 부분들이 존재한다. 그러나 독자가 세계를 이해하고 자기를 이해하는 데 핵심이 되는 지점은 분화되거나 구체화된 세계의 차이에 있을 것이다. 다음은 앞의 반응들과는 조금 다른 양상의 해석 텍스트이다.

> ○○아, 너는 다른 데서는 조용하고, 다른 데서는 말을 잘하니? 그리고 급한 말도 왜 말하려다가 용기가 사라지는지 궁금해? 미래에서 내가 그때의 이유를 알까? 그때 단점들을 미래의 나는 다르게 할지 궁금하다.
>
> (조커와 나-초등A-1-수업 중 과제)

이 학습자는 1차 해석 텍스트에서 사건을 시간적으로 배열하고 인과적으로 이해하고 있었다. 이 학습자는 작중 인물이 아닌 자신에게 말을 건넸다. 인터뷰에서 이 학습자는 정우와 선규, 조커의 친구 관계를 보고, 자신의 친구 관계에 대해서 생각했다고 말했다. 용기가 부족해 말을 잘하지 못하여 친구를 사귀기가 어려운데, 자신이 미래에는 더 나아질지, 그 이유를 알고 싶다고 말했다. 학습자는 자신이 구성한 세계를 통해 자신의 삶으로 돌아와 자신을 성찰하고 있었다.

가능 세계 구성 과정에서 드러난 반응들에서 특기할만한 점은 각각의 인물에 대한 평가적인 반응이나 '나라면 어떻게 할 것이다'와 같은 단순 투사적인 반응이 아니라는 점이다. 학습자들은 인물의 가능 세계를 불러내는데 텍스트가 표현하고 있는 자원들을 적극적으로 활용한다. 이와 관련해서는 학습자 인터뷰에서 자세히 서술하기로 한다. 물론 학습자들은 우연히 활용할만한 자원은 만나거나 감정적으로 깊게 연결되는 경험을 하게 될지도 모른다. 그러나 교육의 차원에서 그 우연을 기다리고 있을 수만은 없다. 문학 교육은 학습자들이 세계를 구성하는 데 효과적인 인지적 자원과 문장의 특성들, 세계의 차원들에 대해 가능한 한 많은 것을 마련해야 한다.

이때 교사는 텍스트의 세계 체계에 초점에 맞추어져 있던 학습자들이 자신의 현실 세계나 가능 세계를 인식할 수 있도록 아래 질문을 활용할 수 있다. 인물의 가능 세계(비현실의 사태)와 연관 지어 자신의 가능 세계를 이해할 수 있도록 인물의 가능 세계 인식 관련 질문을 아래와 같이 변형할 수 있다.

〈독자의 가능 세계 관련〉
- 나는 나의 삶이 어떻다고 생각하나요? (인물)의 (소망)과 비슷하거나 다른 점이 있나요?
- 나는 내 삶을 어떻게 살아가겠다고 생각하나요? (인물)의 생각과 비슷하거나 다른 점이 있나요?

- 내가 내 삶에서 기대하는 것은 무엇인가요? (인물)의 생각과 비슷하거나 다른 점이 있나요?
- 내가 소망하는, 지금 나의 삶과는 다른 삶은 어떤 모습인가요? (인물)의 생각과 비슷하거나 다른 점이 있나요?
- &내 삶에서 해야만 하는 일은 무엇인가요? (인물)의 생각과 비슷하거나 다른 점이 있나요?
- 내가 예전에 그려 본 꿈이나 상상의 세계는 어떤 모습인가요? (인물)의 생각과 비슷하거나 다른 점이 있나요?

이 질문을 비계로 활용하는 목적은 자기 인식을 명료화하고 탐색하게 하는 데 있다.

라. 해석 및 정체성의 숙고

학습자가 작품의 주제 구성을 통해 자기 인식을 발견하기 위해서 가장 중요한 것은 자기 해석에 대한 성찰이다. 이를 위하여 교사는 학습 활동에서 쓴 텍스트를 학급 안에서 발표하고 공유할 필요가 있다. 다른 학습자들이 자신의 현실 세계와 텍스트를 연결한 것을 듣고, 텍스트를 통해 자신의 현실 세계나 가능 세계를 해석한 내용을 통해서 명백하다고 생각했던 이야기의 메시지를 다시 한번 고민하도록 하기 위함이다.

이 단계에서 학습자들이 작품에 대한 해석 및 자기 인식의 변화를 자각하고 명료화하도록 하기 위해서는 해석 텍스트와 같이 사고를 구체적인 언어로 표현하도록 하는 것이 도움이 될 수 있다. 한편 자기 인식에 대한 메타인지를 구동할 수 있는 요청도 고려해 볼 수 있다. 수업에서는 다음과 같이 학습자들에게 해석 텍스트 쓰기를 요청하였다.

> 〈2차 해석 텍스트 쓰기 과제〉
> 1) 「조커와 나」를 다시 감상하고, 여러분의 생각이나 느낌을 자유롭게 써 보세요.
> 2) 이 이야기가 나에게 준 메시지(의미)가 생겼다면 / 달라졌다면 / 깊어졌다면 어떤 것인지 써 봅시다.

이는 1차 해석 텍스트 쓰기 과제를 떠올리거나 상호 조회할 수 있도록 하여 학습자들이 자신의 현실 인식이나 텍스트 의미에 대해 변화한 것을 메타적으로 점검하고 성찰할 수 있도록 한다. 실제 학습자들의 해석 텍스트를 살펴보면 다음과 같다.

> 2) 깊어졌다. 말로 설명하기도, 글로 쓰기도 뭐한데. 그냥 깊어졌다. 느낌적인 느낌? 뭐 그런 거다. 내가 조커가 되고 싶지 않고, 정우를 선규가 더 챙겨 줬으면 하는 바람은 아직도 있다. 조커는 정우의 일기를 보고 마음을 바꿨다. 어떤 대목에서 마음을 바꿨을까? 정우의 희망과 꿈이 담긴 인터뷰 부분? 조혁의 과거? 선규와 보통 친구가 되고 싶다는 부분? 정우가 엄마에게 자신을 보러 와 달라고 했던 부분? 나는 정우의 일기 그 자체라고 생각한다. 한 단어, 한 문장에서 정우의 감정, 생각들도 꾸준히 느낄 수 있다. 마지막쯤에는 조커도, 조혁도 울지 않았을까? 펑펑은 아니라도 조용히 눈물을 흘렸을 것 같다. 이렇게 깊어졌다. 더 세부적인 생각이, 더 디테일한 생각들과 바람들이 늘어나는 식으로. 생각이 더 많

> 아지는 것도 깊어진다고 나는 생각한다.
> (조커와나-초등A'-7)
>
> 2) 나는 솔직히 주는 것에 대한 두려움보다 주변 사람들에게 미안해서 두려운 게 더 크다. 그래서 정우도 그러지 않았을까 싶고. 정우도 많이 두려웠을 것 같다. 그리고 자신의 엄마에게도 불평하지 않고 묵묵하게 있던 것이 멋졌다. 또 이 이야기가 나에게 많은 사람을 공감하게 한 것 같다. 그리고 모든 것을 긍정적으로 보자는 마음과 모른 체하지 말자는 생각이 들었다.
> (조커와나-초등A'-9)

학습자들은 자신이 구성한 의미들에 대해서 말할 때 자신의 정서들을 근거 삼아 해석을 수행하는 양상을 보였다. "더 세부적인 생각이, 더 디테일한 생각들과 바람들이 늘어나는 식으로. 생각이 더 많아지는 것"은 자신이 느끼는 정서와 상상하는 장면들의 구체성에서 비롯된다고 볼 수 있다. 그러므로 교사는 가능 세계 구성이 성찰 과정에서 학습자 자신이 느끼고 있는 정서를 자각하고, 이를 명료화할 수 있도록 할 필요가 있다.

> 2) 처음 「조커와 나」를 생각할 때는 꼭 비장애인은 장애인을 도와줘야 한다, 남을 도와주자, 이런 생각들을 했다. 하지만 오늘 다시 활동을 해 보니 많이 변했다. 정우는 장애인이다. 정우에게 필요한 것은 도움이 아니었다. 바로 친구였다. 앞으론 장애가 있는 친구를 만나면 그냥 도움을 주는 사람이 아니라 친구가 되어 줄 것이다.
> (조커와 나-초등A'-10)

위 해석 텍스트에서 학습자는 당위적인 차원이나 다른 사람들이 바람직하다고 말하는 책임의 차원에서 벗어나 실제 자기 세계의 관점에서 규범이 개입될 수 있는 상황에 대한 주체적인 이해를 형성하고 있다. 이제 위 학습자가 수용하기로 결정한 규범은 사회·문화적으로 바람직하다고 관습화된 것과 같은 것이 아니라 자신이 주체적으로 구성한 가치의 차원으로 정향되었다.

다음은 사건을 시간적으로 배열하고 인과적 이해에 머물러 있었던 1차 텍스트와 수업 적용 후의 2차 텍스트이다.

> 1) 조커는 어렸을 때 정우와 사이가 좋았지만 가정 사정 때문에 보육원에 가서 괴롭힘을 당했고, 다른 애들에게 괴롭힘을 당하지 않으려고 다른 애들을 괴롭히기 시작했다는 이야기를 듣고 슬펐다.
> 2) 누군가를 따돌림을 시키지 않는다.
> (조커와나-초등A-1)
>
> 1) 조커와 나에서 조혁은 어렸을 때 정우와 친했지만, 가정일 때문에 할머니가 돌봐 주셨지만, 할머니도 아프셔서 보육원으로 보냈는데 그곳에서도 형들이 그의 신발과 가방 등을 뺐고 조혁을 괴롭히는 장면을 생각하니, 나도 그런 일이 있었으면 매우 슬프고, 약해 보이지 않게 똑같은 행동을 했을 수 있다는 생각이 들었다.
> 2) 친구들과 친해져서 그의 마음을 알아보자는 의미가 생겼다.
> (조커와나-초등A′-1)

이 학습자는 여전히 조혁이라는 인물을 인과적으로 이해하고 있는데, 두 서술의 차이는 2차 해석 텍스트에서 조금 더 그 인과적인 이해가 촘촘하고 상세해졌다는 점이다. 조혁만의 시간적 배열이 아니라 짤막하지만 정우와의 관계가 함께 서술되기도 하였다. 그리고 가장 주목할 만한 점은 조혁의 삶으로 투사된 자신의 감정과 예상 행동을 상술했다는 것이다. 이것은 학습자 '나'에게 초점을 둔 것이라기보다 조혁을 이해할 수 있는 맥락이 생겼다는 것으로 해석하는 것이 타당하다. 이 학습자의 2)에서의 변화도 특기할만하다. 규범적인 차원에서 교훈과 다름없는 진술을 했던 것과는 전혀 다른 문장이다. 이 학습자는 앞에서 언급한 것처럼 「조커와 나」를 읽고 친구 관계에 대해서 계속 생각을 했다고 인터뷰에서 밝힌 바 있다. 친구가 많지 않아 나도 친구들과 친해져서 그 마음을 이해하고 싶다는 생각을 풀어냈다. 학습자 자신의 세계에 들어올 수 있는 작품의 의미는 학습자 자신이 결정하고 구성하는 것이다. 이 학습자에게 「조커와 나」는 친구이다.

하나의 문학 작품이 학습자의 현실 세계에 구체적인 의미를 가지지 못한다면, 그것은 가능 세계의 구성으로 볼 수 없다. 그러나 가능 세계로 학습자의 삶에 수용된 문학 작품은 크든 작든 학습자의 인식 지평을 변화시킨다. 그것은 기존에 학습자가 가지고 있던 세계에 대한 인식을 강화시키기도 하고 약화시키기도 하며, 새로운 인식을 열어 주기도 하고 사고의 틀이 구조화되거나 상세해지는 계기가 되기도 한다. 그런데 학습자가 문학 작품을 읽는 모든 경험이 학습자의 현실 세계에 깊게 영향을 미치거나 자기를 이해하게 되는 계기가 될 수는 없다. 그렇다 하더라도 문학 작품을 읽은 학습자는 현실로 회귀할 수밖에 없으며, 그 회귀는 작품 세계를 경유하는 것이다. 결국 사실의 세계로 돌아온다고 하나, 그 세계는 독자에게 동일한 세계가 아닐 수 있다.

가능 세계 구성의 문학 교육은 학습자가 문학 작품을 통해 세계를 이해하기 위한 이해 도식을 확장하기 위한 과정이다. 따라서 학습의 과정 내에서 텍스트가 실제 현실 세계의 변화로 외현화되지 않았다 하더라도 자신이 맞닥뜨리는 일상의 현실 세계 속에서 가능 세계로서 작용할 수 있다. 학습자들이 다양한 문학 작품을 읽으며 다양한 가능 세계의 상을 접하고 즐길 때, 문학이 현실과 맺고 있는 복합적인 관계들이 학습자들에게 교육의 강요가 아닌 자신과 세계를 이해하는 경험으로 작용할 수 있다.

허구의 가치는 명제적 지식으로 전달되는 것이 아니라 학습자들이 체험함으로써 이해하게 되는 것이다. 문학 교육은 학습자들에게 허구를 자신의 삶 속에서 유의미하게 수용할 수 있는 다양한 체험을 제공할 수 있어야 하며, 학습자가 다양한 가능 세계들과 자신의 현실 세계의 연관성을 형성하는 것의 인지적 어려움을 줄이기 위한 조력들을 마련할 필요가 있다.

다양한 가능 세계에 대한 경험의 확장과 허구의 가치 체험을 수업에서 적용해 보기 위하여 시도할 수 있는 것은 매우 다양할 것이다. 실제 수업에서는 수업 과정을 성찰해 보면서 텍스트를 의미 있게 수용하였는지, 그 과정에서 가장 도움이 되었던 것은 무엇이 있는지, 자신이나 세계에 대해서 이해하거나 생각하게 된 것에 무엇이 있는지 성찰해 보는 활동을 수행할 수 있다.

> 필자: 이 책의 메시지를 이해하는 데 가장 도움 되었던 것은 무엇인가요?
> 초등 A-7: 주인공들이 다 되게 좋았던 거요. 착한 아이 한 명한테만 집중되는 것이 아닌 책이라서 좋았어요. 친구들 이야기 들은 것도 좋았어요. 이렇게 볼 수도 있구나, 나중에 나도 그렇게 봐야지, 이런 생각 했어요.
> (조커와 나-초등A-7-사후 면담)
> 초등 A-8: 정우의 편지나 일기요. 정우의 마음이 그대로 다 나타나서 도움이 되었어요.
> (조커와 나-초등A-8-사후 면담)
> 초등 A-9: 조혁이나 정우를 이해하게 된 거요.
> (조커와 나-초등A-9-사후 면담)
> 초등 A-10: 오늘 했던 활동이요. 그런데 책의 내용을 어느 정도 잘 알고 있어야 오늘 활동을 잘해 낼 수 있는 것 같아요. 책을 세세하게 잘 알고 있어야 돼요.
> (조커와 나-초등A-10-사후 면담)

학습자들이 텍스트에서 주제적 의미를 구성하는 과정에서 가장 유의미했던 것과 그 이유를 성찰한 결과는 다음과 같다. [A-7] 학습자는 텍스트 인물들의 입체적인 성격과 균형을 언급하였다. 작품이 한 인물로 치우치지 않고 또한 각 인물이 각자의 풍부한 현실 세계와 가능 세계를 지니고 있을 때, 학습자들은 텍스트의 현실 세계에 몰입함으로써 주제적 의미를 구성할 수 있게 될 가능성이 크다.

[A-8] 학습자는 삽입된 서사로서의 가능 세계를 꼽았으며, [A-9] 학습자는 인물을 이해하게 된 것을 통해 텍스트가 자신에게 주는 메시지를 구성하는 데 도움받았다고 답했다. 마지막으로, [A-10] 학습자는 텍스트 내용에 대한 상세한 이해에 대해서 말하였다. 이는 가능 세계 구성의 과정에서 텍스트가 제공하는 풍부한 자원의 역할을 의미하는 것으로 볼 수 있다. 텍스트 해석 과정에서 학습자들이 해석의 주체로서의 지위를 가지기 위해 가장 주목해야 하는 대상 중 하나가 텍스트라는 점은 많은 연구에서도 언급되었다. 그뿐만 아니라 텍스트를 통해 학습자들이 자기 현실을 새롭게 인식하거나 학습자들이 문학 텍스트를 자신의 삶에서 유의미하게 받아들이기 위한 과정 속에서 세계에 대한 풍부한 인식을 가지는 데 텍스트는 많은 역할을 수행할 수 있다는 점을 다시 한 번 확인할 수 있다. 앞서 논의했듯이, 독자의 세계에 대한 인식은 양방향적으로 활용된다. 텍스트 세계에 대한 인식은 학습자들이 문학을 통해 자기 세계를 이해하는 데 가장 중요한 자원이라는 점이 간과되어서는 안 된다.

교사는 학습자들이 유의미한 해석 경험으로서의 가능 세계 구성에 위에서 언급된 요소들을 지속적으로 활용할 수 있도록 해당 요소들의 수준을 심화, 확장하기 위한 방법을 마련할 필요가 있다.

지금까지의 논의를 정리하여 교육 내용, 교수·학습의 원리, 교육 방법, 활동의 관계를 표로 제시하면 다음과 같다.

<표 3> 가능 세계 구성의 문학 교육 내용 및 방법의 구체화

층위	교육 내용	교수·학습의 원리	교육 방법	수업 활동
텍스트 세계의 구성		의미 지향적 상호 작용의 원리	가능 세계 구성의 계기 형성	1) 가능 세계 구성의 필요성 인식하기
	텍스트의 대상 인식과 현실 세계로서의 실감	텍스트 중심 해석의 원리 세계 인식의 양방향적 활용의 원리	텍스트 세계의 중층적 정교화	2) 인물들의 현실 세계 표상하기 - 인물 관계도 그리기
	이질적 세계들의 관계 추론과 텍스트 세계의 통합			3) 인물들의 가능 세계를 추론하고, 이를 통해 인물들의 현실 세계 다시 이해하기
독자 세계의 구성	텍스트-독자 세계 구조의 유기적 이해와 내적 관련성 형성		세계 인식의 성찰 및 확장	4) 나의 세계 체계에서 인물들의 세계 체계 발견하기 - 인물들이나 나에게 편지쓰기
독자 세계의 구성	작품의 주제 구성과 자기 인식의 발견	발견적 태도의 원리	해석 및 정체성의 숙고	5) 이야기가 준 깊은 메시지 생각해 보기 - 해석 텍스트 쓰기 6) 수업 성찰해 보기 - 인터뷰

가능 세계 구성 교육의 실제 감상에서 독자는 단순히 텍스트라는 대상과 상호 작용하는 것이 아니라 문학과 현실이 맺고 있는 복합적인 관계를 경유할 수 있어야 한다. 즉, 텍스트 세계와 자신이 사는 세계를 넘

나들면서 텍스트의 의미를 구성한다. 텍스트와 독자의 상호 작용이라는 전제는 텍스트의 의미가 텍스트 그 자체가 가지고 있는 것이 아니라 텍스트와 독자의 관계를 강조하고 있다. 그러나 텍스트와 독자의 상호 작용이라는 단선적인 구도에서는 문학과 현실이 맺고 있는 관계, 학습자의 현실 세계와 텍스트의 허구 세계의 관계를 고려한 구체적인 교육을 마련하기 어렵다.

학습자들이 이해하는 주제적 의미가 단지 텍스트 세계가 형상화하고 있는 의미가 아니라 독자의 현실 세계에 유의미한 인식적 변화로 수용되기 위해서는, 문학 교실 역시 학습자가 텍스트의 세계 체계와 독자 세계 체계의 내적 관련성을 형성할 수 있도록 교사가 비계나 맥락을 마련해 줄 필요가 있다.

이때 비계란 곧 해석의 자원들로, 가능 세계 구성의 소통 대상들에 대한 민감한 인식이다. 또, 해석 경험이나 일상의 경험이 적은 학습자일수록 자신이 기존에 가지고 있는 관습적 인식들에 텍스트 세계 체계가 담지하는 허구적 진실들이 묻히지 않도록 자유롭고 선입견 없는 태도를 지향하도록 독려할 필요가 있다. 아울러 인물의 가능 세계에만 이 과정이 집중되는 것이 아니라, 학습자의 관점에서 자신이 유의미하다고 느낄 수 있는 의미화의 경험을 할 수 있도록 문학의 현실 관련성을 텍스트 밖에 세계로 확장할 것을 염두에 두어야 한다.

한편, 이 수업에서 수용한 「조커와 나」(김중미, 2014)는 리얼리즘 청소년 소설이다. 텍스트의 현실 세계와 실제 현실 세계 사이의 거리는 서사의 세부 장르에 따라 다르다. 그러므로 판타지 소설이나 옛이야기 등을 학습자들이 자신의 현실 세계와 관련하여 그 의미를 자신의 삶이 수용하는 양상을 함께 분석해야 할 필요가 있다. 이때 세계 간 거리에 대해서 독자가 그 거리감을 어떻게 활용하며 어떤 조력을 해야 할 것인지에 관해 논의해야 한다.

그런데 문학 교육에서 가능 세계 구성의 소통 구도는 텍스트 세계와 학습자 세계와의 관계뿐만 아니라 학습자의 세계와 다른 학습자의 세계와의 관계도 포함한다. 문학 교육에서 학습자의 의미 구성이 이루어지는 장이 문학 교실이라는 점을 고려하면, 독자의 세계는 주체마다의 것으로 다양해진다.

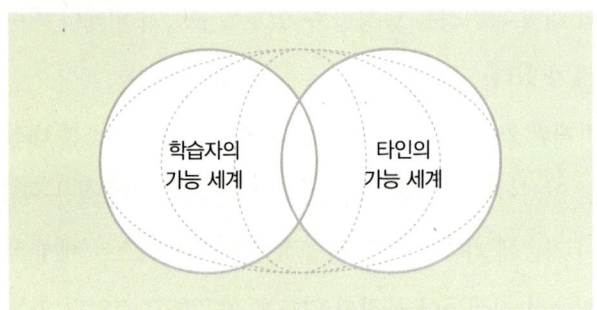

[그림 9] 문학 교실에서 가능 세계 구성의 학습자 간 영향

텍스트는 허구를 통해 우리에게 새로운 세계를 열어 준다. 텍스트가 학습자의 마음속에 가능 세계로 구성될 때, 교실 속 타인, 동료 학습자나 교사의 가능 세계와의 만남과 소통은 그들이 점차 세계의 도상을 늘려나가는 데 기여한다. 특히, 교사의 가능 세계나 세계 인식은 학습자의 가능 세계 구성 및 방향성에 큰 영향력을 가지므로, 학습자에게 비계 역할을 할 수도, 학습자의 가능 세계를 제한시키게 되는 결과를 얻을 수도

있으므로 반드시 신중하게 접근되어야 한다.

허구가 학습자 자신의 현실과 동떨어진 채 고립된 의미로 해석되는 것은 허구를 교육하는 이유를 되묻게 한다. 문학 교육이 학습자의 입장에서 유의미한 경험을 제공하기 위해서는 허구가 독자의 현실과의 관계 속에서 이해될 수 있는 방안을 적극적으로 마련할 필요가 있다. 이는 허구를 가능 세계로 선언하거나, 현실과의 관련성을 가지는 개념으로서 규정하는 것으로 달성될 수 없다. 문학 교육은 학습자의 관점에서 유의미한 허구의 해석 경험을 제공해야 한다. 이 책에서는 학습자가 텍스트의 세계를 자신의 삶 속에서 수용할 수 있는 의미의 형태로 해석하고, 이를 통해 학습자가 자신의 현실 세계를 새롭게 이해하는 경험을 제공하는 것에 초점을 두었다. 그 구체적인 방법론으로 텍스트와 독자의 상호 작용이 아니라 독자가 텍스트 세계와 자기 세계와의 다층적으로 상호 작용할 수 있는 교육의 내용과 방법을 제안하고자 하였다. 학습자들이 허구의 이야기를 이해하는 데 그치는 것이 아니라 텍스트의 의미를 자기 현실과의 연관 속에서 생성하는 능력을 향상시킬 수 있는 모색이 더욱 요구된다.

이제 이 책의 결론을 맺고자 한다. 문학 교육은 학습자의 관점에서 유의미한 문학 경험을 제공할 필요가 있다. 이를 위해서 문학 교육은 학습자가 그 자체로는 현실이 아닌 문학 텍스트를 자신의 삶에서 의미 있게 수용할 수 있는 방법을 가르쳐 줄 수 있어야 한다. 문학은 허구를 통해 현실을 반영하거나 변주함으로써 현실을 새롭게 인식하도록 한다. 이에 따라 문학 교육도 텍스트를 학습자 자신의 현실 세계와의 관련 속에서 해석할 것을 요청해 왔다. 그러나 텍스트에 형상화된 현실의 양상이나 그에 대한 분석 능력이 상대적으로 강조된 반면에 텍스트를 해석하는 과정에서 학습자가 허구의 이야기를 통해 자기 세계를 이해하는 계기나 방법을 제공하는 데 소홀하였다.

이 문제를 해결하기 위하여 이 책에서는 가능 세계 이론을 기반으로 실제 현실이 아니라 문학 작품을 자기 세계로 수용하기 위한 문학 교육의 실천 구도를 체계화하기 위한 이론과 방법을 제시하고자 하였다. 이야기를 자기 세계에서 유의미하게 수용하기 위해 학습자들은 텍스트의 현실 세계에만 치중할 것이 아니라 그 세계에서 파생된 가능 세계, 그리고 자신의 현실 세계와 가능 세계들을 거쳐 텍스트를 해석할 수 있어야 한다. 독자와 텍스트 안과 밖의 세계들은 독자가 자신의 현실에 대한 인식을 구성하게 만드는 통로이자 기제이며, 학습자가 이러한 세계들은 해석의 자원으로 활용할 수 있을 때 그들은 비로소 두 세계를 관계 지을 수 있는 가능성을 가질 수 있다.

텍스트와 독자의 현실을 연관시키는 방법이 텍스트와 관련된 경험이 독자에게 있는지 탐색하도록 하고, 이를 단선적으로 연관 짓는 방식은 학습자의 경험에 의존하는 방식이다. 이는 독자가 낯선 텍스트의 세계를 통해 자기 세계를 이해하거나 문학이 우리에게 줄 수 있는 유익을 경험하기에 역부족이다. 따라서 텍스트가 지시하는 허구 세계를 학습자 자신의 삶 속에서 의미 있게 수용하도록 하기 위한 문학 교육의 답변이 더욱 절실하다고 하겠다.

그러나 학습자가 텍스트 세계와 자기 세계의 관계를 형성하는 양상을 일반화하기는 쉽지 않다. 이를 타개하기 위하여 텍스트의 세계를 독자 세계와 연관시키기 위한 일련의 해석이 이루어지는 대상과 작용을 통해 그 과정의 구조를 도출하고, 이를 문학 교육의 내용과 방법의 틀로 활용할 수 있다고 보았다. 일련의 과정은 독자가 텍스트의 세계 체계와 자신의 세계 체계 속 세계들과 상호 작용함으로써 세계에 대한 인식을 활용하거나 확장하고, 생성 또는 성찰하는 과정이다. 이 과정에서 독자는 허구적 현실 세계로 세계의 중심을 이동시키는 재중심화를 시도하며, 이러한 인지적 과정을 통해 독자는 허구 세계와 실제 현실 세계를 오가며 해석학적 과정에 참여하게 된다.

　이 과정은 반드시 순차적인 것은 아니지만 이해를 위해 각각의 구조를 독자가 수행할 수 있는 일련의 통합적인 과정으로 제시하자면, 독자는 텍스트의 세계 체계가 언어를 통해 지시하는 대상을 인물이 실제로 거주하는 현실 세계가 중심이 되는 세계 체계로서 이해한다. 또, 독자가 텍스트의 현실 세계를 새로운 현실 세계로 삼고 가시적 사건이나 사실 외의 맥락과 자원들을 통해 세계 체계로서 텍스트를 총체적으로 이해하고 구축한다.

　텍스트를 벗어나서는 텍스트 현실 세계의 세계 구조를 자신의 현실 세계에 투사하고, 이들의 내적 연관성을 통로로 두 세계를 매개함으로써 고착되어 있던 자신의 현실 세계를 새로운 감각으로 수용할 수 있으며, 나아가 독자는 텍스트를 자기 현실 세계로 수용하기 위하여 관습성과 권위에 의문을 제기하고 자기 현실 세계에 대한 새로운 이해를 구체화하며 새로운 가능 세계의 전망을 모색할 수도 있다. 실제로 학습자들은 다양한 세계에 대한 인식을 텍스트와 자기 세계를 해석하기 위하여 양방향적으로 활용하였으며, 텍스트 세계에 대한 인식을 통해 자기 인식을 성찰함으로써 실제 현실의 삶에서 가치 있는 진실로서 텍스트의 세계를 수용하고자 하는 태도를 확인할 수 있었다. 특히, 인물의 가능 세계는 텍스트와 자기 세계의 이해를 위해 활용할 수 있는 풍부한 맥락을 제공하였다.

문학 교육은 학습자의 주체성에 대해 말하기보다는 무엇을 통해 학습자가 자유롭고 풍부한 해석의 주체가 될 수 있는가에 대해서 알고, 그것을 통해 학습자들에게 도움을 줄 수 있어야 한다. 현재의 다양성을 허용하는 패러다임만으로는 학습자를 문학 감상의 주체로 세우는 데 한계가 있다. 또 문학 교육에서 문학의 현실 관련성이 당연시되어 온 이래로, 학습자가 문학 텍스트를 자신의 현실과 관련하며 수용하는 과정이 자동화된다거나 자연스러운 것 정도로 여겨져 온 것이 사실이다. 한편, 학습자는 텍스트가 반영하고 있는 현실을 토대로 문학의 현실 관련성을 수용하거나 분석하는 주체로 상정되어, 학습자가 텍스트의 세계에 대해 느끼는 심리적 요인들이 해석에서 방해 요인으로 작용하는 것을 충분히 고려하지 못했다.

가능 세계 구성의 문학 교육은 학습자가 문학 텍스트를 자신의 현실에서 의미 있게 수용하는 문제에서 문학 교육이 정교하게 관여하지 못했던 허구와 현실의 관계를 살피고, 학습자가 텍스트의 의미를 해석하는 과정에서 학습자가 텍스트 그리고 자기 세계를 관계를 형성하기 위한 상호 작용 및 소통의 방법을 다층화하고 그 소통 구도를 밝혀 교육의 내용과 방법을 제안하였다는 데 그 의의가 있다.

학습자의 관점에서 유의미한 문학 경험은 학습자가 문학 작품과 학습자의 세계의 내적 관련성을 스스로 구축하고, 자기 현실과 관련된 의미를 부여할 때 자기화된다. 문학의 현실 관련성이 텍스트 이해를 넘어 학습자들이 두 발을 딛고 있는 자기 현실과의 관계로 확장될 때, 우리는 문학 교육이 지향하는 것들에 꽤 많이 다가갈 수 있게 될지도 모른다. 이러한 시도를 통해 학습자들이 이야기의 세계와 자기 세계가 맺고 있는 중층적인 관계를 인식하고 활용할 수 있게 된다면, 문학 교육은 이 두 세계의 경계와 구분 대신에 학습자들의 가능 세계를 넓혀나가는 데 기여할 수 있을 것이기 때문이다.

가능 세계 구성이라는 이론이자 은유적인 표현으로 접근해 본 문학 교육은 학습자들이 텍스트의 세계와 자신의 세계와의 관계를 형성하기 위한 질문과 수행 방법에 대한 제안이자, 허구와 현실의 단절을 소통의 관계로 정향할 수 있는 교육적 기초를 마련하기 위한 시도였다. 그 안에서 우리가 잊지 말아야 할 것은 허구 세계가 단지 비현실의 세계가 아니라, 하나의 가능 세계이자 우리의 가능 세계를 넓혀가는 기제라는 점이다.

문학 교육에서 가능 세계의 관점을 견지할 때 우리는 허구와 현실의 관계를 설명하기 위한 인식의 구조를 가질 수 있으며, 문학 소통에서 독자가 텍스트 세계와 자기 세계에 대한 인식을 활용, 생성하고 해석의 수행 과정을 구조화하는 개념적 틀을 얻게 된다. 이를 문학 소통의 관점에서 보면, 독자가 가능 세계를 구성한다는 것은 텍스트의 세계를 독자 세계와 연관시키기 위한 일련의 상호 작용 및 해석 행위이다. 즉, 가능 세계 구성의 문학 교육을 통해 학습자들이 텍스트 세계에 대한 이해를 넘어 자기 세계에 대한 이해로 확장되는 문학 소통을 경험할 가능성을 넓혀가기를 바란다. 독자가 자기 세계에 대한 인식을 활용하여 텍스트의 세계를 이해하는 것뿐만 아니라, 텍스트 세계에 대한 인식을 활용하여 자기 세계에 대한 인식을 생성하고 확장하는 과정을 통해 문학의 소용과 가치를 자신의 삶에서 만끽하기를 바란다.

참고 문헌

1. 자료

교육부(2015), '국어과 교육과정', 한국교육과정평가원 국가교육과정정보센터, http://ncic.re.kr.(최종 접속한 날: 2021. 11. 10.)

공지희(2003), 『영모가 사라졌다』, 비룡소.

김중미(2013), 「조커와 나」, 『조커와 나』, 창비.

김태호(2016), 『제후의 선택』, 문학동네.

박기범(1999), 「문제아」, 『문제아』, 창비.

황선미(2003), 『마당을 나온 암탉』, 사계절.

Patrick Ness(2011), 홍한별 역(2012), 『몬스터 콜스』, 웅진주니어.

2. 국내 단행본

고정희(2013a), 『고전시가 교육의 탐구』, 소명출판.

권혁준(2018), 『강의실에서 읽은 동화』, 문학동네.

김대행 외(2000), 『문학 교육원론』, 서울대학교출판부.

김욱동(1988), 『대화적 상상력: 바흐친의 문학 이론』, 문학과지성사.

김지은(2016), 『거짓말하는 어른』, 문학동네.

_____(2017), 『어린이, 세 번째 사람』, 창비.
김한식(2019), 『해석의 에움길』, 문학과지성사.
나병철(1998), 『소설의 이해』, 문예출판사.
_____(2020), 『문학의 시각성과 보이지 않는 비밀』, 문예출판사.
미학대계간행회(2007), 『미학의 문제와 방법』, 서울대학교출판부.
서동욱(2000), 『차이와 타자』, 문학과지성사.
양혜림(2019), 『웹툰의 서사 공간』, 커뮤니케이션북스.
오길영(2018), 『포스트미메시스 문학 이론』, 느티나무책방.
우한용 외(2001), 『서사 교육론』, 동아시아사.
유영진(2015), 『아동 소설과 윤리』, 민음사
이경화(2014), 『읽기 교육의 원리와 방법』, 박이정.
이삼형 외(2007), 『국어 교육학과 사고』, 역락.
이정우(2011), 『사건의 철학』, 그린비.
이지호(2017), 『동화의 환상과 현실』, 열린어린이.
신헌재 외(2015), 『초등 문학 교육론』, 박이정.
정기철(2002), 『상징, 은유 그리고 이야기』, 문예출판사.
조남현(2004), 『소설 신론』, 서울대학교출판부.
차봉희(1992), 『독자 반응 비평』, 고려원.
최시한(2010), 『소설의 해석과 교육』, 문학과지성사.
최용호(2009), 『서사학: 인지주의 시학의 관점에서』, 한국외국어대학교출판부.
최지현(2014), 『문학 교육 심리학: 이해와 체험에 관한 문학 교육적 설명』, 역락.

3. 국내 논문

경규진(1993), 「반응 중심 문학 교육의 방법 연구」, 서울대학교 박사 학위 논문.

권혁준(2019), 「유은실 아동 소설 연구 – 독자 문제를 중심으로」, 『교육논총』 56(4), 공주교육대학교 초등교육연구원.

_____(2009), 「아동 문학 서사 장르 용어의 통시적 고찰 – '동화(童話)'를 중심으로」, 『한국초등국어교육』 39, 한국초등국어교육학회.

_____(1997), 「문학 비평 이론의 시 교육적 적용에 관한 연구」, 한국교원대학교 박사 학위 논문.

고정희(2013b), 「텍스트 중심 문학 교육의 이론적 기반과 읽기 방법」, 『문학교육학』 40, 한국문학교육학회.

김경남(2018), 「지식의 유형과 국어과의 지식 범주」, 『우리말교육현장연구』 12(1), 우리말교육현장학회.

김근호(2009), 「허구 서사 창작 교육 연구」, 서울대학교 박사 학위 논문.

김도남(2021), 「늘림 읽기의 방법 고찰」, 『청람어문교육』 80, 청람어문교육학회.

김대행(2002), 「내용론을 위하여」, 『국어교육연구』 10, 서울대학교 국어교육연구소.

김명순(2018), 「국어과 교육 내용 범주 구분 양상과 개선의 시사점」, 『학습자중심교과교육연구』 18(4), 학습자중심교과교육연구회.

김성진(2004), 「비평 활동 교육의 내용 연구」, 서울대학교 박사 학위 논문.

김성룡(2001), 「'삼봉(三峯) 이야기'를 중심으로 한 가능 세계의 이야기론」, 『우리말글』 88, 우리말글학회.

김상한(2011), 「신화적 조화성에 기반한 동화 감상 교육 연구」, 한국교원대학교 박사 학위 논문.

_____(2015), 「국어 교육학: 놀이의 세계와 아동문학 교육의 의미 탐색」, 『새국어교육』 104, 한국국어교육학회.

김승환(2017), 「소설 텍스트의 현실과 허구를 나누는 선」, 『현대문학이론연구』 70, 현대문학이론학회.

김영숙(2008), 「영화 감상에 있어서 make-believe(믿는 척 하기) 개념의 올바른 적용을 위하여 - 월튼과 커리의 make-believe 개념에 대한 비판적 고찰」, 『범한철학』 51(4), 범한철학회.

김정은·김상한(2022), 「초등 문학 영역 교육과정에서 허구의 의미에 대한 반성적 고찰」, 『청람어문교육』 85, 청람어문교육학회.

김지영(2004), 「들뢰즈의 타자 이론」, 『비평과이론』 9(1), 한국비평이론학회.

김태호(2015), 「경험의 플롯 구성을 통한 서사 창작 교육 연구」, 한국교원대학교 박사 학위 논문.

김한식(2010), 「이야기의 논리와 재현의 패러다임」, 『프랑스어문교육』 34, 한국프랑스어문교육학회.

_____(2020), 「이론 이후, 삶을 위한 문학 이론 - '허구'와 '미메시스' 개념을 중심으로」, 『불어불문학연구』 123, 한국불어불문학회.

김현진(2016), 「가능 세계와 팩션 서사」, 『유럽사회문화』 16, 연세대학교 유럽사회문화연구소.

김혜영(2004), 「소설 장르의 허구성 연구」, 『현대소설연구』 21, 한국현대소설학회.

김휘택(2011a), 「텍스트의 지시」, 『프랑스학연구』 57, 프랑스학회.

_____ (2011b), 「폴 리쾨르의 이론에서 '재형상화re-figuration'의 개념」, 『한국프랑스학논집』 74, 한국프랑스학회.

나병철(2014), 「가능 세계와 메타픽션 - 이청준의 메타픽션을 중심으로」, 『현대문학이론연구』 57, 현대문학 이론학회.

남지현(2019), 「서사 교육의 빅 아이디어와 본질적 질문 연구 - 허구성(fictionality) 개념을 중심으로」, 『문학교육학』 63, 한국문학교육학회.

노대원(2015), 「서사의 작중 인물과 "마음의 이론(Theory of Mind)" - 인지 과학의 관점에서 본 인물 이론」, 『현대문학이론연구』 61, 현대문학이론학회.

류덕제(1995), 「소설 텍스트의 문학 교육 방법 연구: 수용 이론의 적용을 중심으로」, 경북대학교 박사 학위 논문.

민재원(2013), 「시 읽기 교육에서 정서 체험의 구조와 작용 연구」, 서울대학교 박사 학위 논문.

방은수(2017), 「경험의 은유적 혼성을 통한 서사 창작 교육 연구」, 한국교원대학교 박사 학위 논문.

신헌재(2013), 「초등 문학 교육에서 서사 교육의 방향」, 『한국초등교육』 24(3), 서울교육대학교 초등교육연구소.

양정실(2006), 「해석 텍스트 쓰기의 서사 교육 방법 연구」, 서울대학교 박사 학위 논문.

_____(2007), 「현실 인식의 해석 관여 현상에 대하여 - 〈삼포 가는 길〉에 대한 고등학생의 수용 텍스트를 중심으로」, 『한중인문학연구』 20, 한중인문학회.

_____(2012), 「우리나라 문학 교육 연구에서 독자 반응 이론의 수용 현황과 전망」, 『문학교육학』 38, 한국문학교육학회.

양정실, 이인화, 정진석, 한태구, 우신영(2015), 「문학 교육 연구자의 해석 텍스트 읽기에 대한 반성적 실천 연구」, 『국어교육』 150, 한국어교육학회.

오세정(2009), 「신화의 가능 세계와 의미론: 가능 세계의 특성과 관계를 중심으로」, 『시학과언어학』 16, 시학과언어학회.

_____(2010), 「신화, 판타지, 팩션의 서사론과 가능 세계」, 『한국문학이론과비평』 47, 한국문학이론과비평학회.

온정덕·윤지영(2021), 「교과 교육과정 지식과 기능 영역의 의미와 설계 방식 고찰: 국어과 교육과정을 중심으로」, 『학습자중심교과연구』 17(13), 한국교육과정학회.

우신영(2015), 「현대 소설 해석 교육 연구」, 서울대학교 박사 학위 논문.

오길영(2017), 「잠재성의 예술론 - 들뢰즈를 중심으로」, 『인문학연구』 56(4), 충남대학교 인문과학연구소.

오윤선(2006), 「고소설과 신소설의 관련성 연구」, 『한국학연구』 25, 고려대학교 한국학연구소.

오종환(1999), 「허구의 인식적 특성과 허구적 대상의 존재론적 지위」, 『미학』 27, 한국미학회.

오혜정(2001), 「가능 세계 이론을 통한 허구성 탐구 - M.라이언의 이론을 중심으로」, 서울대학교 석사 학위 논문.

우한용(2004), 「문학 교육과 허구적 인식 능력 – 이문열의 〈황제를 위하여〉를 대상으로」, 『국어교육연구』 14, 서울대학교 국어교육연구소.

_____(2005), 「허구 서사의 상상력 작동 원리에 대한 고찰」, 『현대소설연구』 25, 한국현대소설학회.

유기환(2010), 「미메시스에 대한 네 가지 시각: 플라톤, 아리스토텔레스, 벤야민, 리쾨르」, 『세계문학비교연구』 33, 한국세계문학비교학회.

유진현(2018), 「시 해석 경험의 교육 내용 연구」, 이화여자대학교 박사 학위 논문.

윤여탁(1999), 「문학 교육에서 상상력의 역할: 시의 표현과 이해 과정을 중심으로」, 『문학교육학』 3, 한국문학교육학회.

윤주한(2015), 「"허구 그 자체"의 존재론에 있어서 의도 조건과 그 비판」, 『미학』 81(4), 한국미학회.

_____(2016), 「허구적 서사 예술의 인지적 가치와 예술적 가치의 관계에 대한 고찰 – 인지주의에 대한 '제한적' 옹호」, 『미학』 82(4), 한국미학회.

이영수(2014), 「환상 소설의 매체 전환 연구」, 이화여자대학교 박사 학위 논문.

이인화(2013), 「소설 교육에서 해석 소통의 구조와 실천에 관한 연구」, 서울대학교 박사 학위 논문.

이정우(2017), 「내재적 가능 세계론을 향해」, 『철학연구』 118, 철학연구회.

이지영(2011), 「아동 독자의 이야기책 읽기 반응 연구」, 고려대학교 박사 학위 논문.

이창근(2015), 「초등학교 국어 교과서 학습 용어의 문제점과 개선 방안」, 『학습자중심교과교육연구』 15(4), 학습자중심교과교육학회.

이충민(2019), 「픽션 이론의 현황」, 『한국불어불문학회 동계 학술 대회 자료집』, 한국불어불문학회.

이향근(2012), 「시적 감성의 교육 내용 설계 연구」, 한국교원대학교 박사 학위 논문.

임경순(1998), 「서사 교육의 목표 설정」, 『선청어문』 26(1), 서울대학교 국어교육과.

_____(2003), 「경험의 서사화 방법과 그 문학 교육적 의의 연구」, 서울대학교 박사 학위 논문.

장일구(2014), 「『천변풍경』의 서사 공간과 인지소」, 『구보학보』 11, 구보학회.

전제응(2008), 「해석을 통한 필자의 상승적 의미 구성 교육 연구」, 한국교원대학교 박사 학위 논문.

정래필(2013), 「기억 재형상화 원리 중심의 소설 읽기 연구」, 서울대학교 박사 학위 논문.

_____(2015), 「소설 읽기 교육의 "전유" 방법 연구-『문학』 교과서 "활동"을 중심으로」, 『새국어교육』 103, 한국국어교육학회.

정정순(2016), 「문학 교육에서의 '반응 중심 학습'에 대한 이론적 재고」, 『문학교육학』 53, 한국문학교육학회.

정재찬(2004), 「문학 교육과 도덕적 상상력」, 『문학교육학』 14, 한국문학교육학회.

정진석(2013), 「윤리적 가치 중심의 소설 읽기 연구」, 서울대학교 박사 학위 논문.

_____(2014), 「소설 해석에서 독자 역할의 중층 구도와 소통 방식 연구」, 『문학교육학』 43, 한국문학교육학회.

진선희(2005), 「학습 독자 반응 연구의 문학 교육적 함의 및 연구 방향」, 『문학교육학』 16, 한국문학교육학회.

_____(2008), 「문학 소통 '맥락'의 교육적 탐색」, 『문학교육학』 26, 한국문학교육학회.

천효정(2019), 「가상 놀이를 통한 허구 서사 창작 교육 연구」, 한국교원대학교 박사 학위 논문.

최경희(2004), 「문학 경험이 아동의 가치 형성에 미치는 영향」, 『문학교육학』 14, 한국문학교육학회.

최미숙(2012), 「기호, 해석, 독자의 문제와 문학 교육학」, 『문학교육학』 38, 한국문학교육학회.

최인자(2007), 「허구적 서사물의 플롯 이해에 기반한 서사 추론 교육」, 『국어교육』 122, 한국어교육학회.

최진(2016), 「예술에서의 상상적 경험과 도덕적 가치 – 사실주의 문학의 이해 가능성(intelligibility)과 상상적 활동의 관점에서」, 『미학』 82(2), 한국미학회.

한명숙(2003), 「독자가 구성하는 이야기 구조 교육에 관한 연구」, 한국교원대학교 박사 학위 논문.

4. 국외 단행본 및 연구들

三浦俊彦(1995), 虛構世界の存在論, 박철은 역(2013), 『허구 세계의 존재론』, 그린비.

_____ (1997), 可能世界の哲学, 박철은 역(2011), 『가능 세계의 철학』, 그린비.

Abbott, P.(2002), The Cambridge Introduction to Narrative, 우찬제 외 역(2010), 『서사학 강의』, 문학과지성사.

Aristotle, Poetique, 김한식 역(2010), 『시학』, 펭귄클래식 코리아.

Barthes, R.(1970), S/Z, Seuil, 김웅권 역(2015), 『S/Z』, 연암서가.

Bell, A. & Ryan, M.(2019), Possible worlds Theory and Contemporary Narratology, University of Nebraska Press.

Brooks, P. (1984). Reading for the plot: Design and intention in narrative. Harvard University Press.; 박혜란 역(2011), 『플롯 찾아 읽기』, 강.

Chatman, S. B. (1980). Story and discourse: Narrative structure in fiction and film. Cornell University Press.; 한용환 역(2003), 『이야기와 담론』, 푸른사상.

Currie Gregory(1990), The Nature of Fiction, Cambridge University Press.

Deleuze, Gilles(1969), Logique du sens, 이정우 역(2007), 『의미의 논리』, 한길사.

Dolezel, L.(1988), Mimesis and Possible Worlds, Poetics Today 9.

_____(1998), Possible Worlds of Fiction and History, New Literary history, 29(4).

Eco, U.(1979), Lector in Fabula, 김운찬 역(2009), 『이야기 속의 독자』, 열린책들.

_____(1984), The Role of the Reader: Explorations in the Semiotics of Texts, Indiana University Press.

Enkvist, N.(1991), On the interpretability of text in general and of literary texts in particular, in Roger Sell(Ed)(1991), Routledge, 1-25.

Fowler, R.(1977), Linguistics and the Novel, Methuen.

_____(1986), Linguistic Criticism, Oxford university Press.

Frege, G.(1892), Sense and Nominatum in The Philosophy of Language, in A. Martinich(Ed)(1990), Oxford University Press, 190-202.

Gavins, J.(2007), Text world theory: An introduction, Edinburgh University Press.

Gavins, J. & Lahey, E.(Eds)(2016), World Building, Bloomsbury.

Genette, G. (1983), Narrative discourse: An essay in method, 권택영 역(1992), 『서사 담론』, 교보문고.

Lakoff, G. & Johnson, M.(1980), Metaphors We Live By, 노양진, 나익주 역(2006), 『삶으로서의 은유』, 박이정.

Lewis, D.(1983), Truth in Fiction, in Philosophical Papers,1, Oxford University Press.

Nunning, A., & Nunning, V.(Eds.)(2002), Neue Ansatze in der Erzahltheorie, 조경식 외 역(2018), 『서사론의 새로운 연구 방향』, 한국문화사.

O'neill, P.(1994), Fictions of discourse: Reading narrative theory, 이호 역(2004), 『담화의 허구』, 예림기획.

Pavel, T.(1986), Fictional Worlds, Havard University Press.

Phelan, J. & Rabinowitz, P.(Eds.)(2005), Narrative Theory(I), 최라영 역(2015), 『서술 이론 I』, 소명출판.

Plato, Republic, 박종현 역(1997), 『국가』, 서광사.

Prince, G.(1986), Narratology: The form and functioning of narrative, Walter de Gruyter.; 최상규 역(2015), 『서사학이란 무엇인가』, 예림기획.

Ricoeur, P.(1981) Hermeneutics and the human sciences : essays on language, action, and interpretation, trans by Thompson, John B., 윤철호 역(2003), 『해석학과 인문 사회 과학』, 서광사.

_____ (1983), Temps et re'cit I, 김한식·이경래 역(1999), 『시간과 이야기 1』, 문학과지성사.

_____ (1984), Temps et re'cit II, 김한식·이경래 역(2000), 『시간과 이야기 2』, 문학과지성사.

_____ (1985), Temps et re'cit III, 김한식 역(2004), 『시간과 이야기 3』, 문학과지성사.

_____ (1990), Soi-meme comme un autre, Le Seuil, 김웅권 역(2006), 『타자로서 자기 자신』, 동문선.

Rimmon-Kenan, S. (1983), Narrative fiction: Contemporary

poetics, Routledge.; 최상규 역(1999), 『소설의 현대 시학』, 예림기획.

Ronen, R.(1994), Possible worlds in Literary Theory, Cambridge University Press.

Rosenblatt, L.(1986), The aesthetic transaction. Journal of aesthetic education, 20(4), 122-128.

_____(1988). Writing and reading: The transactional theory. Center for the Study of Reading Technical Report; no. 416.

Ryan, M.(1991), Possible worlds, Artificial Intelligence, and Narrative Theory, Indianan University Press.

_____(1992), Possible Worlds in Recent Literary Theory, Style 26(4).

_____(1998), The Text and World Versus the Text as Game : Possible Worlds Semantics and Postmodern Theory, Journal of Literary Semantics 27(3).

Schaeffer, J.(1999), Why fiction?, translated by Dorrit Cohn(2010), University of Nebraska Press.

Semino, E.(1997), Language and world creation in poems and other texts, Routledge.

_____(2002), cognitive stylistics: language and cognition in text analysis, 양병호 외 역(2017), 『인지 문체론』, 한국문화사.

Steen, G. & Gavins, J.(2003), Cognitive Poetics in Practice, 양병호 외 역(2014), 『인지 시학의 실제 비평, 한국문화사.

Stockwell, P.(2005), Cognitive poetics: An introduction, 이정화·서소아 역(2009),『인지 시학 개론』, 한국문화사.

Vygotsky, L. S.(1980), Mind in society: The development of higher psychological processes. Harvard university press.; 정회욱 역(2009),『마인드 인 소사이어티』, 학이시습.

Walton, K.(1990), Mimesis as make-believe: On the foundations of the representational arts. Harvard University Press.; 양민정 역(2019),『미메시스; 믿는 체 하기로서의 예술』, 북코리아.

Whiteley, S.(2011), Text World Theory, real readers and emotional responses to The Remains of the Day, Language and Literature 20(1).

Zunshine, L.(2006), Why we read fiction: Theory of mind and the novel, Ohio State University Press.